本书获湖南师范大学教育学"双一流"学科资助

U0712347

在线教育时空中的 教与学

基于社会学视角的研究

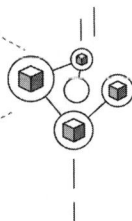

张 青／著

湖南师范大学出版社

·长沙·

图书在版编目（CIP）数据

在线教育时空中的教与学：基于社会学视角的研究／张青著. --长沙：湖南师范大学出版社，2024.9. --ISBN 978 - 7 - 5648 - 5525 - 3

Ⅰ. G434

中国国家版本馆 CIP 数据核字第 202478F8Y8 号

在线教育时空中的教与学——基于社会学视角的研究
Zaixian Jiaoyu Shikong Zhong de Jiao yu Xue——Jiyu Shehuixue Shijiao de Yanjiu

张　青　著

◇出 版 人：吴真文
◇责任编辑：宋　瑛
◇责任校对：宋鸿博
◇出版发行：湖南师范大学出版社
　　　　　　地址／长沙市岳麓区　邮编/410081
　　　　　　电话/0731 - 88873071　88873070
　　　　　　网址/https：//press. hunnu. edu. cn
◇经销：新华书店
◇印刷：长沙印通印刷有限公司
◇开本：710 mm×1000 mm　1/16
◇印张：15
◇字数：270 千字
◇版次：2024 年 9 月第 1 版
◇印次：2024 年 9 月第 1 次印刷
◇书号：ISBN 978 - 7 - 5648 - 5525 - 3
◇定价：68. 00 元

前　言

　　在线教育有着与学校教育中同样的教育主体——教师和学生，只是教师和学生的角色与行为、人际关系与社群方式等都已经面目全非，在教育向数字化转型的当下，虚拟时空中的教与学问题及其机遇与挑战由此而来，这正是本书关注的主题。关于在线教育时空中的教与学，本书是基于以下几点想法开始并展开探索的。

　　第一，新一代互联网正在加速重塑教与学的理论与实践。

　　近几年，人工智能、大数据、物联网，特别是 Web3.0 与区块链等新技术正在产生合力，促使互联网向第三代的"改变"和"融合"加速进发，要"改变"的是每个人、每个行业在日常生活和行业活动中的观念，每个人都正在强烈地感受到这一点；"融合"表示统一各种技术与各个层面，它代表新一代网络技术与社会、政治、文化和教育的交融并产生新质变化。

　　2013 年之后，微博、微信、微课程、微视频、慕课学习平台及其课程的发展和对教育的影响更是令全世界瞩目。在线教育、在线空间的教育组织、基于网络的继续教育与培训、基于移动智能媒体的远程教育与移动学习迅速崛起壮大，成为网络社会到处可见的教育生活。由此，人类教育的师生角色、师生关系、教育内容、教育手段、教学环境、教学组织结构、教育形式、教育过程、教育的功能、教育模式等方面出现了明显的变化。网络也致使学生与教师，课程与教材，课堂、班级与学校，教学活动与教学过程等概念的内涵与外在形态都发生极大的变化与拓展，学习资源随手可得，从而打破了工业条件下教育统一化进行、人才培养按照标准化批量生产的模式，呈现出个性化与多样化。研究这些变化对教育学来说是挑战，更是机遇。

　　教育信息化 2.0、教育大数据、公民信息素养与教师数字化素养的培育层层推进，其内涵与目标是在教学内容、教学资源与媒体、教学过程与方式、教学评价与管理等教育的各个领域融入互联网并向数字化转型，致使教育教学向开放、共享、交互、协作、泛在转变；同时，也是由于互联网的推进，继续教育、终身教育、学习型组织、学习型社会的建构深入人心。

第二，社会学的研究成果与社会学研究视角已经相当成熟。

社会学是从社会整体出发，通过社会关系和社会行为来研究社会的结构、功能、发生、发展规律的综合性学科。学科最初得名于奥古斯特，经过 K. 马克思、H. 斯宾塞、E. 迪尔凯姆、M. 韦伯等学者的不断发展，逐渐形成有独立研究对象、理论、研究方法和范式的一门社会科学。社会学的研究范围广泛，包括了由微观层级的社会行动或人际互动，至宏观层级的社会系统或结构，社会理论当中常常用一些抽象而复杂的理论框架来解释和分析社会样式和社会结构。美国社会学家 H. 巴利和 B. 穆尔指出，美国出版的 16 本知名社会学教科书中关于社会学研究对象与研究视角的提法至少有 8 种，即社会互动、社会关系、集团结构、社会行为、社会生活、社会过程、社会现象、社会中的人。

社会学成熟的研究理论主要有结构功能论、符号互动论、社会冲突论、社会交换论、批判论等。功能论或称结构功能论，是社会学者涂尔干和斯宾塞在 19 世纪发起的，20 世纪最有影响力的功能论学家是帕森斯和默顿。他们所主张的功能理论认为，社会是具有一定结构或组织化手段的系统，社会的各组成部分以有序的方式相互关联，并对社会整体发挥着必要的功能；整体是以平衡的状态存在着，任何部分的变化都会趋于新的平衡。社会冲突理论以科塞、达伦多夫为代表，重点研究社会冲突的起因、形式、制约因素及影响。结构功能主义强调的是社会的稳定和整合，代表社会学的保守派；社会冲突论强调社会冲突对于社会巩固和发展的积极作用，代表社会学激进派。符号互动论认为事物对个体社会行为的影响，是在于事物本身相对于个体的象征意义，而事物的象征意义源于个体与他人的互动（这种互动包括言语、文化、制度等），在个体应付他所遇到的事物时，总是会通过自己的解释去运用和修改事物对他的意义。美国实用主义哲学家 W. 詹姆斯、布鲁默和 G. 库恩等发展了米德的主我与客我理论。

第三，学习论、教学论、课程论、传播学与社会学互相交叉融合，使教育教学理论的研究视角、实践与评价的理念发生了深层蜕变。

教与学是一种社会性行为，其实施必定要符合一定的社会规律。教学是由社会决定的，教学内容的选择、组织、传递以及评价都受到社会制约，教与学的方法与过程是实现个体社会化的重要途径。布鲁纳认为，离开了社会背景，教学研究的意义也就黯然失色。英国著名课程论专家劳顿直接指出，教学内容本质上就是社会文化的一种选择。社会学从教学主体、教学群体结构、人际互动等角度做了比较成熟的研究，也对学习方式的实践与变革产生了非常大的影响，例如，个性化学习、合作学习、基于资源的学习、基于情境的学习、基于问题的学习、交互式学习。

这样一来，强调社会文化、生活情境、社会存在、伙伴合作、平等交往、资源共享、意义建构等教育理念在学习过程与学生发展过程中的重要性正受到空前重视。

第四，"在线教育时空中的教与学"是社会学视角下的教育技术学研究。

在线教育时空中的教与学等新教育形态需要从社会学与社会心理学中获取大量的研究养料。

从表面与常规观察，在线教育时空中的教与学应该从教育技术学或者教学论开展研究，其实，这个主题也属于社会学的范畴，因为网络时空及其中的教育型组织、教育主体、教育内容、教与学活动是虚拟的，但确实也是真实社会的组成部分，它们正在解构与重构当前的教育社会（特殊社会系统），是由远程通信技术与网络教育社会之间相互建构、相互融合的虚拟教与学组织或者虚拟教育系统。当下社会既为信息社会，又为教育社会，对于教育技术学与社会学两个专业来说，在线教育时空照亮了教育社会的另一半世界，在线教与学也使教育时空与教育方式正在经历人类历史上最大的一次转型与挑战。教育技术学必须关注在线时空中的教育主体、教育信息与课程、教学活动、交往关系、学习型组织，社会学也必须关注在线教育时空中的社会角色、社会活动、学习群体等。

第五，本书的核心概念内涵与研究展开思路。

在线教育时空即网络教育时空或者虚拟教育时空，在这个虚拟而又客观真实的时空中，散落着各种各样的教育形态与学习型组织，如网络学校、在线课堂、学习空间、教育网站、教育公众号、教育博客、在线学习社区、慕课学习平台、学习论坛、数字化图书馆等，其中，在线学习社区又被称为网络学习社区、虚拟学习社区、虚拟教育社区等。在线学习社区、学习空间、学习平台（如网易云课堂）、教育网站、门户网的教育频道（如新浪教育）、教育公众号、学习论坛、教育 App、教育微博等的学习群体与学习型组织，我们称之为在线学习共同体，也就是网络学习共同体。

在线教育时空是网络社会中的一个活动场，这个社会活动场是在虚拟与现实之间流动的时空系统，在线教育就是在一个虚拟而真实的教育社会时空中发生的丰富多彩的教与学活动，有了这样的思考之后，时空社会学自然就给了我很多的启发。时空社会学继承了上文中提到的结构功能论、社会冲突论、符号互动论三种主要社会学流派的研究思想，同时，又特别强调在独特的时空与社会环境下直面其间真实问题，并且思考与探索其解决路径和措施，为此，我也借鉴了前人的网络社会学、课程社会学、教学社会学、组织社会学、文化社会学以及社会心理学的一些研究成果，在大量教育站点的实例观察与案例分析的基础上开展在线教育时空中教与学的探索。

本书以社会学为研究视角，按照以下的思路展开研究：在线教育的时空特征与功能—在线教育时空中的社会角色—在线教育时空中的社会行为—在线教育时空中的人际关系—在线教育时空中的虚拟学习社区—在线教育时空中的教与学模式及其实施策略—高校在线教学的问题审视与优化路径—在线学习效果的影响因素。结合一些代表性教育站点的案例分析，对在线教育时空中的要素与功能、角色与行为、群体与社区、模式与实施等进行原理阐释与策略构建。前五章重在原理阐释与理论构建，后三章重在案例分析与实施策略。每一章都会关注在线教育时空与面对面现实校园的不同，教育要素与教育生活出现了哪些明显的特征变化，变化的原因是什么，呈现什么规律，如何面对其中的挑战与问题。目的只有一个：期待在线教育时空充满教与学的智慧。

在教育正向数字化转型的背景下，希望本书的主题研究有助于教师与教学管理者认识在线教育时空中的各种社会现象、各种挑战，从而设计与创造出更科学、合理的在线教学方法与管理策略，并由此提高信息化教学的水平与信息素养。

目 录

第一章 在线教育的时空特征与功能

在当下这个被称为信息社会的教育生活中，存在两种形式的教育：面对面交流的在场教育（学校教育），教与学活动时空分离且物理身体缺场的在线教育。两种教育的时空中各具鲜明的特色。在线教育时空是一个由师生活动与教育资源构成、真实与虚拟交织的混沌教育时空，是多元整合的教育场域，是真实教育生活在虚拟时空中的延伸与拓展。研究在线教育就是研究人类另一种时空状态的教育生活。在线教育时空又被称为网络教育时空，其中有在线课堂、录播课程、虚拟学习社区（或网络学习社区、虚拟教育社区）、慕课学习平台、知识问答社区、专题教育网站、教育博客、数字化图书馆、电子书籍与数字期刊、BBS 教育论坛、网校等各种在线教育形式。本章从社会学视角多方位分析网络时空的特点与其中的教育生活，然后对其个体与群体的社会功能及其形成过程进行阐释。

第一节 网络世界中的混沌教育时空

一、网络世界中非线性的教育时间

真实生活中的所有事件都是按照时间的线性顺序发生，并且是一个不可逆的过程。这在面对面的学校教育中体现为：学习是一个循序渐进的过程，学生对以往的学习内容和知识需要通过提取、识记与巩固的方式来维持已建立的联系，一旦记忆失败或者学习不成功，将对今后的学习产生负面影响。而在网络教育时空中，教学摆脱了常规的课堂形式，取而代之的是灵活多变的学习资源和数字化课程，学习者可以自由选择学习内容、自定义学习进度。如图 1-1 所示，学习者甚至可以回到以前的教学情境中，对自己没能掌握的知识进行巩固和再次学习，直到掌握为止；也可以跳过现在的学习，直接接触新知识。由此可见，网络解构了现实生活中时间的线性流程，这种非线性时间还以高度开放的方式促进学习者学习，并非限制学习。

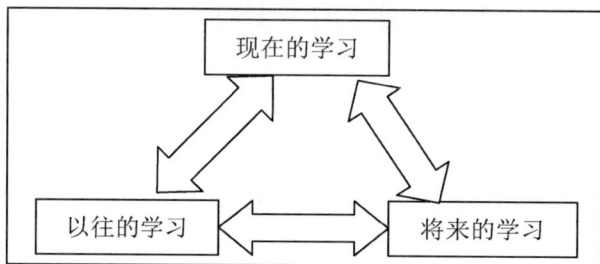

图 1-1　在线教育中学习的时间特性

在线教育打破了传统教育中时间对教学活动的绝对支配，时间不再是教学行为的唯一刻度，时间的逻辑束缚特征被充分消解，学生重新掌握了学习的主动权，可以个性化、随时进行学习。由于摆脱了时间限制，学习资源的呈现舍弃了原有的逻辑加工与线性加工等繁琐过程，因而是开放的、彼此独立的，同时又能满足学生不同学习需求，帮助学生进行时间的第二次分配。时间的线性消解最直观表现为时间的不连续性，而教育时间的不连续性，为在线学习结果、学习路径的多样性发展提供了充足的可能，学生如同置身于知识的汪洋，可以积极调整学习进度以免迷航或者随波逐流迷失方向。在没有时间的标度下，学习结果是未知的，学习路径是多向的。虚拟学习环境下，以往借由统一时间，实行规范管理的群体教学，开始出现明显的个体差异。学生是分布在不同地域上的个体，进入时间和驻足时间不尽相同。接入时间的差异导致一些信息无法及时传播，只能通过后续浏览、查阅的方式进行补偿性学习；驻足时间的差异则引发学习进度、学习习惯的差异。一般情况下，学生有明确学习目标的在线时间越长、交互频率越多，就能掌握越多的学习资源和知识，并能进一步促进认知结构的形成。

当过去、现在与未来都被许可安置在同一则信息里而彼此互不干扰地存在时，现实时间也就在这个新构成的沟通系统中被解构了。① 时间线性

---

① 黄少华. 网络社会学议题：学科定位与议题 [M]. 北京：中国社会出版社，2006：133.

消解的结果是时间的不规则碎片化，当学生拥有数量庞大的碎片化时间时，他就在一定程度上掌握了学习的主动权，这些碎片化的时间能演变出多种过去、现在与未来的学习组合方式，学生既能回到过去的学习进程中温习旧知识，也能跳到未来的学习进程中接触新知识。

二、破碎化及重构的教育空间

人们对空间的认知，主要以活动为基础，因此，活动是空间的唯一感知方式。在线教育是在一个数字化的教育空间，由教育主体、教育资源、教育环境等诸多要素组成。不同于真实空间的三维坐标性，在线教育空间处于不断破碎与重建中，从整体上而言，这个空间看不到边界在哪儿，也无法对其进行度量，教育主体以不在场的方式在其中漫步与驻足。

网络空间描述的是一个无限的场域。通常情况下，网络教育空间的初始状态是无序的、混沌的，空间内充斥着数量庞大的学习资源与未被组织的人际活动，教育主体通过参与在线学习、资源下载、跟帖讨论等对空间进行结构分解与重组。例如，经常浏览某一学科板块的学生可能在兴趣、课程的驱动下，组建内部团体，通过发布主题相关的学习资源、帖子等，吸引新成员，从而帮助团体在浩瀚的教育空间中成为独一无二的、具有教育文化特征的网络学习型组织，当这种类似的学习组织达到一定数量或接近稳定、饱和时，网络教育时空也就实现了真正意义上的破碎化。破碎化包括结构的分形与功能的分解，可以理解为学习、交互、文化、价值观的相对分离与绝对交织。结构分形是对空间领域划分的形象表述，教学目标借由空间的分形实现科学、合理的布局，如按照年级所划分的小学、初中、高中、成人教育等学生群体，或按照学科性质划分的语文、数学、英语、物理等多学科板块。结构的分形又将进一步导致功能的分解，在线教育时空还包含教化学生的功能，独立子空间的出现使社会化功能开始朝着专一性与精准性方向发展，如细分出大型教育网站的资源模块化功能、自主学习功能、网络社会的知识与作品分享功能、娱乐消遣功能、人际交往功能等。

结构分形、功能分解以及子空间的出现组构了一个新的、复杂的教育空间，而破碎化是空间实现重构的必经阶段。当大量的教育要素以有序的排列方式组合在一起时，空间重构也就得以完成。

通常情况下，教学是发生在一定地理环境中的师生活动。以班级授课为代表的传统教育将某一区间的学习者集中起来，在一个空间固定的班级中开展教学：从学习者的分布空间来看，集中指向某一区域；从学习发生的空间来看，是一个有长度、宽度、高度的三维立体教室。基于互联网的在线教育突破现实空间的限制，完全打破学习者分布空间的边界，完全可能将处在不同地区甚至全世界的学习者联系起来，进行同步或异步学习。而在学习发生的实际空间是一个集网络平台、学习资源、学生、教师于一体的复杂虚拟空间，是一个有交互深度和频率的空间，它给学习者提供了平行的、多元的身份体验。对于这样一个复杂的空间，根据在线学习者的感知依据，我们可以将其划分为三类子空间——个体空间、群体空间和公共空间，每一个子空间都对应着一定的人员和关系，并彼此交织在一起，形成了如图 1–2 所示的空间结构体系。

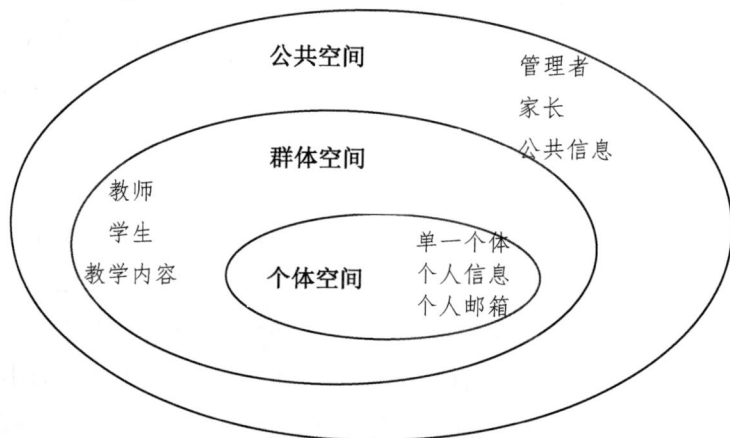

图 1–2　在线教育的空间结构体系

这就是卡斯特所说的：由于地域性被解构，现实空间没有了地理文化、历史的内涵，并重新被整合到虚拟网络或意象拼贴中，导致流动着不断被重构的空间取代了原来的地方空间。①

---

① 卡斯特 . 网络社会的崛起［M］. 夏铸九，等译 . 北京：社会科学文献出版社，2006：194.

三、流动的后现代时空

互联网技术范式"完全改变了人们生存的基本向度：空间和时间。现实的地域性被解构，流动着不断被重构的空间。流动空间与无时间之时间乃是新文化的物质基础"①。以卡斯特的视角来审视网络教育时空，其本质是多重交织的，又是流动的，即时间解构空间，空间重塑时间。

时间的线性消解将传统的一体化空间破碎为若干空间碎片，每一个碎片化的空间都包含一套完整的教育子要素，能实现信息的独立传播、教学的独立进行，这些碎片化的空间包含一切可能的网络教育社会关系，能进行网络身份的重组和劳动分工，甚至也能跨越过去和未来，实现空间的拼接，因此没有固定形态、没有固定功能的附着点，是不断流动着的。反过来，碎片化的空间又将原本分散的时间进行个性化组织，时间不再是毫无含义的序列，而是空间存在和扩展的意义所在。由于空间的跨域性，时间也变得更为灵活，能在空间的活动范围内汇聚，或是向外发散，所以时间也是流动的。多重交织、流动的时空是网络教育的存在特性，所有的社会结构、功能都是在这个基础上进行差异化演绎。

所以，我们需要从英国社会学家安东尼·吉登斯的结构二重性理论来审视网络教育时空：其空间受信息技术范式的支配而演绎成为流动空间，从其空间结构来看，已基本解脱了传统工业社会空间的原来特征，不再具有实质的、经验的存在本质，而呈现出全新的社会特性，② 人们在这一流动的虚拟教育时空中生活与互动，充分体现出一系列后现代的特征，如平面化、无中心、碎片化、心灵化、开放性、多元性、匿名性等。

---

① 卡斯特. 网络社会的崛起 ［M］. 夏铸九，等译. 北京：社会科学文献出版社，2006：194.

② 孙乃龙. 网络行为与规则——网络社区规则探讨 ［J］. 临沂师范学院学报，2009（4）：126－128.

第二节 虚拟时空中真实的教育生活

一、在线教育是真实教育生活在虚拟时空的延伸

虚拟教育时空突破了真实时间与空间对教学活动的限制，也使现实教育在虚拟时空里获得拓展和延伸。现实教育中所包含的一切教学过程、教学要素、师生关系、同学关系，也如数存在于虚拟教育时空域中。借助网络时空的隐匿性和虚拟性，教育主体在现实教育中不敢言说的观点，或是害怕显露的情感，都有可能在虚拟时空中表达，伦理性担心大为降低。从这一点上看，虚拟时空域不仅传承了真实教育，也有效地实现了部分缺失教育功能的补充。

除了功能的延伸和补充，虚拟时空域也一并带入了真实教育生活中的冲突。以往借由交往而产生的政治权威转变为符号权威，教育冲突也集中体现为对话语权的争夺。教育作为一种符号权势离不开"教育权威"这一社会条件，因为教育欲产生客观的效果需以信服为基础，因此需要权威。①教育主体为了争夺教育权威，会进行各种"对抗"，由此引发冲突、矛盾和斗争，这些"对抗"一般不沾染政治成分，参与"对抗"的主体在身份上是平等的，也共用同样的社交网络空间，所以相比真实社会的冲突而言，更为激烈，可以说是真实情境中已存在冲突的虚拟延伸，也可以说是网络时空中冲突的爆发。

当然，网络时空中的各种教与学形式在继承学校教育教学功能的同时，也确实面临着网络虚拟性的严峻挑战。面对面的学校教育在一定的真实情景中发生，学生的举手投足、知识传递、教学活动都是真实的；在线教育不同于传统教育，无法将自己的进程建立在一个完全真实有效的情境中，只能借助网络技术营造近似真实的情景体验，模拟传统教育的沉浸感。网络教育时空在功能上呈现多元复杂性，即在一种特定的网络情境下

---

① 布尔迪约. 再生产——一种教育系统理论的要点［M］. 邢克超，译. 北京：商务印书馆，2002：95.

对学习者进行全面培养，既包括知识的学习，也包括人际交往、思想情感提升，将单一的学习者个体转化成网络社会成员。由于学习的虚拟性，网络教育最终需要借助一定手段实现教与学的整合，形成稳定的结构，促进虚拟教育社会功能的现实化延伸。

二、虚拟场域中的真实教育活动

所有的社会现象都是历史性地通过人类活动构建的，没有一个社会被其所有成员视作理当如此。① 在虚拟教育社会，传统的师生、生生关系被解构，非校园化与个别化学习使教育者和受教育者之间缺乏联系与沟通，这势必会降低学习者的积极性，在线学习平台、学习社区的出现有效解决了这一问题，因为学习平台能重构网络师生、生生关系，特别是能极大地促进教育主体之间的交往与沟通。网络场域中的教育活动有个体活动、人际交往活动、群体活动，学习者在在线平台与教育站点中的个体活动是通过浏览与观察网页获取知识，通过发帖与阐述生产知识；学习者的人际交往活动是通过回帖与答疑讨论知识，通过支持与反对来进行主题辩论活动；学习者的群体活动是通过线上组织讨论会，线下组织报告会与见面会等进行成员交往活动、师生交往活动等。因此，虚拟教育时空就是一个这样的教育活动场：学习者通过网络参与学习活动，参与人际交往活动，从而实现主观思想的客观外化，也就是说，学习者在学习活动的成果中彰显自己，这些活动作为一个实践共同体的构成因素与活动主体交互，从而使其实用性可以超越面对面的情境，而在交互协作的学习活动过程中，学习者向自己的特定意图和共同任务的实现迈进。

三、网络时空中进行的知识生产、共享与分配

教育心理学上的"知识"是指个体通过与环境相互作用后获得的信息及其组织。网络时空中学习共同体的知识，具有生成性、文化相对性和分布性。

网络教学主题与教学内容的选择和学习对于成员理解其他更深层次的主题内容有着基础性、生成性作用，不仅如此，这里的主题还要考虑到知

---

① 伯格，卢克曼．现实的社会构建［M］．汪涌，译．北京：北京大学出版社，2009：94.

识的螺旋式增长问题，即在共同体内对所学内容的探讨，将会引导个人去寻求更多、更具有深度的知识，然后再与别的学习伙伴分享，而这种知识分享又反过来丰富了自身的个体知识。①

在学校教育中，学习者都是在同一时刻以同样的方式掌握同样的知识，形成相近的能力。在网络时空中，我们不会期望这样的结果，因为这是不可能的，因为我们知道在线学习资源不再是绝对的，不再是静止的了，知识内容与结构都在相对地动态生成着、更新着。人类文化形态的多样性决定了知识形态的多样性，生活在特定社会历史文化环境中的学习者主体，从他自身的认识能力、兴趣和利益的角度出发，对认知对象进行主动选择和建构的结果，就成了认知主体拥有的知识。②

在网络时空中，每个学习者个体都处在不同的学习群体中，而在每一个共同体中，每个成员会根据自身的兴趣、专长、价值观、信仰、能力来选择学习的方式和知识，这就如张华所说的"知识这个术语既有主动的意义，也有被动的意义。知识既能操作和行动，即认识的过程，又指结果，即认识的内容"③。

网络学习中的知识是认识过程和认识结果的辩证统一体，而知识的获得是个体适应某一个共同体文化的过程。这个共同体中的知识体系，不仅仅有课程知识体系，还有共同体内部的实践，即不仅仅包括课程的内容知识和技能，还包括了学习的活动和经验等，而且，在这个空间，知识不仅仅是个人的，也是属于网络教育群体与社会的。

最后，我们还要考虑到另一个问题，即日常生活知识是由一个特定的社会来分配的，也就是说，不同的个体和不同类型的人会有不同的知识。④因此，网络教育时空的学习平台就是一个具有知识分配功能的知识场域：网络学习个体不可能拥有与他人完全一样的知识，而有些知识（例如专业知识）无法与他人分享，如果个体间要共享专业知识，那么知识的社会分

① 郑葳. 学习共同体——文化生态学习环境的理想架构 [M]. 北京：教育科学出版社，2007：147.

② 郑葳. 学习共同体——文化生态学习环境的理想架构 [M]. 北京：教育科学出版社，2007：148.

③ 张华. 经验课程论 [M]. 上海：上海教育出版社，2000：84.

④ 伯格，卢克曼. 现实的社会构建 [M]. 汪涌，译. 北京：北京大学出版社，2009：167.

配便从这一简单的事实出发。在网络教育中，在线教师与平台管理者的共同任务就是实现知识资源的分配与共享。因此，知识资源的社会分配促使学习个体以共同体形式存在，以实现知识资源的最优配置。

四、虚拟时空中真实的教育文化

网络教育时空中的每一个课程学习平台、教育网站、在线课堂、虚拟校园、虚拟社区与数字化图书馆等，都是一个真实的教育社会。一个具有真实教育活动的空间肯定有教育文化的存在，从某种意义上讲，教育社会一定有某种教育文化。没有一种文化活动，它是在脱离社会的情况下存在和进行的。严格地说，社会和文化本来是同一个事物的两个方面，也就是说，社会和文化都是以人的存在及其相应的各种关系为中心而建构起来的。① 每一个在线学习群体具有大致相近的文化生活方式、社会身份以及被公共认可的声望或社会等级。② 就是在这个网络教育社会中，人们的行为活动、人际交往、社会身份、社会等级甚至成员的声望与成员的存在方式都是以符号来表达的，例如，慕课学习平台与网络学习社区就是一个典型的符号社会，也当然是一个由符号构成的文化社会。符号、语言、交互、导航、学习资源，各领域多层次知识符号的规划与组合、时空的分离与组合，这些不仅是虚拟社会形成的必要条件，同时也是学习者在其中生活的文化氛围。这些符号构成了真实的教育信息、个性化的知识、模块化的课程，通过统一的网络语言、符号、知识、课程，按照一定的交互机制实现了学习共同体之间的交流，课程文化由此形成。当不同的学习成员之间通过不同的文化符号来交流时，要求具有个性化的个体在某个网络平台中形成统一的生活规范，即网络教育社会的制度文化，以便实现彼此间的沟通，促进学习，同时也能有效避免与缓和网络社会中的矛盾。

---

① 高宣扬. 布迪厄的社会理论［M］. 上海：同济大学出版社，2004：83.
② 柯林斯. 互动仪式链［M］. 北京：商务印书馆，2009：4.

第三节　混沌与真实多重交织的教育场域

教育场域指在教育者、受教育者及其他教育参与者相互之间所形成的一种以知识生产、传承、传播和消费为依托，以人的发展、形成和提升为旨归的客观关系网络。① 这里的关系网络属于社会学的范畴，个体间的作用在这个关系网络中发生、联结，从而在虚拟的教育空间进行人际构建。人际网络在时空的多重交织下无限膨胀，并形成更多的细小分支，每一个分支都定义了一种与之对应的网络关系，如主体间的教学活动关系、基于符号互动的人际交往关系、具有明确规则制度与身份地位的等级关系、知识传递与知识共享的关系等，所有这些社会关系聚合在一起，交织在一起，很难用常规的两元对立和互不相关的方式来清楚区分，这使在线时空成为一个典型的多重交织而又多元整合的教育场域。具体表现在以下几个方面。

一、虚拟与真实交织

作为架构在互联网学习平台上的虚拟时空，各个教育主体的角色、教育内容、教育情境等都是符号化的，都是对现实教育时空的模拟；另一方面，这个虚拟时空中的教育与生活信息的流通却又是真实的，各种个性化需求的社会交往与社会活动在虚拟时空中上演，所以是虚拟与真实交织的教育生活时空。

二、身体与心灵交织

在线教育中，学习者的物理身体不在场而在各地分布，虚拟成了一个个的数字化符号，而心灵却汇聚在场，人们在网络时空中的对话与交流比现实时空更加真实与坦诚。网络空间作为教育社会场域，其物理缺场与心灵在场不再是传统哲学上简单的二元对立关系，却呈现出前所未有的二元交织关系，或者说网络教育时空是虚拟身体与真实心灵的二元交织。

① 刘生全. 论教育场域 [J]. 北京大学教育评论, 2006 (1): 78-91.

三、全球与地方交织

互联网将网络学习平台演变成一个本地与全球交织在一起的教育时空，现实时空与各地区有形与无形的壁垒与边界在这一时空中消解融化，一个教育空间的社会互动场域在人类历史上第一次与物理地方空间彻底脱离，成为聚合全球信息，能进行全球性高效交流互动的社会平台，这就使得承载网络教育活动的社会地方，与物理地方分离，与现实的空间地点分离，成为汇聚四海学习者个体的全球性教育空间。正是从这个意义上讲，在网络学习空间，地方空间只有与全球交织并在世界性的信息流动中才能呈现网络教育的价值与意义，也就是说，地理空间的距离消失了，地球的距离消失在虚拟课堂教学的场景中，在这里，地域与物理距离虚拟了，而教学场景却是真实的。

四、私人空间与公共空间交织

互联网的联络与汇聚能力将学习者个体私人空间与学习群体的公共领域交错在一起，消解了物理意义上的边界划分；① 另一方面，网络平台也具有强大的隔离功能，学习者个体通过角色扮演的符号方式，以匿名方式在虚拟平台的众人前出场，这时，成员个体的真实性被部分或全部隐匿，同时他还可以在学习平台中精心设计只属于自己的个人空间，用以收藏心灵之语、私密情感、生活档案、有用的信息，这一网络学习空间的私人领域一旦被建立，就可以根据个体意愿被赋予浏览权限。从这个意义上说，个体与个体之间、个体与公共群体之间、群体与群体之间的物理边界因虚拟而消失了，但是，每个平台中的个体或公共群体的信息储存地点、空间容量、信息内容却是真实的。

五、前台与后台交织

根据符号互动论的观点，个体在一定的社会情境中的社会行为，都可按照前台行为和后台行为来分类。网络社会使私人空间与公共领域交织，

① 黄厚铭. 虚拟社区中的身份认同与信任［D］. 台北：台湾大学社会学研究所，2001：119.

这使个体在后台的社会行为被暴露的可能性大增，网络空间一种新的行为场景由此而生。具体来说，真实场景中的社会行为原本存在着界限分明的前台区域与后台区域，在网络学习空间中的这种界限被消解了，学习者的社会行为既不是原来的前台行为，也不是原来的后台行为，而是一种在"中间区域"交织的替代行为。① 所以，这是一种特殊地域，其"信息方式中的主体已不再居于绝对时空的某一点，不再享有物质世界中某个固定的制高点，再也不能从这一制高点对诸多可能选择进行理性的推算"②，我们需要全新审视。

六、个性化学习与合作性学习交织的学习场

帕特·华莱士在他著名的《互联网心理学》中讲述了一位在网络学院进行课程学习的学员的亲身经历，这位学员在传统学校教育的班级课堂中很不自信，他认为自己相貌平平，在面对面的课堂讨论活动中总是不喜欢回答问题，当然，也是因为同学与老师常常忽略他发表的评论，所以，后来在课堂上，他干脆就不再表达观点。现在他却发现网络真的是一个不会以貌取人的好地方，几天时间中就有好几个学习伙伴回复说同意他的意见，而且在主题辩论中支持他这一边的观点。"这种现象在课堂发言中从来没发生过。"③ 他认真地说着这些，而且眼里充满喜悦。

根据上述的案例我们可以说，网络教育中由于身体不在场和身份符号化提供了尊重学习者个体的公平竞技场地，让成员有很多机会充分发挥自己的潜能，充分表达自己，通过一定的成就来充分证明自己的资质，甚至后来在实际生活中也是这样。但是在现实的学校教育中，有些学习者会因为自身的性格（如内向、害羞）、外貌等而吝于与教师、同伴们交流，即便是交流，他们有时候也会感到压抑、沮丧、无奈。

我们都知道，创造力的生发需要闲适与自由作为土壤。在网络时空中，学习成员可以采用匿名的形式穿梭于网络社会中，每个成员认为别人

① 梅罗维茨. 消失的地域：电子媒介对社会行为的影响［M］. 北京：清华大学出版社，2002：135.

② 波斯特. 信息方式［M］. 北京：商务印书馆，2000：25.

③ 华莱士. 互联网心理学［M］. 谢影，苟建新，译. 北京：中国轻工业出版社，2001：134.

永远不会知道自己是谁的时候，网上学习行为就会自由地发挥，甚至有点肆无忌惮了，在这样的虚拟环境下，成员倾向于放开自己或肯定或否定的行为，甚至还会毫无害羞地喊出抱怨、验证奇怪观点、提出天真的设想与问题，与此同时，这种行为不仅不会被嘲笑或鄙视，还可能会得到认可，得到帮助，得到激励。

心理学研究表明，基本的人类动机可以应用于所有人和各种场景，并对人的情感和认知模式产生深刻的影响①。在网络时空中，大多数成员都愿意帮助、鼓励并支持其他人的学习，在这样的社会环境下，学习者找到了自己的归属感，找到了自信，如果学习成员感觉自己受到欢迎，会更加积极地看待他们所在群体的其他成员，因此产生对学习群体的归属感与吸引力。

第四节　在线教育时空的功能

在线教育时空中有各种不同的网络教育平台，它一方面通过超媒体的知识传递、高频率的人际交往、行为规则化的客观教化来促使网络学习者内化和社会化；另一方面也不断激励学习者将内在的主观认知与情感通过工具表达而外化为网络资源。由于符号化角色、不在场的交往、匿名的群体活动，网络教育空间既促使学习者去个体化，同时也推动学习者成员个性化。从在线教育诞生的第一天起，就开始在网络学习群体中逐步形成虚拟教育社会规范、进行群体分化，并由此形成社会结构、对网络教育社会的成员进行知识分配、社会范畴化与刻板化，在此基础上，逐渐发展成独具特色的教育文化与虚拟日常教育生活。

一、在线教育时空的功能及其内涵

《辞海》对"功能"作了这样的解释：指物质系统所具有的作用、能力和功效等，在自然辩证法中常常同"要素、结构"组成一组相关联的范

① 郑葳．学习共同体——文化生态学习环境的理想架构［M］．北京：教育科学出版社，2007：223.

畴。帕森斯认为任何一个教育系统具有两种主要功能，即社会化功能和选拔功能。社会化功能指教育系统具有培养个体人格、使其在动机和技能方面都能胜任一定角色的作用，既包括义务感也包括能力，其中能力涵盖个人角色所需要的技能和同他人交往的能力；选拔功能即人力分配，确保社会结构的平衡与稳定，以期符合社会的期望。由于远程学习者在网络空间中获得教育的过程是一个动态的过程，更是一个高度具有不确定性与复杂性的过程（如：教育公众号中的人际交流过程，其讨论主题常常被突然插入的人员或话题打乱），因此也有可能产生一些与社会期望不相符的结果。

在线教育时空中有各种各样的在线教育平台，构成典型而复杂的各种教育社会系统，其教育正向功能的实现具体体现在运用现代网络技术手段，获取具有教育性的良好信息与知识，整合学习资源，促进师生间的双向交流，并通过对远程学习者的学习支助服务与监管，实现对网络学习进程的调控与优化，以达到预期的正向功能，避免负面作用。根据形成释放理论，制约一个教育系统功能形成的四个要素是：教育者的素质、受教育者的基础条件、先前所具有的可利用物质基础条件、教育内容的科学性和教育过程的有效性。① 由此，我们可以将在线时空中教育系统的功能划分为固化与流动两种状态，而在线教育系统的功能能否发挥，基本上取决于其他一切相关活动的开展和环境的影响。只有当网络支撑平台、交互工具、师生人群等要素发挥出其最大的效应，促进学习的发生和教育结构不断的完善时，才有可能形成稳定的内部形式。与此同时，人际交往的进行和功能的现实延伸程度决定了其流动功能的发挥与释放。

由此看来，在线平台作为一个从面对面学校教育转变来的教与学分离的虚拟教育时空，其必然会继承学校教育已有的部分传统功能，并在此基础上诞生新的能被识别的功能。我们所说的功能，不仅是网络教育系统内部稳定结构对学生和外界的作用方式，更是实现虚拟学习环境中教育教学目标与意义的最佳途径。

一个网络教育平台要实现其功能，还在于对其教育目标的定位，只有目标定位了，人们才能更好地去建构，从而有效保障功能的实现。因此我们认为，在建构网络教育平台时，首先要做的应是确定网络教育的目标，

---

① 傅维利. 论教育功能的释放与阻滞［J］. 教育科学，1989（1）：1－4.

然后分析其功能应该是什么。不同网络学习空间的目标和功能是有差异的，这是因为其面向的学习人群、建设的学习资源、内生的教育文化等都不同。本文讨论的是在线教育时空中虚拟教育系统的常见功能。①

　　一方面，在线教育时空承载着比传统教育更为复杂的学习愿景与教学任务，它要求提供一个完整的情境，全方位培养学生，使之适应社会，最终社会化。从含义上讲，社会化是指人类相互接触，其思想、感情、信念等逐渐趋于同化；个人的社会化是将很多分离的个体演化递进并构建成为社会，将个人生活转化为社会生活的一部分。个体从降生时无知识的生物个体，发展成为一名社会成员的过程，就是人的社会化。网络教育时空对个体的功能影响主要是促进个体的道德社会化、知识能力社会化与心理素质社会化，而且，教化成为在线教育实现个体社会化功能的基本方法，同时也激励学习者个体将内在主观的知识外化表达为网络平台的资源，由此，逐渐形成学习平台的共性与规则，同时也促进个体在网络规则的支持与约束下发展个性。

　　另一方面，从在线教育系统存在的第一天起，它就不断对平台中的群体社会产生强大的影响，突出表现在群体社会制度与规范的建立、群体的社会分化与社会结构的建立、知识的社会分配、社会范畴化与刻板化等，在这些基础上，在线教育时空逐渐发展成为一个教与学、娱乐与交际、阅读与分享、探讨与交流，甚至具有交易的日常生活世界，在不断生成与再生成特质性人际互动序列与话语行为符号的过程中形成独具风格的教育文化。

　　综上所述，我们从社会学视角对在线教育时空的功能进行两个方面的分析：一是网络平台对学习者个体的功能，二是网络平台对学习群体的社会功能。

二、在线教育时空对学习者个体的功能

　　我们从客观教化与主观外化等方面来阐述在线教育及其时空对学习者个体的影响。

---

　　① 樊泽恒. 网络学习社区的结构功能分析及建设策略 [J]. 南京航空航天大学学报（社会科学版），2012，14（3）：87－91＋96.

（一）网络平台及其教育时空对学习者个体客观教化并激励其主观外化

教化即社会文化因素对个体的作用过程，包括社会既有的各种规范、准则和价值观念，通过各种途径对个体身心发展过程的塑造和影响；而内化是个体对社会文化的接受过程，即对社会所教育的各种东西进行学习、理解，以及进行选择和吸收。根据符号互动论的观点，自我心灵实质是社会过程的内化，事实上内化的过程就是人的"自我互动"过程，人通过人际互动学到了有意义的符号，然后用这种符号来进行内向互动并发展自我。网络教育平台通过传递知识与人际沟通实现对个体身心的影响，这正是其对个体的教化功能；而内化是教化实现的途径，是教育平台的教化功能在个体身上成功实现所需的前提与条件。在线教育对个体的教化能否起作用的关键在于学习者对各种教化内容的选择与内化程度。

传递知识、人际交往、社会规则，这三个方面既是在线教育时空及其平台实现教化的主要途径，也是教化功能在网络教育中的具体表现方式。

1. 平台以超媒体与模块化内容传递知识，对成员实施极具个性的教化

传递知识是在线教育时空对学习者最基本也是最主要的功能，属于在线教化功能的一部分。网络教育平台有专业的文化知识、多样的传播媒介，是个体开展学习活动的高效途径。教化功能最基础的表现便是实现知识的传递，使学习者成为人类长期探索而积累下来的知识的承载者。[①] 与面对面课堂教学中教师说教的教化方式相比，网络平台以多种媒体形式、海量的信息内容、模块化的知识结构等网络特有的超媒体与超链接方式呈现，具有高度自主选择性与个性化的教化形式，促进了个体自主学习时知识的内化。首先，平台将图片、声音和视频等多种形式的学习内容生动形象地呈现给学习者，刺激个体的多种感官，使学习者将新知识与其已经内化的经验世界相联系，此时，学习者已有的旧知识结构通过扩大、删减、重构等方式进行调整，让其持续行进在新的内化"路上"；其次，由于网络平台实现教化的信息资源的内容、目标、结构、呈现方式是各种各样的，符合各类人群的需要，具有极大的自主选择性，个体可根据自身不同的文化背景、思维方式与个人喜好，有选择性地将在线学习内容内化到自

---

① 吴康宁. 课堂教学社会学［M］. 南京：南京师范大学出版社，1999：12.

已的认知结构中,① 而在传统课堂的教师教化过程中,个体的自主选择性相对较少。

2. 平台以频繁的人际交往,促使学习者在视域彼此融合中获得教化

通过各种方式传递知识,使个体利用自身感官,选择性地获取信息与内化知识,这是在线教育时空实现教化的基本途径。除此之外,与学习同伴和各类助学者的沟通,是学习者在群体中获得教化的另一种重要方式。网络学习平台常常附带有丰富的学习资源、强大的交互性功能与教育社区,学习者要想获得知识,除通过自我认知建构之外,另一条重要的途径便是与群体的交流与沟通。在此过程中,个体是被社会性建构的,他的视角、观点、价值、行动和沟通手段都是从他人那里习得的,个体自我概念的形成受到与其他个体互动的影响,并且在互动过程中不断调整、更新自身的认知结构。② 在网络时空中,这种互动很大程度上是符号性的,去除了面对面交流中的姿态和语气,解构了教师与学习同伴中领导者的权威,促进了个体与他人的交流与表达,使个体通过与他人沟通而获得更全面的认知、情感态度与价值观的更新。

3. 平台明确制度规范,在约束个体行为与秩序化中教化

在线教育平台中的规范制度充当了解释现实的参照框架,为个体进入网络教育时空进行活动提供了参照和可预测性,目的是使每个进入该平台的个体都能遵守秩序。在成员刚进入时,了解比较模糊,况且好奇心比较强,此时,规范与制度能够发挥更大的作用,可以指导新成员,告知其应该在平台中如何做才是适当的行为举止。个体的行为在很大程度上受到平台规则与成员之间心理契约的双重约束,包括恰当的或可以接受的行事方式,以及在某种情况下所持有的观点。③

4. 平台激励学习者将主观认知与情感在网络空间通过媒体表达而外化

社会个体的内化过程,同时伴随着个体的外化过程。外化与内化相对应,它使个体的主观意识客观化、现实化,是个体表达已经内化的认知的过程。在网络教育时空中,由于学习者自我实现的愿望与学习目标的驱

---

① 伯格,卢克曼. 现实的社会构建 [M]. 汪涌,译. 北京:北京大学出版社,2009:12.

② 豪格,阿布拉姆斯. 社会认同过程 [M]. 高明华,译. 北京:中国人民大学出版社,2011:12.

③ 伯格,卢克曼. 现实的社会构建 [M]. 汪涌,译. 北京:北京大学出版社,2009:12.

动、平台奖励机制的激励、老师与版主的要求、其他学习伙伴的鼓励，个体被要求将内在的知识、思想、愿景与建议等外化表达。平台拥有协商机制、奖励机制等各种鼓励表达的版块，同时，为个体外化表达提供了多种活动主题与形式，例如：在协商交流中，通过文字等符号表达自己的观点；在个体与集体活动中，通过某些特定的行为来表现自身的主观认知与情感态度倾向，完成作业与设计作品并在网络空间发表，完成网络平台的问卷调查表等。

根据符号互动论的观点，心灵、自我和社会不是分离的结构，而是人际符号互动的过程。心灵、自我与社会的建构与演绎过程都是以符号的使用为前提的。米德认为，自我是人们在与他人的互动过程中逐渐获得的，个体的意义并不存在于自身之中，而是存在于与他人的符号互动本身之中。[①] 网络平台中个体身份的存在方式、学习方式、表达内容、交往过程、社会结构都是符号化的，这一典型特征极大地促进了在线教育时空中学习者个体的外化表达。

首先是远程学习者个体主观成就感的需要。面对面的学校教育中，学习者可通过语言、表情以及一定的行为活动表达自己的主观认知与情感；而网络教育中时空分离与身体的缺场屏蔽了参与者的表情、体态，一切化作语言符号，学习者只能通过符号间的交流互动来表达自己，进而实现自我的价值。根据马斯洛的需求理论，自我实现的需要是最高等级的需要。个体在使用符号表达自己观点、展现自己情感的外化过程中，或者在使用符号完成一定学习任务的过程中，充分发挥并展现了自己的能力，获得了自我成就感，这种成就感被不断地激发，又能反作用于个体的外化表达，形成外化表达激发成就感，成就感又进而促进外化表达的良性循环。其次，每个网络教育平台都逐渐发展，以致形成了自身特色的鼓励表达或参与活动的激励机制。这些奖励机制极大地驱动了个体的外化行为，激励着学习者通过外化表达获得晋升、晋级以及其他的网络身份（如：版主或助手）。同时，学习者在表达自我认知与情感时，会获得学习伙伴与教师的回复与评论，正面的评论就是鼓励，鼓励性的交流氛围，也会促使学习者更进一步开放自己、表达自己。例如：在"蓝色理想"（网站设计与开发

---

① 米德. 心灵、自我与社会［M］. 赵月瑟，译. 上海：上海译文出版社，2008：197–199.

人员之家）① 中，当学习者个体参与交流与讨论、发表观点与评论的活动次数足够多时，就可以申请成为网站论坛的版主或超级版主、编辑或主编等。最后，教育平台常常有助学者与管理者，他们会定期考核学习者在其中的学习表现，或者考核学习者是否达到了学习目标，一般依据其完成作业、发表作品或参与活动时的表现等符号外化行为进行评价，这样，为了完成学习任务、实现学习目标，学习者会最大化地将自己的主观知识外化，以便获得大家好评。

（二）去个体化与个性化

网络教育平台是群体参与的共享性教育组织，个体处于群体中就有可能将自身部分的"个体性"丢失掉，而这里的个体性特指"一个区分的过程，其目标是实现个体人格的发展"。当然，这同时也导致个体责任的分散，这样，网络教育空间的去个体化功能便产生了。一方面，个体在学习平台中可以克服自身的羞涩、胆怯甚至畏惧等心理，在群体中自由大胆地发表言论、参与活动，此时，个体将网络学习共同体当作一个整体，他的注意力都集中于群体，在群体氛围的影响下，个体的群体意识增强；在线教育为个体提供信息共享的平台，在共同学习兴趣的旗帜下聚集，成员之间拥有共同交流的基础，通过与其他成员交流互动获取具有特定学科的知识与技能并内化形成一定的态度与价值观，使身处各处的众多远程学习者个体形成某些共性，并形成共同的社会规范，这样一来，个体逐渐被群体接纳，这是其优点。另一方面，在线教育时空的去个体化功能也不可避免地会产生消极影响，在面对面的旁观者效应弱化后，就可能改变学习者个体的主观世界：自我意识降低，自我责任感缺失。

在学习者被去个体化的同时，网络时空的符号化存在方式与交往过程解构了传统教学中教师的权威，使学习者能够畅所欲言、展现自我，促使个体发展个性，形成自身的独特性。网络平台对学生个性化的功能主要体

---

① http：//www.blueidea.com//。"蓝色理想"创办于 1999 年的 10 月。从成立之初，"蓝色理想"就以建设网站设计与开发人员之家为宗旨，以介绍网络开发技术与网站创作设计交流为主要内容。其网站内容制作精良，每天都会有会员精心制作的教程发布，无私地对网友进行帮助，而且还举办过不少设计比赛并开发了很多仍被许多网站应用的相关程序。而所发布的作品与点评受到了多家媒体关注及行家的好评，同时也从中确立了自己的社会地位，大量网络设计者加盟了"蓝色理想"，成为国内最大的设计类站点之一。

现在：由于课程与资源（教学内容）的共享可得，教师的后台化、教师的监督作用与学校相比大大减弱，学习者根据自己的需要选择学习内容、学习进程、学习频率，学习者个体自我评价的机会、创作表达的机会大增，这些导致学习者个体在网络平台比课堂教学获得更多个性化发展的机会。另外，作为群体共同存在的教育空间，有其规范与制度，只有在一定规则的约束下，个体展现自我、发展个性，才能使个体更好地融入群体，所以，正常的网络行为规范不是对其个性的扼杀。

三、在线教育时空中对学习者的社会功能

（一）在网络教育平台及其组织中形成社会规范与社会制度

任何一种活动只要不断地重复就会形成一种模式，这种习惯化表明：当前的行动在未来可以按照相同的方式同样经济省力地去操作，当这种可重复的模式或行动被认定是特定典型的时候，制度化便诞生了。① 每种社会情境只要持续存在一段时间，制度化就会出现。在网络教育平台建立的初期，会制定一定的规范与制度，用来约束进入平台的个体行为，同时，教育成员在相互交流的过程中，会逐渐形成群体规范，以完善整个组织的教育与生活制度。网络教育组织的制度形成与完善具有一定的自身演绎历史，它常常通过设置预先就已确认好的规范与制度来约束成员的行为活动，能够按照一定的方向引导新成员，抵制且促使学习者放弃错误行为，然后，组织制度在实施过程中逐渐积累与逐步完善。

反过来，当网络教育组织的规范与制度逐渐稳定成形后，又可以帮助建构并预测个体的世界，对平台及其教育组织发挥着重要的社会功能。首先，可以帮助调整社会存在，并因此帮助协调群体成员的活动。使学习者获得认知与培养价值观是网络教育平台最主要的功能之一。个体在进入平台前，已经通过初级社会化获得了对客观世界的基本认知，其在网络平台中学习与交流，会进行次级社会化，在这一过程中，个体获得大量的机会纠正之前错误认识，调整自身意识中的社会存在，从而适应学习群体，使整个群体活动有章可循。其次，规范与制度能够促进教育共同体目标的实现。规范制度与群体目标紧密相关，当群体发展出极具号召力的共同学习

---

① 伯格，卢克曼. 现实的社会构建［M］. 汪涌，译. 北京：北京大学出版社，2009：12.

愿景，并从中界定出清晰目标时，群体中的大多数人便会获得鼓励而自动进行朝向共同目标实现的行动，并且压制那些阻碍目标实现的行为，此时，平台中的学习群体规范便被潜移默化地强化与稳固，并且将促进群体目标的实现。最后，规范与制度可以帮助增强或维持群体认同。网络教育时空区别于现实学校校园，虽然不能根据个体的衣着、发型以及语音区别是否为成员，但可根据个体是否认可并接受网络平台的规范与制度，来断定其类属于群体成员还是非群体成员①，如果个体遵守平台规范制度，便可以增进群体对个体的认同，否则会受到群体的排斥。

（二）对网络教育空间及其群体进行社会分化

在网络教育平台中，通常有在线教师、助学者、网络管理员、辅导员、版主、学习者等，还有在每种特定活动中会出现各种指派的责任明确的角色，任何一个群体，都会在交往互动中逐渐产生角色分化的现象，每个个体的角色分工都暗示了工作和责任已经得到分担，可以避免领导者在身体上和认识上的超负荷，这种社会分工也有利于群体目标的实现，有利于群体与个体的共同发展。

不同成员所承担的角色，不会被同等地评估，他们也不具有相同的权力去影响或控制他人，所以，伴随着社群的角色分化就会出现地位分化。在群体活动中，表达能力与组织能力强的个体，会受到其他个体的尊敬与喜爱，会在群体中突显，从而上升为具有权威性的群体领导者、专家或意见领袖，这样依据个体不同的表现力与影响力，便产生了个体在网络教育平台中地位的分化。高地位暗示了提出主意、提供讨论主题、解决成员冲突和发起群体活动的强大影响力倾向，同时，对于高地位者而言，群体成员给予的积极评价，体现了自身被他人认可的权威与威望。而对于低地位者，若管理者与助学者经常实施强迫性的领导，将引起其反抗。②

除此之外，在网络平台及其教育空间，一方面，个体可以根据自身不同的兴趣爱好，聚集在一起，逐渐形成不同类型的亚共同体；另一方面，平台管理者与成员出于自尊的动机不断地强化自己所在平台的特质，在网站资源内容、模块功能设置、网络教育方法、教育站点的设计风格、人际

---

① 布朗. 群体过程［M］. 胡鑫，庆小飞，译. 北京：中国轻工业出版社，2007：38.
② 布朗. 群体过程［M］. 胡鑫，庆小飞，译. 北京：中国轻工业出版社，2007：47.

互动的奖励机制等众多要素上突出自己平台的品牌形象，并且与具有竞争的同质教育平台极力进行社会区分。

（三）对网络教育空间及其成员进行知识的社会分配

网络教育平台中，根据成员进入的时间长短以及在其中所做的贡献、积累的经验不同，会对成员划分等级并由此形成获得知识的不同权利。例如："考研帮"将活跃在网站和论坛中考研的学子、考研上岸的热心的研究生、专家和学者们分为新手上路、一般战友、中级战友、高级战友、开国大佬、资深会员、论坛元老，不同等级的成员在平台中获得查阅、浏览、表达与参与活动的权限不同，在平台中获得知识的模块与领域也有很大的差别。参与任何组织性活动，最基本的要求是必须成为已实名注册的正式成员，而对于非网站成员的游客和非实名注册的成员而言，只能够浏览一些信息，因此，"考研帮"成员等级不同，能够浏览到的信息、参与活动的权限有很大的差别，即对本平台中不同等级会员的知识分配有所不同。有的网络教育平台每年在很多城市组织线下"读书会"等面对面活动，一般要求报名参加各地读书会的成员必须是网站平台实名注册的会员。

另外，网络教育平台中学科内容的定位不同也会形成知识的不同社会分配。例如，进入"我要自学网"的用户，被分配的是特定的软件应用知识；而"沪江英语网"的成员，被分配的只是英语知识。除此之外，针对相同的学习内容，来自不同家庭环境、社会背景的学生在感知、理解上不同，学习需要不一样，学习努力程度不一样，在线学习沉浸度不一样，这些都会导致网络教育平台对成员的知识社会分配不同。

尽管这样，与学校教育相比，由于在线教育时空中学习者选择知识的自主性强、个性化程度极高，降低了教师因为个人喜好等人为原因将学习与表达机会不公平地分配给学生的概率，明显减少了知识分配不公的现象。

（四）对在线时空中的教育群体进行社会范畴化与社会刻板化

刺激物不管是自然物体还是人，彼此之间拥有许多共同特征，也有区别于其他刺激物的特征，基于这些相似性和差异，它们被分派到范畴中，当这些刺激物作用于我们时，我们直接用这类范畴的认知去解释新刺激物，就产生了范畴化。范畴化将世界和我们的经验组织起来，将世界划分成界限明晰的领域，在这样的环境中，事物被感知为非彼即此，很少存在模棱两可、模糊不清的情况。①

对于网络社会而言，范畴化过程的重要功能之一，就是不断地强化我群与他群之间即群际的特异性，模糊我群内的差别，以帮助某一范畴的成员和非成员的认识及反应。例如，人们将"沪江英语网"范畴为英语学习的资源网站与分享交流平台，将"蓝天作文网"范畴为"写作"资源平台与学习、发表和互评文学作品的中学生网站，这种范畴化增强了网络教育平台及其学习空间之间的差别与特殊性，能使具有明确目标的学习者快速寻找到适合自己的群体，同时也赋予该平台的成员区别于其他平台成员的身份与兴趣特征，同时这种范畴化不断增强教育群体对群内成员的凝聚力与感召力，也增强我群对外群人员的吸引力。

由于个体在社会生活中必须处理的信息量大且极具复杂性，因此，人类认知的一个重要特征，就是对现实世界进行范畴化的需要和能力。但是范畴化会不可避免地形成两个重要的群际后果——范畴间差异的认知放大和范畴内差异的同化。对于在线教育时空，首先，个体对待本群成员和外群成员时，会将自身所在的群体与外在群体相区别，即"我群"对"他群"，即使该个体是刚加入平台的新成员或者该成员在其中的地位等级并不高，他也会产生有利于内群的有偏差的对待。其次，平台中的个体成员间会忽视内部群体的差异，有一个共同的倾向，即将我群等同于无差异的整体。

同一群体成员之间可感知的差别变得模糊，是范畴化的一个不可避免的后果，这也就很难避免会对群体产生刻板化的印象。"刻板化"也称为对事物的"刻板印象"，即我们赋予其全部或大多数同一群体成员所共有的特征。刻板化源于对不同群体的过分表征，也是对一个群体成员共同特征的归因，它直接来源于范畴化的过程，尤其是群内差别的模糊化与同化，并在群际背景中为个体行为特征提供指导和辩护。刻板印象会对网络教育平台及其中的学习群体产生三个方面的影响：一是为学习共同体中现有成员不同阶层与等级划分进行合法化辩护；二是刻板印象在本质上是对

① 豪格，阿布拉姆斯. 社会认同过程［M］. 高明华，译. 北京：中国人民大学出版社，2011：1.

一定学习阶层与学习群体的社会期望，会使平台学习者判断产生偏差，并常常筛选性地记忆有利于期望被证实的网络信息；三是刻板印象激发平台中学习者自我实现的愿望，他们在被刻板化的学习群体中激发特定的学习行为，而就是这些特质的学习行为最初构成了人们对某个学习平台的刻板印象。①

例如，在"蓝天作文网"中，成员追求多发表作品，因为希望获得"蓝天写手"的荣誉称号；在"沪江英语听说酷"中，成员追求将更多更新的英文演讲译成中文，以获得版主的"置顶"。

同时，人们也会将某个网络教育平台及其时空的特质等同于某个体成员的特质。"天涯社区"以表达比较张扬的特点广为人知，由于人们对该平台的刻板化印象，也习惯地认为该平台"菁菁校园论坛"中的成员及其表达也会个性化。

（五）形成网络教育平台及其组织的特色教育文化

不同类型的网络教育平台，由于其网站色彩、风格、资源内容等的不同，彰显各自的特色，形成自身的网络教育文化，设计不同模块且针对性强的教育内容，形成各具特色的网络教学方式，以满足学习者对独特主题的个性化需求，并形成每个网站特有的教育模式。"我要自学网"这类平台主要传授办公软件、日常软件应用的技能，而"沪江英语网"的内容是英语，教学目标则聚焦在英语听力的提高。根据教学内容与教学目标的定位不同，网络教育平台选择的媒介及其传递方式、教学方法也有所不同。"我要自学网"针对软件应用的教学内容，主要采用视频教学为学习者展示每一个具体步骤的过程；"普特英语网"主要以音频方式提高学习者的听力与口语表达能力，而且，追求美国社会经济音频节目的及时更新。

（六）在网络教育时空形成日常生活世界，并向学习者的现实情境延伸

虚拟在线教育时空为学习者传递知识，帮助学习者建构现实世界，同时也为学习者的日常生活提供便利，在教育平台及其社群中共享彼此的观点、思想、资源、知识等，促进个体的知识构建和智慧的发展。因此，学习者在交流、共享的过程中，能够结识新的朋友，提升自身的交往能力，

① 布朗. 群体过程［M］. 胡鑫，庆小飞，译. 北京：中国轻工业出版社，2007：214.

发展良好的人际关系；同时，在网络时空，学习者可以利用个人空间规划自己的学习与生活，安排日程；很多网站中还有娱乐板块，学习之余可以通过游戏、音乐、浏览新闻等方式放松自我。虚拟教育时空中逐渐形成了日常生活世界，使学习者在其中如同身处现实世界一样可以满足自身很多需求。

最后，由于虚拟时空中的学习者是一个真实的个体，并且他一生中更多的时间是在真实社会中存在着、生活着、发展着，这就要求虚拟教育时空所提供的功能要向现实延伸，将功能结构带到现实情境中。首先，在教育教学功能方面，网络教育平台是对现实教学的补充，因此，这种延伸更多的是一种功能的完善和扩充；其次，在学生的社会化方面，虚拟教育时空虽然无法替代真实生活中的社会进程，但是可以模拟出类似真实的网络情境，让学生沉浸在网络时空的教育社会中，进行自我体验。我们所提到的教育功能、社会化功能不仅仅是针对虚拟世界而言，更是对现实世界的补充与完善。现实世界的真实性是功能实现的基本途径，而虚拟世界的开放性、丰富性、便捷性则是功能实现整合的有效平台。

第二章　在线教育时空中的社会角色

　　"角色"一词源于戏剧，原意为戏剧、舞台上的形象，自 1934 年米德首先运用角色的概念来说明个体在社会舞台上的身份及其行为后，[①] 戈夫曼为现代的角色理论做出了很大的贡献；帕森斯认为"社会结构中最重要的单位，不是人而是角色"。[②] 目前，角色的概念被广泛应用于社会学与心理学的研究中，引申为"与人们的某种社会地位、身份一致的一整套权利和义务的规范与行为模式的总和，它是人们对具有特定身份的人的行为期望"。在线教育时空中的网络学校、网络课堂、学习空间、教育社区、教育网站、教育论坛、教育公众号等各种形式的网络平台中，主要活动着七类社会角色——在线教师（也包括平台助学者或辅导老师、教育公众号的主持人）、学习者、意见领袖、共享者、呼应者、潜水者、管理者，还有作为第三方人员的技术人员与家长，最为关键的两类角色是在线教师与学习者，几乎所有在线教育时空中的工作都是围绕着这两种角色而展开的。本章中，我们从在线教育时空中常见的角色类型开始，阐述学习者角色与教师角色从面对面学校时空到虚拟时空中的变化及其社会学原因，也对这种变化及其挑战提出了应对的建议。

第一节　在线教育时空中的角色：常见类型与特征变化

　　现实学校系统中一般包括教师、学生和教学管理者。教师是知识的权威者、掌控者、传授者，被期望传递知识；学生是知识的接受者，有获取

[①]　米德. 心灵、自我与社会 [M]. 上海：上海译文出版社，2008：198.
[②]　侯钧生. 西方社会学理论教程（3 版）[M]. 天津：南开大学出版社，2010：272.

知识的权利和义务；教学管理者则督促整个教学过程有序、有效地进行。基于网络平台进行教与学活动的过程中形成了各种各样的角色，主要角色与面对面学校一样由教师、学生、管理者三种组成，但是其内涵与特征都发生了明显的变化。

一、在线教育时空中常见的角色类型

"华师在线""网上人大"等以学历教育与继续教育为目的的远程教育网站中社会角色一般由教师、学习者、管理者组成；"蓝天作文网""沪江词汇社"等以学科发展与青少年成长为愿景的网络教育平台中，主要角色一般由专家、助学者、学习者与管理者构成；也有一些在线学习空间是人们根据共同的学习兴趣、需要、价值观念等结合而成的，对教师、学生、管理者等角色没有严格与清晰的划分。当然，在线教育平台中的专家不一定是现实中的教师，而是所有成员的学习支助服务者、问题咨询者，学生不再只是传统课堂中知识的被动接受者，而是平台中能进行个性化学习与主动参与表达的学习成员，而且网络教育时空中教师、学习者、意见领袖、管理者的角色会不断进行分化。例如：一个现实中的教师刚刚注册成为"教育在线"平台的一个新会员，他被赋予的角色只是本平台中的"学前班学生"，在以后的学习互动过程中，通过参加活动、发表作品、不断贡献、赢取积分，可以逐渐达到平台专家、版主的地位；如果他不参与互动，那么他可能只是该教育网站中的一个游客或浏览者。但是，无论如何，网络教育平台中大部分成员确实都是学习者的角色，也确实是在大部分时候可以获得资源或人际帮助的学习成员；不管平台中学习帮助者的功能是问题解答、资源与知识传递，还是组织活动，他们承担的毕竟都是"传道授业解惑"的教师角色，所以，我们仍旧称之为"在线教师（或者平台助学者与辅导教师）"。

根据网络成员的参与目标、参与程度和价值维度，我们将在线教育时空中常见的角色成员分为以下七类：学习者、在线教师、管理者、意见领袖、呼应者、潜水者、浏览者（游客）（如图 2-1 所示）。其中，在线教师有时候会充当意见领袖的角色，但是也有很多时候是学习者在平台互动中逐渐脱颖而出成为意见领袖；有时候，学习者在在线空间会以呼应者（在论坛中常常选择性回应某种观点，但一般不主动发起讨论）、潜水者

（没有任何表达的学习者）和浏览者（游客）的角色出现，但大多数时候，学习者因为有较为明确的学习目标、特定兴趣的学习模块而在网络平台中阅读、浏览、互动、表达与咨询，呈现学习者特有的行为方式。同时，不同类型的在线教育平台中，教师、学习者、管理者角色的名称各不相同，如："考研帮"中将用户角色分为新手上路、一般战友、中级战友、论坛大佬、论坛元老等，其中，前两个角色就是注册不久的会员，中级战友与论坛大佬已经成为平台的志愿者，论坛元老则是考研平台的指导者与教师；"直线网"将用户角色分为讲师、助教、管理者、学习者等；"水木社区"的论坛身份主要包括水木管理者、元老、站务、核心驻版、用户、新人、游客等。

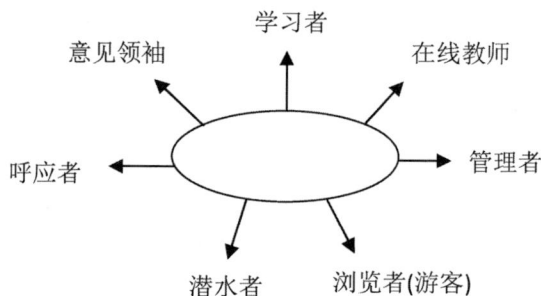

图 2 - 1 在线教育时空中的社会成员及其角色分类

（一）学习者

学习者是在线教育时空中最常见的角色，绝大多数在线教育成员都是学习者，由于没有面对面的教师威权的控制和惩罚、非常严格的测试与考核，网络学习者的学习主要是通过学习资源与学习伙伴去主动获取，所以，学习成员的学习目标常常更加明确、更加具体，更渴望能学到知识，解决现实中的困惑与问题，发展自己应对实际生活与工作的能力。如果这个教育平台经常不能解决成员所迫切需要解决的问题，学习者很可能会退出；也由于远程学习者的学习目标相对比较具体，有需求才进来，经过一段时间完成学习目标后就不会在平台中继续高频率地出现。

在线时空中的学习者身份变化多样，且具有很强的不确定性，其年龄、性别、身份、地区各不相同，有时跨越国界，大家也大都没有统一商定的在线交流时间，① 不像学校的班级、学习小组、社团，其学习成员基

---

① 况姗芸. 网络学习共同体的构建 [J]. 开放教育研究, 2005 (4)：35 - 37.

本稳定。网络平台一般比较难以约束其成员，所以每天都有人申请加入与离开，学习成员进进出出，更新速度很快。但是一个好的有影响的网络教育平台一定拥有一群比较固定忠实的学习者。不像学校教育中，学习者就一定是学生，网络时空的学习者身份角色比较模糊，每一个远程学习者都极有可能在某个专题上成为助学者与教师，学习者与助学者的界限也比较模糊。

（二）在线教师

学校面对面教育的班级教学中，独具权威的教师、被垄断的教学内容与单向线性传播的课堂教学模式等，进一步强化了教师，弱化了学生。但是在网络空间，学习者与教师等所有成员的话语权和信息权相对平等，这就打破了教学信息垄断的权力格局，解构了教师的中心主体地位，同时，教师身体与表情的缺场、教学过程的符号化进一步模糊了教师的身份与角色。

所以，在线教师常常是网络平台中教学活动与教学资源的"组织者"和"经营者"，也包括直播教师、助学者、辅导教师、专家、层次高些的学习伙伴等，主要是为远程学习者个体提供学术性支持和人际支持。有些人认为教师只是知识的提供者，其实，在线教师还可能是平台学习的促进者和组织者，同时也为网络学习空间的成员提供资源、问题咨询与解答、信息反馈与验证、学习规划指导、主题学习活动设计，促进个体成员在原有知识基础上对新旧知识进行构建。平台可以灵活地根据成员的特征与需要，提出相关的开放性主题，并采取相关措施，引导大家积极参与主题讨论，促进远程个体之间的交流。

（三）意见领袖

在网络教育平台及其站点中主动提供相关领域的知识，分享个人经验和心得，帮助其他成员学习知识，对其他成员的问题积极提供看法和建议，经常带动成员进行经验分享，在整个平台的知识形成与共享中贡献最大。同时，由于意见领袖在某个学术领域或学科方面的特别专长，他的威望在成员中很高，能获得大家的崇敬，所以，当他发表看法、传递知识、提出主张时，他的观点常被众人认同，也由此在成员之间冲突出现时，他能在交流过程有效调解矛盾，缓和气氛。

（四）呼应者

此类成员较少为网络平台提供系统资源，多是被动地或零碎地提供信息，对于平台整体的知识形成和共享库的贡献不太多；在与其他成员的交流中，经常表明自己的同意或反对态度，但是不太喜欢提供建议和意见，也不太经常详细主动地发表自己的看法或分享经验。其目的经常是通过频繁表达与呼应以获取其他成员的关心，但此类成员可以在呼应中促进平台成员之间的情感交流和相互沟通。

（五）潜水者

在平台中停留时间较长，进入平台的频率比较高，但不会积极向平台的学习空间贡献内容，不会轻易发表自己的观点与意见，也不太喜欢在其中的主题讨论与交流过程中表明自己的态度。他们一般的活动就是浏览信息、精心阅读、留心观察，平台管理者从其身上可以收集到浏览路径、个人数据等信息。潜水者不是游客，一般是学习平台中比较稳定的成员。

（六）浏览者（游客）

一般是网络平台及其教育站点中的初级用户，在其中的数量并不少，其特点是相关领域的知识少，与其他成员的互动也少，进入平台的频率与入住时间都不太多。此类成员可能在网络中搜寻信息，在沉默中学习知识，也可能只是某个网站的过客，偶尔需要相关知识时才进入本平台。他们属于教育平台中不太稳定的成员，稍有不满情绪就会离开。

（七）管理者

管理者作为教育平台中成员与经营者之间的中介角色，管理在线平台的课程资源、日常教学与人际交往，让在线教育时空的生活有序、高效地运行。他们的具体工作是保证网络教育平台正常运行、美化教育站点的风格、更新与管理其中的数字化课程、管理学习成员的信息与数据。

二、在线教育时空中角色特征的变化：从清晰到模糊

教育主体即教师与学习者，他们通过网络语言符号在网络教育时空中生活着、学习着、交往着、表达着，以致浸泡在这样的深具后现代性的语言场域中，从而实现网络教学。在线教育时空中后现代场域的独特性使师生主体的角色与面对面教育明显不同，其总体特征的变化路径是从清晰走向模糊。

（一）主体角色变化的原因

在现实社会中，教师与学生都努力扮演着各自的角色，使自己所扮演的角色能符合一系列行为准则和期望准则，得到社会的认同，从而实现自我成就感的满足。传统教育中，教师以权威者的角色出现，是知识的传授者，是教学活动的组织者，组织安排学生的课表、作息时间并主宰整个教学活动过程；学生是教学活动的对象，被动地接受教师所教的知识，按课表上课、作息，按老师的要求完成作业。在网络社会中，网络语言与网络时空的鲜明特性，使师生的角色发生了转变，甚至发生了角色异化。

身份不是一种事实，而是一项永远有待完成的任务。① 在网络教学中，能体现师生身份地位的只有网络语言。主体的身份是在他表达自己时被揭露的，而不是先于对话。② 互动的性质，不会以一种预先包装和预先约定的方式出现，而是在某种语境中再生的。③ 因此，学生对教师身份的认同不是在交互之前就有的，而是在使用网络语言表达的过程中完成的。

网络教师无法运用自己丰富的态势语言即手势、表情、眼神等来展现自己的个人魅力、人格特征与情感态度，教师面对面表达的语气、语调、节奏、速度等演讲时常用的抑扬顿挫式的技巧难以发挥，飞洒自如而思路严谨的板书也无从体现。几十年学识积累、内在修养与外显的气质合力在一个教师身上，常常最能征服讲堂下面对面的菁菁学子，教师的威信与尊严、教师的权威者角色一般由此建立。网络时空的教学交往中，教师运用的网络语言表达快捷而省约，在非线性的逻辑跳跃中不断呈现着碎片式的模糊性，同时又不能及时观察到学生的反应，由此，教师的情感号召力与人格魅力明显减弱。在网络教育时空中，教师很难成为学生敬畏的知识权威者，学生也不再只是虔诚的"服从"者。超文本、超链接性与超媒体使网络语言与网络时空呈现出最明显的非线性特征，每一个节点背后都链接着信息的海洋，超文本语言给网络教育时空提供了无限延伸、多元链接的巨大信息资源库，学生可以通过搜索引擎、检索数据库等方便地查询、获取、下载课堂内外的知识。按照《数字麦克卢汉》的作者保罗·莱文森所

---

① 穆尔. 赛博空间的奥德赛 [M]. 麦永雄，译. 桂林：广西师范大学出版社，2007：171.

② 王向华. 对话教育论纲 [M]. 北京：教育科学出版社，2009：113.

③ 波特，维斯雷尔. 话语和社会心理学 [M]. 肖文明，吴新利，张擎，译. 北京：中国人民大学出版社，2006：155.

说，超文本与超媒体语言使网络教育时空的教育信息呈现极为明显的非集中化特点："信息权力已经分散到了数以百计的电脑屏幕前，其中很大一批电脑终端不仅接受信息，而且生产信息，比如网页、网址。总之他们成了分散的中心，不仅是阅读、收听和收看的中心，也是生产和广播的中心。"①

我们分别来分析这种环境下的教育主体学生与教师的角色变化原因与路径。从学生的角色一面来看，由于网络教育信息源完全开放，获得教育信息的路径基本上是公共的，散落的电脑终端即每个网络教育主体的信息权是相对平等的，每个学生不只是收看信息，还都可以成为生产教育信息与广播教育信息的中心，这样，网络中的学生角色与面对面教育中完全不一样，他很容易积极地参与并不断根据自己的需要主动地调整着教学内容与教学活动过程，成为主动的学习者与信息的创造者，甚至可以扮演教师的角色引导他人学习。从教师的角色一面来说，网络时空中的教师不再是学生唯一的信息源，甚至不是最主要的信息源了，学生可以搜索到更全面或更前沿的资源，教师的权威者角色受到前所未有的挑战，教师的角色认同出现危机，以教师为中心、以教材为中心的传统教学中的角色与交往面临解构，即：面对超文本语言引发的非线性、多元跳跃的学习环境，教师在网络教育时空中失去了知识传播的控制力，教师由"中心角色"变为"边缘性角色"，由"权威者角色"变为"弱势群体"，由"权力阶层"转化为"参与阶层"。在线教育时空中的教师角色与面对面学校教育中的传统教师角色发生冲突与异变，这种冲突使传统师生关系及其身份地位在网络空间中被解构的趋势无法逆转。

当然，从乐观的一面看，在线教育过程中有另一种可能：建构全新的和谐的主体角色与主体关系。网络教育时空中，身体与表情不在场及其教学活动高度语言符号化，教师手握的鼠标也不是教鞭，独坐斗室面对屏幕，不是站立讲台扫视学生，对不在场而且随时可能离开对话场的学生，网络中的教师比较难进行严厉的教导，而更容易进行像朋友间的平等交流。这时，网络语言的表达从遣词造句与结构语法的形式上看，因为简捷快速所以很容易自由而不规范，没有面对面教学的口头表达那么严肃认

---

① 莱文森. 数字麦克卢汉 [M]. 何道宽，译. 北京：社会科学文献出版社，2001：216.

真，不再受面对面的师生伦理关系的压力，因而不会严格控制措辞，师生间辈分不再鲜明。这时的师生语言交流，没有一定的语言规范，很少有身份地位的界限与尊卑，更多的是自我的随意表达。这种平等对话场中的学生不再用仰视与防备的眼光看待不在场的教师，教师与学生比较容易成为学习的伙伴，教师以学生的角色参与讨论，融入其中。幽默、诙谐、风趣的网络语言、表情图片的发送，不是受到谴责而是很好地调节了学习气氛。网络语言的形象性与诙谐性使教师还可以通过不同的角色扮演来增加教学的趣味性而实现更好的教学效果，例如：教师可以扮演成学生们感兴趣的文章的作者，与学生进行交流，这样可以激发学生参与学习讨论的兴趣，同样，学生也可以扮演自己感兴趣的角色，与教师或其他学习伙伴进行"角色扮演"游戏，从中获取知识；教师可以匿名与有学习困难或性格内向的学生深入沟通，鼓励与帮助他，使他避免面对面师生伦理关系下的紧张、压力、拘束等，学生也可以匿名向教师提问、质疑、深入沟通从而避免角色压力。因此，与时俱进的教师在网络教育时空会尽力建立一种新的关系，从"独奏者"的角色过渡到"伴奏者"的角色，同时，师生角色实现频繁自然的转换。成功转换角色后，教师不再主要是传授知识，而是帮助学生去发现、组织和管理知识，引导他们而非塑造他们[①]，这要求教师首先要把握好网络语言的特点及运用网络语言符号进行教学交往的技巧。若没有把握好现实角色与虚拟角色之间转换的张力，则会出现主体角色错位、失调、退化、变异等角色异化现象，导致师生关系的不和谐，甚至导致网络时空中的师生冲突。

（二）主体角色社会属性的变化：社会人隐藏，主体表现成符号人

在教育平台的教学活动中，网络符号将教育主体作为"社会人"的很多属性都隐藏起来，只突出教与学部分的本身。比如：学生的家庭背景、外貌特征、身体状况等被隐藏起来，教师评价学生的标准也集中到了学生在谈论中的发言表现、语言风格、学习思维、作品水平等，减少了教学中偏见的机会，不同家庭背景与长相的学生也减轻了很大的压力；同样，教

① 联合国教科文组织. 教育——财富蕴藏其中［M］. 联合国教科文组织总部中文科，译. 北京：教育科学出版社，1996：218.

师的外貌特征、性别、校籍与社会地位等典型的社会属性也被很好地隐藏，这样，教师的性别与外貌等特征无法成为学生的关注点，学生评价教师的标准就集中到了教师的教学水平上，这样教师也就能专注于自己网络语言的使用和教学交往水平的提高。教师话语本身的影响力显得至关重要，教师的一切特征都是通过网络语言展现出来的，正如《网络社会学》中所说：网络时空"决定你的话语是否受欢迎的关键因素，不是你在现实社会中的身份地位，而是你的话语本身是否有影响力"①，网络成员可以"退回到自己的脑子，自己的梦想，成为完全的自由人"，趋于一种"自由的生命表现"，产生如马克思所说"以全部感觉在对象世界中肯定自己的体验"。②

在现实社会团体中，领袖的影响力只在很小程度上是出于他们提出的论据，而在很大程度上来自他们的名望，享有足够名望的领袖几乎掌握着绝对权力。③ 由于社会人及其社会特征在网络中符号化后被高度隐蔽，教师的名望大大缩减，对网络中的师生团体而言，领袖的位置不再注定只是教师所有。在网络教育社会，任何一个网络语言形象而深刻、理性而优美、诙谐而亲切的参与者（学生或教师）都可以因为使用这种网络语言的高频率而成为意见领袖。如果继续保持着传统教师职业与儒家伦理赋予的至高无上的权威者意识，同时又不注重网络交流与网络语言的奥秘，那么在线教师与辅导者很可能会因为说教式的语言单调乏味而失去其本来就不多的威信与影响力，最终连"网络社会中的符号人"的属性也将被隐蔽。

（三）主体角色的中心地位不断漂移

"某人一旦进入互联网，就意味着他被消散于整个世界，而一旦他被消散于互联网的社会性空间，就无异于说他不可能继续葆有其中心性的、理性的、自主的和傍依着确定自我的主体性"。④ 传统教学模式以教师为中

---

① 黄少华，翟本瑞. 网络社会学——学科定位与议题［M］. 北京：中国社会科学出版社，2006：17.

② 孟威. 网络互动：意义的诠释与规则探讨［M］. 北京：经济管理出版社，2004：100.

③ 勒庞. 乌合之众［M］. 冯克利，译. 桂林：广西师范大学出版社，2011：186.

④ 波斯特，金惠敏. 无物之间：关于后结构主义与电子媒介通讯的访谈—对话［M］//饶芃子. 思想文综. 北京：中国社会科学出版社，2000：264－280.

心，教师作为教学的主体，主动地传授给学生知识，学生作为学习主体却只能被动地接受教师所教。在网络交互中，屏幕前的人仅仅依靠网络语言来传达信息，虽然可以感受到对方的存在，但这时主体对对方来说并不是"真实可见"的，于是我们说他是"缺场"的，对于一个"缺场"的人，仅仅凭借语言很难在他人面前树立威信。网络中大量使用符号图片也无法弥补教师身体与表情的"缺场"，反而进一步促进了教师身份地位与角色功能的模糊性，所以，教学过程不再仅仅取决于教师的专业水平与课程安排，教师的独断专行可能会导致学生的不满，甚至受到学生的"攻击"。在前面我们已经讨论过，由于时空分离中教育主体的语言表达很难受到拘束，学生对教师发起攻击并不难，显然以教师为中心的教学模式已经被二进制代码所淘汰。在同步谈话过程中主题的衰亡速度很快，① 这使师生间的交互讨论很难围绕教师所定的主题而长时间持续下去，中心会不断偏移或改变。网络互动时语境不明朗，导致网络交流特别容易产生误解而歧义丛生，这要求教师在教学过程中，根据学生的基础水平与个性特征使用合适的语言，配合学生的语言习惯，激起学生兴趣的同时减少误解，不再单纯以教师自己为中心实施教学，而是把教学的主体由教师转向学生，学生由边缘位置向中心地位漂移，而教师则由中心位置向边缘位置漂移。

　　网络平台中的信息传递不再表现为一种垂直等级模式而是表现为一种非线性的网络互联模式，这种平行的沟通渠道，帮助成员取得平等的话语权和信息权，打破了信息控制的权力中心，解构了完全的中心化主体，② 超链接性还使网络中的资源碎片化，个人在网络中搜集到的常常是支离破碎的断简残篇，人们逐渐习惯于抱住知识的碎片而丧失了对知识后面那份智慧的感悟。③ 同时，网络教育时空的学生浸泡在信息资源与知识的海洋中，超文本海洋中的信息迷航与跳跃式的肤浅阅读导致网络学习目标很容

---

① 克里斯特尔. 语言与因特网 [M]. 郭贵春，刘明全，译. 上海：上海科技教育出版社，2006：117.

② 黄少华，翟本瑞. 网络社会学——学科定位与议题 [M]. 北京：中国社会科学出版社，2006：187.

③ 黄少华，翟本瑞. 网络社会学——学科定位与议题 [M]. 北京：中国社会科学出版社，2006：231 – 242.

易偏离，网络学习有时变得很难深入而有效，此时优秀的教师则是能帮助学生构建知识感悟的引导者，这时教师的作用凸显，教师成了对学生学习来说至关重要的引导者，教师的个人成就感得到满足，这时，教师的位置又向中心位置偏移。

在网络教育时空，教育主体总是漂泊的，不再像现实学校面对面教育中那样，具有可停泊的锚、具有固定位置。在线教育时空中的主体就这样在教师与学生之间不断跳转，主体间的中心地位也随着教学活动的进行而发生漂移。就在这样的弹来弹去的主体跳跃过程中，教师千万要避免自己一直不断地向网络学习部落的边缘漂移，以致最后被高度地边缘化。所以，教师必须不断提高自己，以保持与学生在知识水平、社会阅历及各种经验的距离，让自己处于优势，这样可以让学生在一定程度上佩服或尊重自己，由此保持自己在教学过程中的主导性地位，必要时又得将主动权"交"给学生，满足学生的自我期望，这样的网络平台的教学活动中，主体及其中心地位的漂移一直在教师的掌握与主导之中，这样才能保证在线教学的效率。

三、在线教育时空中教育角色的复杂性

（一）角色的多样性与动态变化

从教学活动过程看，在线教育的角色主要是学习者、教师、管理者；从在线时空中教与学活动发生的频率看，有核心成员、意见领袖、边缘人物之分；而从角色获取方式上，又有先赋角色和自致角色。网络教育平台构建了一个巨大的角色库，每一个角色都携有具体的行为要求和规范。

角色的多样性是在线教育时空的复杂性在人的身份和社会地位上的体现。这种身份和社会地位是不固定的，处于动态转换中。对于平台访客而言，积极参与学习交互、学习讨论，能够获取更多的关注与网络话语权，因此能够成长为虚拟教育空间的核心成员，甚至意见领袖。除了角色转变，某一教育主体也可能拥有多重身份。例如，一位现实生活中的学校数学教师，可以是网络中的文学知识模块学习者，也可以是娱乐板块的边缘人物。

（二）个体角色在前台与后台的差异化演绎

按照符号互动论，任何个人在某个社会场景中的社会行为，都可以被区分为前台行为和后台行为。[①] 前台和后台也就自然成为某个区域的概念。而在线教育时空的前台与后台则是抽象的虚拟区域，个体在前台呈现的通常是带有理想概念的社会角色，可称之为客我。个体在虚拟社会交往中会不自觉地将自己归为某类人群中的一员，或者希望自己成为某类人群中的一员。为了达到这个目的，个体将给自己预设一个客我的角色，并通过网络言行举止、网络身份进行客我角色的演绎。例如，一位希望成为优秀学生的教育主体，会积极参与在线讨论，并不断分享学习资源，而他在真实社会中却有可能是个不听话的"坏学生"。所以前台的角色演绎是有意识的，是为实现某一虚拟形象刻意进行的，而后台是一个相对封闭的私密区域，个体在这个区域内脱去了客我的面具，展现自己最真实、最自然的一面，可以是轻松地与他人聊天，也可以是宣泄情感。在后台，我们看到的是自发性主我，是个体的元身份。

在我们社会的每一处，都可以发现划分前台区域与后台区域的界限。[②] 而在虚拟在线时空中，这样的界限并非绝对，而是模糊的，个人空间与公共空间随着网络的延伸而交织在一起，个体往往不需要回到特定的前台和后台区域就能进行主我与客我角色的转变，因此，在线教育时空的前后台不是绝对隔离的，是部分共通的。

第二节 在线教育时空中的学生角色：
学习者特征及其形成

无论是现实生活中的学校还是网络时空中的教育型组织，学生作为学习者，是一切教育活动的主体。在线教育时空中学生概念的外延大大拓展，学生角色需要重新阐释，但是由于学习要素与学习环境的变化，在线教育中学生的学习者特征也随之发生了明显的变化。如果教师在网络中准备设计教学活动并想达到较好的教学效果，首要的任务就是必须了解在线

① 黄少华. 网络社会学——学科定位与议题 [M]. 北京：中国社会出版社，2006：142.
② 戈夫曼. 日常生活中的自我呈现 [M]. 冯钢，译. 北京：北京大学出版社，2008：224.

教育时空中学习者特征相对于学校教育中的变化及其形成原因。

一、在线教育时空中学习者的主要特征

（一）学习者表达的意愿更强

在线学习空间中的学习者更具自由性，学习交流的环境更加宽松，他们可以在虚拟环境中就不同的话题展开讨论，回答提问，阅读别人的观点，可以随时随地加入讨论的行列，主要原因有：

首先，虚拟时空的学习者由于交流时以角色扮演符号出现在众人面前，没有课堂教学中教师与同学面对面情境下的众目睽睽，学习者面对屏幕而不是面对众人，在这种交往环境中比较容易克服课堂教学中对教师和同学的紧张与羞涩心理，即使自己观点与众不同，也不用担心会遭受大家的白眼和嘲笑，对自己完全不同意的教师观点也可以直率表明态度，因为身体不在场时表明自己不同的意见不是一件太尴尬的事。

其次，学习者在教育平台、虚拟社区、学习空间、微博、E-mail、BBS论坛中与别人交流时，一般不会马上从对方得到反馈信息，即使是 QQ 与微信的回复也常常会略微延时，这种异步互动致使学习交流节奏变慢，学习者也不用担心需要立即回答老师的提问，可以在避免外界干扰的情况下仔细思考，也可以避免在考虑不周到的情况下立即回答的不严谨性。例如，课堂教学中面对面进行头脑风暴时，如果别人表达观点，我们一般都会停下自己的独立思考来聆听别人的表述，而且很难不被其观点左右，这是一个明显的干扰；但是在网络空间中如果进行头脑风暴活动，学习者就可以在不受别人干扰的情况下独立发表富有创造性的观点，这样可以消减一些社会限制和心理压力，还能够同时观察他人的意见。

（二）学习者动态合作的倾向明显增加

有研究表明，相比现实中的学校教育，在网络空间，学习者遵从权威的心理虽然减弱，在互动交流中与人合作的意愿却明显增强。比较而言，在线时空中更易结成学习小组，这一点对团队合作精神的培养非常有益。因为，在邮箱中有排列整齐的邮件列表与联系人名单，BBS 论坛中各个成员的观点一目了然，QQ 个性签名将成员的心情显露无遗，微信朋友圈将网友的价值观、兴趣点和近期的活动图文并茂地展现，公众号更是定期更新内容与活动，学习平台的主题内容下方也成为情境化袒露内心观点的网

络空间，学习者在观察、阅读、对话、交流的过程中，容易找到兴趣相投的伙伴，跨越时空组建共同目标与主题的学习群体也不太难。学习者在平台的交流对话过程中，大家默认的互动规则逐渐形成，如"☺"符号的意思是代表微笑，"u"符号的意思是 you 等。学习者如果在学习过程中遇到问题，在平台中提出来，一般都会有人来帮助：或直接给出答案，或提出分析思路，或提供解决路径。例如，在"爱问知识人——中文互动问答平台"中，当有人提出问题"系统重装后没有声音怎么办？"后，我们发现 2 小时中竟然就有 4 个人回答了他的问题，提问者按照这些思路进行操作，网页显示他的问题已经被顺利解决。

另外，Sirkka Jarvenpaa 认为，网络学习群体的建构过程是动态变化的，网络学习者无法花很多时间像面对面课堂教学中一样慢慢交流，逐渐建立信任、发展情感，一般在比较快的时间中发展信任关系，开展教学活动。但经过一些观察，David Myers 和 George Bishop 认为，群体协商过程中个体一般会根据大家的共同倾向而明显偏向某一极端。在人才汇聚、各种观点鲜明罗列的在线教育时空，学习者很容易发现与自己观点相近的伙伴，并且也能很快就发现，有的成员的见解比自己的更有理、更深刻，由此，学习者个体观点走向偏激的现象会越来越明显。

二、在线教育时空中学习者特征的形成

对于影响在线教育时空中学生角色及其学习者特征形成的因素，我们可以从宏观和微观两个方面加以分析。

从微观的个体层面来看，学生角色的形成一般是经过从众、认同、内化三个心理阶段而完成。

"当个体在他人面前呈现时，他的表演总是倾向于迎合并体现那些在社会中得到正式承认的价值。"[1]

从众是指人们对于某种行为要求的依据或必要性缺乏认识与体验，从而跟随他人行动的现象。[2] 从众阶段是个体对于角色要求和角色规范的行为顺应阶段，这一阶段还不够稳定，个体的表现可能是自愿的，也可能是

---

[1] 叶浩生. 西方心理学的历史与体系 [M]. 北京：人民教育出版社，2003：231.
[2] 童富勇. 现代教育新论 [M]. 杭州：浙江教育出版社，2005：218.

非自愿的。在网络社会中，从众现象的产生，其根本原因在于学习者对交往的需求，学生为了能够更好地和其他人互动，首先就必须得到他人的承认，而这种承认则必须是建立在对已有交往规则的认同上。学习者通过对网络中其他人行为的模仿，在一定范围内建立起自己的交往圈，而对于已经存在的交往圈来说，一旦有新的网络学习者试图加入进来时，该行动者在交往圈中其他人的压力下，也必须通过模仿他们的行为，认同平台的规则，来获取他们的承认。比较常见的网络社会模仿是"转帖"，在网络共同体中，我们发现，一般新进的学习者都会转发其他资深成员的帖子。

认同是在思想、情感、态度和行为上主动接受他人的影响，使自己的态度和行为与他人接近。认同阶段是个体对于要求和规范的自觉遵从和执行阶段，是个体内在心理驱动的自觉自愿的行为表现，学习者一般会自动遵守平台及其社群所设定的要求和规范。

内化是指在思想观点上与他人一致，将自己所认同的思想和自己原有的观点、信念融为一体，构成一个完整的价值体系。到了内化阶段，角色要求和角色规范已经转变成个体人格的一部分，在这一阶段，个体无论是内在的心理活动，还是外在的行为表现均是稳定和自觉的，但并不是一成不变的，它会随着家庭与伙伴等社会环境、经济境况、新技术使用以及职业等变化而发生相应的改变。学习者经过一段时间的摸索，在网络教育社会的行为规范下，会形成比较稳定的学习风格、行为方式。

总的来看，在线教育时空中，学生的角色更容易由原来的被动接受知识灌输的对象转变为主动学习主体，从被动的旁观者转变为积极的参与者，学习者更容易成为教学过程的主体和中心。同时，网络空间中的各种新技术与新内容对教育教学有强大的冲击，在线教学内容的呈现方式与教学活动的实施方式等显著变化，娱乐信息与各种弹窗等屏幕干扰，也对学习者的学习能力与自我注意控制力提出了新的要求。

三、在线教育时空中学习者角色的表现

（一）在线教育时空中学习者的自我呈现

心理学家库利、戈夫曼等人首先提出"自我呈现"，也可称为印象管理，意思是"当个体呈现在他人面前时，他的行动将会影响他人此刻的情景定义。有时，个体会按照一种完全筹划的方式行动，以一种既定的方式

表现自己，其纯粹是为了给他人造成某种印象，使他们作出预期获得的特定回应；有时，个体会在行动中不停地谋划盘算着，却没有相应意识到这一点；有时，他会有目的、有意识地以某种方式表达自己，但这主要是因为他所属的群体或社会地位的传统习惯要求这种表达，而不是因为这种表达可能会唤起那些得到印象的人特定回应的缘故"。① 个体常常渴望得到同伴和社会的赞同，同时也想对人际交往的过程与结果进行掌控，所以，社会个体都会极力关注在众人中和社交场面中的自身形象，即自己的语言、仪态、穿着、动作等整体形象。每个个体都会有意无意地在社会生活中进行印象管理，在线教育时空中的学习者也一样。

　　网络空间的时空共存感令学习者时刻感觉到与其他学习者同在一处，这也加强了学习者在网络中的自我展现欲望。在虚拟环境中，身体隐藏在屏幕下，学习者呈现的是符号，交流的是电子文本，于是，学习者常常主动创造极富个性化和特质化的个体传播形态，例如独树一帜的网名、极具特色的个人空间设计等，借此以独特的个体姿态彰显自己的兴趣和存在。同时，在网络中寻找到志同道合的学习伙伴，构成一个学习群体。如我们在"豆瓣"社区中可以看到很多的兴趣小组，其中"日本留学"群体有5000个成员，"诺丁汉大学"有1288个成员，每个小组版主都会设置一个小组标语，通过文字符号向所有路过网络社区的成员传播小组印象，以吸引有兴趣的人加入，这些群体组织特质的名称存在方式与群内交流活动就是在向网络社会呈现自我的一部分。

（二）在线教育时空中学习者角色的行为表现

　　在现实社会的文化规范下，人们只能展示自我的某一侧面，然而，网络虚拟存在提供的自由空间，可容许学习者展示自我的各个侧面，包括那些在现实社会中永不暴露的侧面，例如：一个在现实生活中安静、不爱说话的人，会在网络交流的时候滔滔不绝。

　　虚拟环境具有一定的匿名性和自由性，使网络行为具有充分的自由度，个体可以相对自由地发表自己的言论而不被控制。个体意见传播的范围无异于今天出版与广播电视系统所能做到的一切。以前，个体的作品要想公开传播必须借助于各种媒体，而在网络上，旧的出版概念受到了严重

---

① 戈夫曼. 日常生活中的自我呈现［M］. 冯钢，译. 北京：北京大学出版社，2008：254.

挑战,因为"发表"作品简单到点下鼠标就行,出版审查将面临一些困境。

从在线教育时空的人际交往过程表现出的行为方式看,可以将学习者的角色分为以下几种。

保守型角色:保守型学习者在网络交往中最大的特点既体现在交往对象的选择上,也表现在交往手段的选择上。保守型的网络交往是他在日常社会交往的一种延伸,其学习交往的对象通常是在日常社会中早已与之建立交往关系的他人,在交往过程中所选择的方式主要是通过电子邮件和微信等常规网络聊天软件与熟人互动,这些方式在他们那里,只不过是日常社会生活中各种交往方式之外的一些延伸。他们不会轻易使用新的网络社交工具,会和陌生人之间保持着一定的距离。

理性型角色:他们一方面与网上日常生活中的交往对象继续保持着联系,另一方面还有意识地选择一些他们认为值得信任的对象主动交往,并且在交往过程中总是希望通过一些有效手段与技术来对这些交往对象的身份真实性加以验证。他们在网络社会中交往的对象数量比较少,交往关系比较稳定,相互之间一般都会存在一定的共同点。他们的学习具有较强的目的性,会和自己有相同兴趣爱好的学习者探讨学习与兴趣。

开放型角色:这种学习者是网络空间中最重要的成员,他们交往的对象在日常社会生活中并不一定相互认识,他们相互之间的交往关系完全可以在各种虚拟空间建立,因此交往的对象非常多,一旦话题形成,便能吸引学习空间中的其他成员参与进来。从具体的行为特征上看,这种类型的交往活动基础并不牢固,交往内容比较片面,相互交往缺乏深度,交往的时间也往往比较短暂。其中只有一小部分交往关系随着交往的深入才得以延续下去。

游戏型角色:他们在网络活动过程中,并不追求交往的实际内容和交往深度,只是把网络交往当作一种娱乐游戏的方式和渠道,或借此释放来自教育生活中的社会压力,或借此消磨时间。这种类型的网络交往活动,持续时间往往非常短暂。他们的学习目的性不强,可能只是单纯地"凑热闹"。

第三节 在线教育时空中的教师角色：
权威者的变化及其原因

一、学校教育中教师权威者角色的形成

教师生活在错综复杂的社会关系中，拥有多种社会身份，也就是说，每个教师都在不同层次、不同侧面的教育生活中，扮演不同的社会角色，有着不同的行为。关于教师的社会角色，教育社会学家比德尔在前人的基础上将教师的角色界定为以下三种类型：其一，教师角色即教师行为；其二，教师角色即教师的社会地位；其三，教师角色即对教师的期望。① 此处所指的主要是教师的行为和教师的权威地位，即在网络时空的教学活动中教师的行为和权力及其产生的影响与变化。

权力或权威是一种主体角色影响和改变他人心理与行为的能力，这种能力对于老师和学生来说是交往主体对交往客体的作用。现实生活中权力的作用大多数指的是人和物体拥有采取行动的不同能力，比如，老师要比学生有权力，因为学生的考试分数是老师打的，学生的优秀或平庸是由老师界定的。权力并非因其自我的要求而存在，而是从它的影响力来。在面对面的传统教育中，教师一直扮演着权威者的角色，是教师和学生权力格局的中心，这种权威者角色是由年龄差距、学识学历、传统伦理、文化习俗以及法定地位赋予的。

根据德国社会学家韦伯的观点，我们可以将教师权威的来源分为三类。② 其一是传统的权威，这类权威是统治者根据习俗与传统，以世代因袭的身份来运用其权威，当教师是名副其实的社会文化传统的继承者，且传统的尊师重教的观念发生作用时，教师的身份和地位自然为社会与学生所尊崇，成为"传统的权威"；其二是感召的权威，即个人魅力所获得的权威，这类权威来自神圣化的人格吸引力，当教师具备优良的人格品质，

---

① 周青山. 对教师角色的新解读 [J]. 教育探索，2003（6）：104.
② 韦伯. 经济与社会（上卷）[M]. 林荣远，译. 北京：商务印书馆，1997：241.

并以此感染学生时，便容易达到培养学生良好道德品质的预期教育效果，成为"感召的权威"；其三是法理的权威，包括法定权威和专业权威两种，这类权威反映了当代的科层体制，领导者以其法定职务来发号施令，一切权威都是规章制度所认可的，而随着社会的发展和教育在社会中地位的提高，对教师的专业要求也不断提高，教师必须接受专业训练，取得教师资格证后才能担任教学工作，才能成为"法理的权威"。从微观政治学与社会学的冲突理论视角看：在传统教育中，教师是教学的主体，具有绝对的权威，教师在教学中占统治地位，是知识和学术的权威，控制着教学活动；教师拥有绝对权力控制学生的学习时间和空间，甚至控制学生的思想和行为，学生则是被统治者、服从者，师生关系是一种权威者和服从者的关系。

二、在线教育时空对教师权威者角色的影响

马克思曾说过："手工作坊带来的是封建君主，而蒸汽机导致了产业资本家的出现。"可见技术对人影响的深远。从教育环境看，技术革新极大地改变了教育环境、拓展了教育教学的时空。同时，"信息技术不是外在于人思想活动的单纯工具，也是思想的延伸和直接表达"[①]。杰士国际大学的创始人嘉格伦说："技术革命最令人吃惊的后果是其对那些专家们的权威构成挑战，因为它能够冲破任何人为设置的束缚。"[②] 网络技术在教育中应用层次的深入正加速促进教师角色与传统师生关系的转型。

（一）网络教育信息与表达的开放性及其影响

人类的教育活动经历了一对一的师父（或父母）带徒弟的传授方式、家庭组合或小班教学的方式、基于班集体与统一进度的学校教育方式，以上各种教育方式都是面对面进行的，由于面对面教育方式中活动人员、活动内容、活动空间甚至时间的封闭性，使学生不能及时从外界获取信息，强化了老师的中心地位权威角色。

网络教育内容的极度开放性深刻影响着使用网络者的教育观念取向。

---

① 莱文森. 数字麦克卢汉 [M]. 何道宽，译. 北京：社会科学文献出版社，2001：291.

② 嘉格伦. 网络教育——21 世纪的教育革命 [M]. 万小器，程文浩，译. 北京：高等教育出版社，2000：217.

自由而且分散的使用者既是保证教育主体选择自主性的主要原因，也是使传统权力分散的必然因素。持多元观念的个体都可以根据自己的意愿在网上发表教育内容与观点，由此形成了高度开放、高度自由、高度平等与高度分权，不拘地域的网络教育时空，这种极大的自由给予了网络教育时空的开放性，以及网络教育形式与内容上的开放性。①

同时，由于互联网的信息资源具有极其丰富和共享的特点，老师没有能力掌握浩如烟海的信息，也不能控制学生信息输入和输出的过程，信息由大家共享，学生可以从互联网中学习。保罗·莱文森说网络时代教育信息的非集中化特点非常突出："信息权力已经分散到了数以百计的电脑屏幕前，其中很大一批电脑终端不仅接收信息，而且生产信息，比如网页、网址。总之它们成了分散的中心，不仅是阅读、收听和收看的中心，也是生产和广播的中心。"② 因此老师的信息和知识权威受到前所未有的威胁，网络教育中的教师角色与面对面学校教育中的传统教师角色发生冲突，这种冲突使传统师生关系在网络空间中被解构的趋势无法逆转。

（二）在线教学行为的隐匿性及其影响

虚拟的在线教育时空中，教学行为具有鲜明的隐匿性，由此，每一个人都可以尽情地表现出真情的人性特征，性本善与性本恶的矛盾人性，现实世界表现的有限性与内心世界倾泻的无限性冲突都会在网络行为中体现出来。③

由于网络空间的匿名性，师生可以隐藏个体的身份，因此某种行为或特质所带来的不良后果不会直接指向个体，这使老师要想维持其"传统权威"几乎成为不可能。研究发现，在匿名情境下，人们倾向于更为诚实地表达他们的观点和情感，而且匿名可能引发更具攻击性的行为，甚至是异常行为，匿名下人们倾向于不在意其他人的看法。即使那些处于权威地位的人，也会觉得在匿名条件下给予批判性反馈时更少受束缚。当学生需要在评价教师活动的表格上签真实姓名时，对教师的评价比较难进行，当在

① 田元夫. 网络文化的特征［DB/OL］.［2011-06-16］. http://xtnews. cn/html/2006-10/461. shtml.

② 莱文森. 数字麦克卢汉［M］. 何道宽，译. 北京：社会科学文献出版社，2001：314.

③ 田元夫. 网络文化的特征［DB/OL］.［2011-06-16］. http://xtnews. cn/html/2006-10/461. shtml.

网络空间中师生同样以匿名的方式出现时，彼此都不知道对方是谁，这样学生或老师的言辞会变得更加犀利，完全按照自己的意志来表达，不再受传统的约束。这样，老师的传统权威当然受到极大的挑战。

（三）网络教育主体的去中心性及其影响

网络世界没有中心，因此，任何网络行为主体都可以处在网络教育时空的中心，都能以自己为中心独立地发布信息，网络因为多中心而消解了其中心性。网络教育中的行为主体只要拥有入网电脑，就可以在任何地方任何时候获取、传播、加工、处理信息，这就改变了以往教育信息的单向传播，实现了教育信息的再加工、再传播，使教育信息传播方式从少数信息中心的单向传播转变为没有传送中心的多向传播。① 这样，不同的教育信息得以在在线时空共生共存，没有一种教育信息能够通过压制其他信息而长时间取得绝对的统治地位，人们可以在网络上取得各种所需的信息。也正是因为在线时空的去中心性，为个性化张扬和个人自由主义的盛行提供了条件，甚至出现极端化的可能。

当然，在线教育时空的去中心性首先消解的是教育过程中教师的"自我中心"地位。由于师生关系的历史继承性，教师一直处于权力的上风位置，而网络时空中，不再有中心和客体之分，主体之间不再存在控制与被控制、操纵与被操纵的关系，而是一种平等关系，教师不再处于关系系统的中心位置。②

其次，网络空间中师生主体的去中心化特质，打破了现实生活中传统教育以身份地位为主导的社会分层结构，让那些在现实生活中较无发言权的族群，可以借此获得个人权利的发展，这无疑符合大多数学生的分权或平权意愿。人的本性就是超越自我，不断获得别人的尊重，并使自己满意，没有人愿意比别人低一等。所以，网络中"双向的去中心化交流"让教师感到自己的权威受到了威胁的同时，让学生体会到了平等交流和分享权力的乐趣。

最后，在网络空间中，主体具有去除年龄、性别、社会地位等可视要

---

① 朱文科．由网络文化的特征看其对中国传统文化的超越 [J]．法制与社会，2010（23）：208－209．

② 张香兰．网络文化对传统师生关系的冲击与挑战 [J]．天津市教科院学报．2007（6）：41－44．

素的物理特征，各主体之间平等地进行双向交互，在交互中，可以随时与之电子断交、离线或另寻他人，这就解构了主体所具有的自律性。在传统教育中师生之间有种不言自明的自律性，老师必须关心学生，督促学生学习进步；学生必须尊敬教师，遵从教师的指导。而在网络社会，"双向去中心化交流""师生双主体地位"让学生获得更多的自由和更多的勇气挑战权威。例如，学生不再愿意听从教师的指导和监督，不再想受教师的约束和束缚。老师也很想摆脱一些固有限制与束缚，按照自己的教学方式去指导学生，给他们更多的自由；或是老师们放弃自己的权威，而愿意和学生成为知心朋友。这些对传统师生自律性的挑战，将随着师生的主体意识和他们对自主、民主的不断追求而加强，也成为解构与重塑传统师生关系的催化剂。

三、在线教育时空中教师权威者角色的变化及其原因

根据德国社会学家韦伯的观点，教师权威者角色的形成有三个方面的来源，即：社会文化与习俗形成的传统权威，教师人格魅力形成的感召权威，一定社会制度认可的法定权威与学科知识赋予的专业权威。在线教育时空中，教师这三方面的权威正在发生深刻的变化甚至被解构。下面就从这三个方面对此进行阐释。

（一）教与学双方获得信息的机会相对均等消解教师的神秘感与法定权威

从学校产生至今，教师在教学活动中具有绝对的支配权。在学校教育中，教师的权威者角色是由教师的专业职责与法定地位决定的，教师的专业职责是把国家和社会的要求施加到学生身上，教师作为法定制度的化身、教育体制和知识的代言人，向学生传授知识和主流社会的文化及价值体系，因此教师具有代表教育体制的法理权威。由此，教师是知识的主要源泉，学生依赖教师的讲解来掌握知识，依靠教师的考核来了解自己的进步。与学习者相比，教师获得信息的渠道更多，他们常常被看作知识的代言人，是学习者的主要信息源，直接以文化权威的身份出现，在知识、技能和道德方面都具有不可动摇的权威性。

这时，教师的权力在教学过程中具有决定性作用，例如：教育资源的配置在很大程度上依赖于教师的权威地位，反过来，教师对于获得教育资

源和信息的独享权又加强了教师的权威者角色；教师享有教科书的选择权、课程实施计划的制定权、教学形式和教学方法的运用权、评价手段的选择权等，教师的这种权力具有排他性，因此，传统教学多半倾向以教师为中心，课堂内的活动主要是教师在说，学习者在听。

而在网络社会中，教师不再是知识唯一的源泉，甚至不是最主要的信息源了，同时由于网络教育资源具有无损使用、无损分享的低廉化特性，使得对信息的"控制"失去了意义。即：面对网络引发的学习多元环境，教师在网络教育时空中失去了知识传播的控制力，教师很有可能由"权力阶层"转化为"参与阶层"。

网络提供了无限延伸、多元链接的巨大信息资源库，学生可以通过搜索引擎、数据库检索等方便地查询、获取、下载课堂内外的知识；如果学生遇到了疑难问题，教师不再是唯一帮助其解决问题的专家，学生只需通过网络发布求助信息，便可得到别人甚至是专家的指导和帮助；而且，他们可能避开教师直接转向网络寻求所需信息，教师在网络和学生面前不一定"闻道在先"。有迹象表明，成人和孩子比起来，在新技术的接受和吸收方面更趋于保守，固守已有习惯，这样，网络教育社会中个体的知识拥有量将不再与年龄成正比，谁更早更多地拥有网络技术，谁将更早更多地拥有信息。由此，教师无上的法理权威受到严峻的挑战，教师将与网络分享权威，网络将对教育的权威资源进行重新配置，而且配置得更公平、机会更均等。需要指出的是，这种教师权威的分化甚至丧失，容易导致教育教学上的无权威、无中心的局面。

在网络教育中，教师即使享有制定教学计划和选用教学方法的权力，享有依靠网络资源选择教材的权力，也必须与学习者合作，教师的教学计划要根据学习者的反馈不断调整，学习者有对教师的抉择进行再选择的权利；对学习者的评价也不再是一个学校的某个年级组中一个或几个任课教师的特权，评价手段将更趋多元化，评价结果将更趋公开、公平、公正。

在网络教育中，教师权力的分化，使教师必须重新构建和发挥自己的角色作用，不能再像以前那样直接以权威的身份传授学习者经验，教师与学习者之间应该建立起同伴关系、组织者和参与者的关系以及学习者与助学者的关系。

（二）教学时空与人际交流的虚拟化挑战教师的传统地位与专业权威

1. 在线教学活动与人际交往的虚拟化挑战教师的传统权威角色

教师的传统权威有其保守与刻板的一面，它强调教师的主体地位，学生只是服从老师。在我国历史上，一直有着尊师重教的传统，在儒家文化的观念中，"天地君亲师""师道尊严""一日为师，终身为父"的古训成为读书人奉行的行为准则，包括我们现在的绝大多数家长在教育自己的孩子时，使用频率最高的一句话都是"要听老师的话，做一个好学生"，教师被认为是权威的象征、知识的来源、模仿的榜样，因此，师生关系体现在以教师为中心，学生对教师是尊敬的和服从的，行为上是被动的。可见在传统教育中师生交往是不平等的交往。而网络交往是在虚拟环境中进行的，在这种环境下，每个人都可以隐藏自己真实的身份，以虚拟身份使用网络资源进行在线交往，交流双方的心理负担大大降低，这是一种全身心参与和自身独特个性的充分发挥，这种虚拟的沟通和交流使交往者处于平等的交往位置，这可能会消减传统师生地位不平等的现象。

2. 在线教学时空与人际交往的开放性挑战教师的感召力与专业权威

传统教育中，教师在经验、学科知识、文化上的优势，使教师形成对教育活动的专断控制与对学生的绝对影响力，这也就决定了教师的感召力与专业权威性。

在线交往打破了时空限制，拓展了人们交往的领域，人际关系更具开放性，把世界连成了一个"地球村"。网络交往通过数字化将时空压缩，打破了传统的人与人面对面交往的模式。网络交往扫除了社会角色地位的障碍，突破了身份、地位甚至国家、民族、社会制度、文化的制约，沟通和交流的意愿取决于主体自己，沟通不受其他外在条件的影响，可以自由选择不同的交往对象进行交流。这种开放式的交往致使对学生形成人格感召的人不再仅仅限于学校，教师不再是感召力的唯一源泉，不再独享学生的尊重和崇敬。学生不再迷信于某个或某几个教师的专业权威，通过网络，学生可以访问世界上的知名科研机构或学校，可以足不出户地快速查阅大量的资料，可以和著名的数学家、物理学家、作家等进行对话，由教师独享的单级权威转向了网络与教师分享的多极化权威。网络分享了教师的专业权威，或者说网络教育过程中教学活动和人际交流范围的网络化使教师的专业权威与知识权威大大降低。

同时，网络教育中虚拟的人际交往方式使教师面对面时常有的表情、态势语言、激情等感召力明显弱化甚至无从表现，教师权威由此也被削弱。

（三）在线教育时空中的人际交往可能导致教师角色异化

角色异化是指社会角色的错位、失调、退化、变异①。哈贝马斯在"交往异化理论"中指出了现代社会交往的非合理性，即现代人际交往在为人提供新的空间，带来巨大社会效益的同时，也往往忽略了公平，使当代人的交往陷入了普遍的异化状态中②。在网络交往中，师生获得了一个新的角色——虚拟角色。虚拟角色因其匿名性、虚拟性等特点而给角色扮演带来极大的随意性，人们可以随心所欲地扮演自己在现实交往中无法拥有的角色，从而很容易失去自我作为特定主体的本质规定性，结果，人与人之间的交往沦为或片面化为"角色"与"角色"之间的交往。网络参与者需要面对虚拟与现实角色的转换与调适等问题，如果调整不当，便会引发角色冲突和错位，导致个人角色认同的混乱，甚至会出现心理危机、人格分裂和多重人格障碍。比如网络教育活动中的教师，教师角色在向多重性转变与发展，正在发生由"中心"向"边缘"的变化，学生也在获得一种角色的"扩张"。

教师因其所处的地位而得到的权威将极大地被消减，教师在网络教育时空中所扮演的角色与传统中的角色有很大的变化，如果不能实现网络中所扮演的角色和现实教学中的角色转变，可能就无法很好地适应网络教育对他的要求。同样，网络交往中的学生有了更大的自由性，学生可以以一个虚拟的身份和任何人交往，特别是青少年学生很可能会沉浸在网络角色中不能自拔。角色的异化可能会使师生交往与相互理解难以真正建立起来或者只能虚假地建立起来。

---

① 李良敏. 网络交往功能与异化消解 [D]. 大连：大连理工大学，2006：28-31.
② 哈贝马斯. 交往行动理论（第一卷）[M]. 重庆：重庆出版社，1994：384.

第三章　在线教育时空中的社会行为

　　在线教育时空是一个以教育、学习与发展为目的的个人自学与群体交互的场域。在这个自治与交互的时空，行为活动是学习者展开学习的途径。心理学家将人类的行为定义为："基于特定的欲求，为了实现特定的目标，并选择各种各样的手段去实现目标的活动。"① 我们可以这样定义在线教育时空中的社会行为：在网络空间这种特定的环境下，成员为了实现学习、助学、交往的欲求而进行的各种各样的教与学活动。例如，在线教师在直播课堂的讲授与在线交流，学生的发帖、回帖和参与师生活动等目标性行为。本定义将行为解释为活动，因此，本章对社会行为与社会活动不作区分，可以互用。

第一节　在线教育时空中的社会行为类型及其关系

　　在线教育时空中的教与学行为，其构成复杂，分类多样，有学者就依照 Tu 和 Corry（2002）提出的网络教育三角形理论模型"教学的、社会交往的和技术的三个主要维度"，把在线教育中的网络行为分为网络教与学行为、网络交往行为和网络使用行为三种基本类型。泰弗尔和特纳（1986）将社会行为分作相应的两极，即人际行为和群际行为。人际行为是指两个或多个主体之间的交往活动，他们的互动一般不受所在群体其他成员的影响，基本上是由其自身的个体特征和人际关系决定；群际行为是指由两个或多个群体之间的交互活动，基本上由他们所属群体的成员身份

---

　　① 李松林. 论教学研究中的教学行为分析方法 ［J］. 首都师范大学学报（社会科学版），2005（1）：109－113.

决定，群体中成员个人关系对群际行为没有任何影响。① 偏见、歧视与刻板印象等群体特征会逐渐显明在群际互动的过程中，所以，群际交互不同于人际交互。

我们认为，Tu 和 Corry 的三维分法没有体现社会学视角，也没有考虑学习者的个体学习行为；泰弗尔和特纳的观点忽视个体行为与人际行为的细微差异与联系，完全忽视群体行为与群际行为的不同之处，将他们完全等同有偏颇之处，从而过分将人类行为偏向两极。综合以上的分析，我们将在线教育时空中的行为分为四类：个体行为、人际行为、群体行为和群际行为。个体行为指个体通过自身能够完成的行为，例如搜索、浏览、观察、表达、内化、反思等；群体行为指小组在群体中的活动以及群体本身的行为活动倾向，例如从众行为、社会懈怠和群体决策；人际行为指个体跟个体间以及多个个体之间的互动行为；群际行为是指两个或多个群体之间的交互活动，例如刻板印象等。本章主要考察在线教育时空中的个体行为、群体行为与人际行为，对于一个网络教育平台及其社区与另一平台或教育网站之间的群际行为，暂时不做研究，其中，学习者个体的行为是人际行为与群体行为的基础，始终贯穿于群体之中。

从教学社会学视角看，学习者的社会行为是学习者由于一定的教学环境或教学信息的刺激而引发的活动，或者是某个（某些）教育主体的活动结果引起的另一个（一些）教育主体的行为回应。学习者行为的社会性是其基本属性，主要考察学习者个体行为与学习者群体行为之间的关系、学习者相互之间的行为关系，以及学习者与教师之间的行为关系。在线教育时空是一个与面对面的学校教育和课堂教学相区别的另一种教育社会和教与学活动场域，本章拟以学习者行为的社会属性为基本线索，从教学社会学的视角来诠释在线时空学习者的行为活动及其影响。具体而言，在线时空中学习者的社会行为是在网络这种特定的学习环境下，成员为了实现学习、表达、交往等欲求而进行的各种各样的社会活动，例如浏览与观察、发帖和回帖、参与网络讨论等，网络学习者在上述具体行为的基础上逐渐从个体行为演变成学习者群体行为与各种人际交互行为，同时也逐渐形成

---

① 方文. 群体符号边界如何形成——以北京基督新教群体为例 [J]. 社会学研究，2005 (1)：25-59，24.

网络学习者之间竞争与合作的交互行为，以及网络教师与学习者之间控制与服从的交互行为。

本章就沿着这个思路展开：首先，阐述学习者在网络时空中最常见、最基本的六种具体行为，主要包括浏览和观察的学习者知识获取行为、发表（帖）和阐述的学习者知识生产行为、回帖和讨论的学习者知识协商行为、支持与反对的学习者知识辩论行为、线上线下活动的学习者认知交往行为、"灌水"和"潜水"的学习者边缘行为；其次，考察网络学习者在上述具体行为的基础上从个体行为到群体行为的演变历程及其对网络教育的影响；再次，阐释在线时空中师生之间、生生之间、学习者与客体（主要是网络平台、学习工具与学习资源）之间的三种人际交互；最后才是在线时空中学习者之间的竞争与合作行为，网络教师与学习者之间的控制与服从行为。

在网络时空，六种学习者具体行为、群体决策与群体学习懈怠两种学习者群体行为、三组学习者交互行为贯穿教与学活动的整个过程，是网络空间中教育主体的社会关系与教与学活动的主要呈现方式，设计与把握学习者的这些社会行为活动对网络教育绩效与效果影响非常关键，很值得网络教师与网络教育管理者重视。

第二节　在线教育时空中常见的学习者行为及其知识建构

从在线时空学习者行为的分类来看，搜索、浏览、观察、表达、内化、反思、上传与下载属于学习者的个体行为；在线交流、讨论、协商、发帖、回帖、灌水、潜水、组织或参与在线课堂活动等，则属于学习者群体行为与人际行为；而群际行为一般发生在一个群体与另一个群体中，在网络教育时空中主要指一个教育平台或教育公众号的成员对非成员的行为。学习者要完成某个行为，需要运用一定的手段，才能将心中的欲求外化为实际的行动，而行为的呈现方式就可以看作实现这种转化的手段。

一、浏览和观察：学习者知识获取行为

对于刚进入某个网络学习空间的学习者来说，这个教育环境还有些陌

生，基本是通过浏览网络课程与其他学习者发表的观点来获取知识，同时大量观察其他成员之间的社会互动，从而知晓网络空间中教育活动的目标、规则及流程等，虽说在进入时可以获得新手需要的帮助信息，但是他们内心深处还是有些不安，担心自己贸然表达会出错，导致自尊与荣誉受到损害，也担心与已有的学习群体格格不入。所以，大多数学习者是通过浏览和观察来获取知识，以增加自身的见识和知识量，从而促进自我的知识建构，这是网络学习平台中最常见的行为活动之一。

在"中国大学生在线"网站的 IT 技术论坛中，浏览和观察标题为"回收站里暗藏的小秘密"文章的人数达到 423 位，这 423 位大学生都是通过浏览和观察来获取关于"回收站"的知识。

二、发表（帖）和阐述：学习者知识生产行为

在网络教育平台中，每一位学习者可以利用其自带的、简单的文本编辑器来编辑和表达自己内心的观点，并将其保存，而且很多表情都可以利用其他非语言符号来表示，平台成员可以借此来表达内心的情感与态度，促进内省与知识分享。

每一位在线学习者可以利用平台自带的 BBS 等交流工具来发布主题，即发帖，借此可以阐述自身的观点，既可以从多个角度阐述自己的一个观点，也可以从一个视角阐述自己的多个观点，还可以评论别人的观点，发表（帖）后内容会在网络空间向所有成员开放，甚至有时互联网上的任何一位网民都能看到这个帖子的内容（有些网络教育平台对看帖权没有设限）。公布之后，成员可以对各个帖子的各种观点浏览、阅读、比较，并会对部分帖子进行评论。所以，通过平台，学习者在互联网上阐述并发表自己的经验与观点，这实际上就是网络教育空间中的知识生产活动，能在其他成员的评论过程中促进发帖者内在知识的建构，发现自己与别人观点的异同之处，进而进行不同视域的扩展与融合。

三、回帖和讨论：学习者知识协商行为

观点协商是知识建构的重要阶段，它需要在一个公开和平等的氛围中展开。网络教育平台为学习者提供了一个平等对话的环境，为观点协商提供了有效的技术支持，相对于面对面的讨论，虚拟空间的身体不在场可以

为讨论者"遮羞",从而可以避免因为地位、身份和学识不同而在交流时不安。

每一位学习者都可以在网络课程空间或者主题论坛中阐述发表自己的观点，也可以查看自己和其他成员发表的帖子，还可以选择自己感兴趣或者比较擅长的主题内容（主题帖子）进行回帖以阐明自己的见解，甚至还可以在看到别人对自己观点的回复后，对回复者的观点进行再次回复。当然，如果帖子发布后引起了很多人的兴趣与关注，就会有比较多的成员回帖，这样就会在主题帖的后面形成一系列与主题相关的回帖。成员一般称主题帖为楼主，后面的回帖按照顺序被称为1楼、2楼等，有的热帖会在后面跟有几十层回帖，论坛中一般以时间序列来排列这些帖子，所有帖子都围绕一个主题来讨论。这样，通过主题论坛或者网络课程内容之后的发帖与回复功能，学习者可以与其他多个成员之间建构交流对话的协商性学习，使参与发帖与回帖的学习者对主题知识的理解在讨论与分享中不断加深，视域不断从分歧走向再度融合甚至达成共识，所有参与者都获得提升。

例如，在中国大学生在线论坛中，有成员在IT论坛中发布了"如何当好学生干部——对学生干部的定位"这个主题，阅读了这个主题帖的人数有557位，回复这个帖子的人数有17位，所有讨论的观点被整齐罗列。

四、支持与反对：学习者知识辩论行为

学习者常常在在线课程的交流区或者主题论坛上对自己感兴趣的主题帖子进行回帖，以表明自己的观点，当一个主题帖被浏览、阅读、回复增多的时候，对一个主题的不同见解逐渐清晰，关于这个主题的讨论程度也由此不断深入。有些参与者不发表自己的观点，直接在已经公开的众多回帖中选择一个自己认同的表示"支持"，或者选择一个自己非常不同意的表示"反对"，所以，很多围观者就通过各个帖子"支持"（赞成、顶）与"反对"（踩）的票数来了解各种回帖观点的人气，由此很方便就能对一个主题的各种不同思想交锋进行比较。

在主题争论的支持与反对过程中，为了使自己的意见与态度更有说服力，有些参与者的回应可能是支持或者反对其他成员的观点，同时他们也提供证据或资料、表明见解来支持或者反驳他人，有人甚至会用概念地图

的形式进行表达，使观点更加明晰和条理化。参与者通过支持与反对进行争辩，对各种阐述的观点进行鉴定和辨析，一般会促成各种观点向收敛的方向靠拢，最后形成某种具有倾向的结论或舆论氛围。

五、组织线上线下活动：学习者认知交往行为

网络教育平台中的教学活动，实际上就是基于学习主题的众多成员之间的认知交往活动，在线教师、平台助学者、意见领袖、论坛版主、成熟的学习者等经常设计活动主题或学习主题，同时也围绕主题展开学习、讨论、交流，在这些基于主题的交往活动中，教师或辅导者、学习者、学习主题（学习内容）、环境、媒体（网络，符号等）之间发生着频繁而密切的联系，在平台中构成一个复杂的网络教学活动场。能够体现成员创造力和主观能动性的就是各类活动的组织与展开，也是成员构成一个学习团体并产生凝聚力的内在需求，组织好的活动才使得在线教育空间具有活力与生机。网络时空中学习者组织的活动不仅仅局限在线上，也有线下的活动，组织的活动常常跨越虚拟社会和现实社会的界限。

（1）线上的活动。主要是指策划和组织大家基于某个热点主题的在线讨论会、视频讨论会等，或者请来专业人士就某个热点问题让学习者成员进行在线咨询与交流等。

（2）线下的活动。助学者的辅导有时候不足以满足学习者成员的学习需求与疑难解答，情感在网络教育过程中常常无法得到充分的表达，为此，就有必要把活动从线上延伸到线下，从虚拟社会拓展到现实社会中。例如，"教育在线"中，就准许成员在平台提出申请，每年都会在合适的时间与地点与专家举行见面会或者研讨会，面对面研讨教师成长计划与分享最新教育实践经验。有些比较成熟的公益型网络教育平台或者学术型教育组织每年都会通过其官网组织"读书会""学术讲座"等见面会活动，即成员在平台中进行读书会书目、时间、地点的协商并达成共识，或者由负责团队组织大家实施，然后在商定的具体时间在某个场所汇聚，分享读书的感想与帮助或者聆听学术讲堂。这些活动大都是由平台管理者提出建议，热心学习者成员组织策划，大家分头合作具体实施的线上线下活动的典型案例。

六、"灌水"和"潜水"：学习者的边缘行为

"灌水"是一个网络用词，是指在在线课堂或者网络论坛中发布与主题无关紧要、无直接关系的主题帖子或者回帖。在网络空间，"灌水"是避免不了的现象，尽管共同体社会中的规则再怎么严格要求，"灌水"现象还是会不断出现。"灌水"也是虚拟空间成员发泄与娱乐的活动。有些成员在学习之余，分享一些笑话、谈论一些其他话题，通过"灌水"来缓解学习的压力；有些成员在讨论和思考问题的过程中，和其他成员交流平时的生活、工作及一些社会热点新闻等话题。其实，当大家在论坛中讨论的话题逐渐趋向意见冲突时，如果有成员用合适的内容向论坛"灌水"，可以缓和共同体的学习与生活气氛，甚至可以让彼此之间的感情增加，在线学习者在"灌水"这样调和剂的作用下，枯燥、紧张的学习气氛变得生动、轻松了。

"潜水"是指边缘参与者在网络教育空间的主题论坛或在线教学中，通过浏览帖子和观察交流过程来围观众人的交流，自己却不发言。在网络社会中，总有那么一些学习者因为上网的时间比较少，很难参与到主题讨论中来，通过"潜水"来获取知识；也有一些学生是由于自身性格的内敛，羞于表达，害怕别人批评自己的观点外化，所以通过"潜水"来获取信息；还有一些学生属于"新手"，刚进入平台中，自身对相关主题的理解能力有限，对于相关问题不能提供自己的观点，通过"潜水"来获得知识、发展技能。边缘参与者在"潜水"活动中，不断从虚拟教育空间中获取养料，所以，对这些学习者而言，"潜水"期间就是"阅读学习期"，每天都可能在翻阅别人的帖子时进行知识输入的社会活动。

第三节　在线学习者个体行为到群体行为的演变及其影响

一、在线教育时空中个体与群体行为的关系

在线教育时空的学习过程中，自我搜索信息、浏览信息、观察信息、表达信息、对获得的信息进行反思，通过这一系列的活动，个体将信息整

合到自身已有的认知结构中，实现知识的内化。

与群体学习行为相比，个体的学习行为是参与群体学习活动的基础，只有个体具备了在线学习的基本知识与技能，才能通过与其他成员分工协作，完成自己的任务，从而实现群体目标。同时，在群体活动的过程中，除了包含个体与其他成员互动的人际行为，还需进行个体的内化行为以获得知识。因此，个体行为既是群体行为的基础，也贯穿于群体行为活动的过程中。

但是需要注意，由于个体可能会存在特殊的偏好和成见，以及由于个体信息收集存在偏差，因此，在做决策时容易做出错误的判断，而好的群体决策可以避免决策的危险性。① 所以，在网络教育过程中，教师应该根据学习活动的难易程度，区分个体与群体学习活动。当学习活动较为简单时，应将其设定为个人学习活动；相反，当学习活动较为复杂时，应让学习者展开群体学习活动。同时，群体行为贯穿于在线交流、讨论、协商、发帖、回帖等各种人际活动之中，而只要存在群体活动，就有可能产生负面的群体行为，如群体盲思、学习懈怠等。所以，我们需减少负面的群体行为活动，引导并倡导积极行为。

二、从学习者个体行为到群体从众行为的演变

从众，是指改变个体自己的信念或者行为，以符合其他人行为的倾向。根据费斯廷格、多伊奇和杰拉德对从众行为的原因分析，可将网络教育空间中从众行为的原因归结为以下几点：第一，学习者需要依赖他人来检测自身观点是否正确。在这种通过符号实现互动的网络环境中，个体在学习交往过程中，想要证明自己观点的正确性，很多时候只能通过他人反馈才能知道。第二，学习空间不断促进个体纠正自身的独立方向，以保证群体目标的实现。平台提供了群体学习的机会，在各种群体学习活动中，当个体观点与群体不一致时，群体学习目标、群体学习气氛、群体学习规则、群体学习内容等要素比较容易致使学习者个体服从群体意见，从而产生从众行为，实现群体的一致性。第三，个体渴望获得众人赞许，而不想

---

① 布朗. 群体过程 [M]. 胡鑫，庆小飞，译. 北京：中国轻工业出版社，2007：28.

被群体当作另类看待。学习者网络教育空间的观点意见、交流方式、学习目标、话语习惯、价值观体系，如果由于独树一帜而明显区别于群体的准则，学习者很可能会被众人"另眼相看"，为了避免可能的社会嘲弄，而产生从众行为。①

三、从个体行为到群体决策与群体学习懈怠的发生

群体决策是由多位成员参加问题分析、制定策略的全过程，目的是充分获得群体的智慧。在网络教育平台中，任何复杂问题的提出都很可能超越了一个人的认知能力，因此群体决策可以汇集个体的意见和经验，抵消个人的特殊偏好和成见，避免任何个人决策者因存在特殊偏好和成见而做出危险决策。群体决策相对个人决策有其优势，但若没有考虑所有相关信息，也没有评估所有可用的选择，群体有时候也有可能做出糟糕的决策，即"群体盲思"。这种现象常发生在被领导者强大影响的具有高凝聚力的群体中。②

在群体活动中，当生活在群体中的个体对于集体活动的贡献不能被中肯衡量甚至完全被忽视时，人们常会比单独工作时更不卖力，此时就会产生社会懈怠现象。③ 如果这种现象特定地发生在网络学习活动中，我们将其称之为学习懈怠。网络教育中学习懈怠行为的发生可能有这样几方面的原因：一是由于通过网络传递群体间的互动信息，脱离了教师与其他成员的有效监督与控制，如果个体学习的自制力差，便很容易产生学习懈怠现象；二是由于个体远程学习时遇到的问题无法独自解决，或者提交问题后，在线教师与平台管理员的学习支持服务没有适时跟上，导致学习者气馁，从而出现网络学习懈怠；三是由于网络教育平台的学习目标、学习主题或学习内容不太符合学习者的兴趣或当前需要，导致学习者提不起学习兴致。我们将上述个体活动会不会导致群体学习懈怠的情况整理成图3-1所示。身处网络的学习者，如果其个体的学习成果很难被单独量化与评

① 布朗. 群体过程 [M]. 胡鑫，庆小飞，译. 北京：中国轻工业出版社，2007：32.
② 布朗. 群体过程 [M]. 胡鑫，庆小飞，译. 北京：中国轻工业出版社，2007：9.
③ 泰勒，佩普卢，西尔斯. 社会心理学（12版）[M]. 崔丽娟，王彦，等译. 上海：上海人民出版社，2010：9.

估，且群体的学习绩效与学习成果对个体不重要或者关系不大，学习者个体就会不太想努力学习，由此很容易导致整个群体学习懈怠的发生。所以，为了避免学习懈怠的发生，网络教师应该极力关注学习者个体的学习需要与情感需要，发现每个学习者个体在表达、互动中的亮点并及时予以鼓励；尽快回应远程个体在学习中的疑问；对学习者提交的作业及时作出个性化而中肯的评价；另外，为学习者设计多层次目标、多角度内容的主题与作业，以供不同学习水平与兴趣的学习者个体选择。

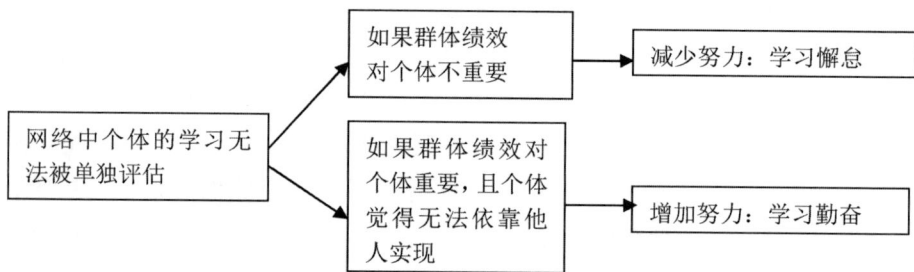

图 3-1 在线教育时空个体活动与群体学习懈怠发生的关系

四、他人在场对在线学习者个体行为的影响

他人在场时，个体的表现比自己单独时出色，这种现象称为社会促进。[1] 当他人在场限制了个体的表现时，便产生了社会抑制现象。[2] 网络教育过程中，开展群体活动时，他人以非面对面的形式观看个体的发言与表现，物理意义上的身体不在场，表情、眼神、手势、语调、语气都变成了符号的传递，这种群体活动与传统意义上的他人物理身体在场有本质的区别，使得他人的符号在场对学习者个体行为的社会抑制力量明显削减。但同时我们也必须承认，他人通过网络语言这种特殊的符号方式也可以对个体的行为表现进行认知、围观与评价，由于网络存储与记忆学习行为的能力非常强，导致众人可以随时进入学习者过去和现在的任意学习行为进

---

① 泰勒，佩普卢，西尔斯. 社会心理学（12 版）[M]. 崔丽娟，王彦，等译. 上海：上海人民出版社，2010：23.

② 泰勒，佩普卢，西尔斯. 社会心理学（12 版）[M]. 崔丽娟，王彦，等译. 上海：上海人民出版社，2010：16.

行反复观察，因此，我们可以说，在线教育时空中，永远会有他人在场观看学习者的行为，如果个体意识到这点，他的表现当然也会受到影响。我们将网络他人在场对学习者行为影响的两面性用图 3 - 2 表示，由此可见，在线教师与平台管理者需要非常清楚地意识到，在学习空间中营造互相鼓励、友好合作的气氛极为重要，吹毛求疵、恶语相向、群起攻之的语言行为在网络教育空间中需要尽力避免，这样才能建构相互促进的虚拟学习社会。

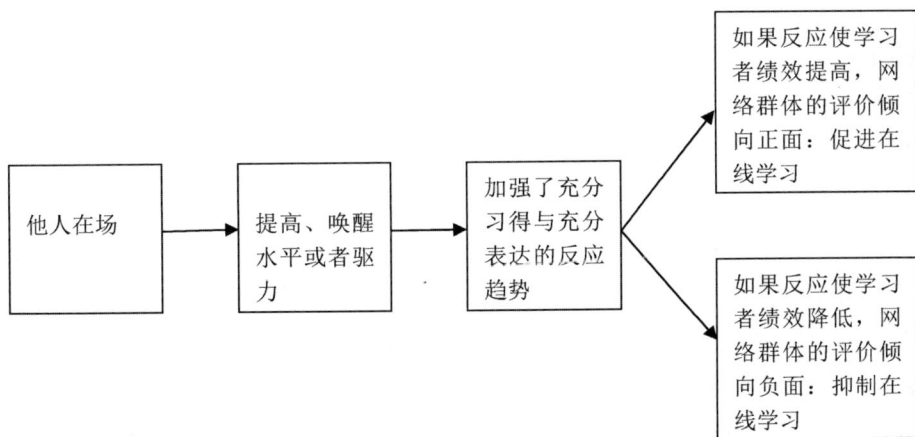

图 3 - 2　在线教育时空他人在场对学习者行为影响的两面性

群体学习活动中产生的这几类网络行为，针对群体盲思、学习懈怠问题，在线教师与平台助学者应该采取以下措施减少这些行为发生的概率。首先，在学习活动开始前，强调学习任务的重要性，尤其指出对个体自身的重要性。其次，明确将不同的任务分配给各个参与群体活动的个体，确保每个人都明白自己的学习任务，并促使他对自己的任务完成负责，这点在网络教育这种非面对面的群体活动中显得尤为重要。最后，需采用一定的机制，对个体单独完成的任务进行评估，并根据评估结果给予相应的奖励。为了减少他人在场对个体行为的消极影响，助学者在设计网络学习活动任务时，应该尽量能满足大多数学习者水平，或者提供多主题化、多层次性的学习内容，尽量满足个性化的学习需求，从而实现他人在场对个体行为的促进作用。

第四节　在线教育时空中的人际交互行为

在社会学视野中，交互与互动的意思相同。有社会学学者将"互动"定义为"个人与个人之间、个人与群体之间、群体与群体间相互依赖的社会交往活动，是通过信息传播而进行的"①。人际交互（interpersonal communication），也称为人际互动、人际交往、人际沟通、人际相互作用，指个体通过一定的语言、文字、肢体动作、表情等表达手段将某种信息传递给其他个体的过程。社会学关于人际交往的界定，强调的是人际交往的直接性和社会因素的制约性，认为人际交往是人与人之间动态作用的过程。而在线教育时空中人际交往则更多的是符号、心理和观点方面的交流，它在结构上强调角色互动。

穆尔（1989）认为远程教育过程中存在三种人际交互形式，分别发生在教师与学习者之间、学习者与学习者之间、学习者与学习资源之间。②在此意义上，我们可以将在线教育时空中的人际交互分为师生交互、生生交互、学习者与客体（主要是网络平台、学习工具与学习资源）的交互三个方面。我们认为学习者与网络教育平台、课程资源、学习工具等客体之间存在人际交互活动的原因有两个：第一，当学习者在学习平台上进行搜索与浏览信息、上传与下载信息、发表与讨论信息的过程中，大部分活动都被学习平台记忆存储，从而更新平台内容，并能根据学习者的学习行为习惯推荐个性化的学习资源，所以，学习者与网络学习平台之间的互动是双向的强交互关系；第二，学习平台中的学习资源都是教师等多方人员设计开发编排的，其设计与呈现无不体现网络教师与平台助学者的教学目标，所以，学习者与资源的交互在一定程度上就是在与资源设计者的交互。

---

① 郑杭生. 社会学概论新修（3 版）［M］. 北京：中国人民大学出版社，2003：232.
② MOORE M G. Three types of interaction［J］. American journal of distance education，1989，3（2）：1 – 7.

一、在线教育时空中人际交互行为的特征及其变化路径

从行为特征的角度来考察网络人际交互，我们发现交互行为发生的场所是跨越时空的，交互行为发生的社会关系是无中心的，交互行为存在的形式是虚拟的，交互行为发生的范畴广泛而分散。

（一）面对面的交流变为时空分离下的交互

传统的面对面、直接性的人际交往受制于物理空间，定时定点，单向面窄。而非面对面的网络人际交往则跨越了时间和空间的限制，让远在天涯海角的人们在网络中聚在一起，共同分享信息、探讨观点。

教的行为与学的行为在时间和空间上被相对分离，时空分离下的交流是网络学习空间人际交互的首要特征，其他特征都是由这一点衍生出来的。以电脑和互联网为依托，参与者通过网络建立联系，以非面对面的符号互动为基本的人际交互方式。

首先，网络人际交互可以在时间上分离，所以既可以同步交互，也可以异步交互。异步实施的人际交互既让学习者能够在交互的时间上比较自由，同时也能让学习者在心理上保持较为轻松的交流状态。其次，网络人际交互可以在物理空间上相对分离，所以，教的行为与学的行为彻底消除物理空间上的限制，地球上任意两点的学习者都可以成为人际交互的双方。最后，浩瀚的网络海洋中的任何教学资源跨越千山万水的障碍，通过人机交互，学习者唾手可得。

（二）交互主体从真实到虚拟化

网络空间的匿名性和身体缺场的特性预示着现实学习环境中非常重要的社会属性变得不再重要，平台成员身份的获得过程不再受其性别、年龄、职业、地位、外貌、地域等现实因素的限制，"即人们运用文字和图形形式来描述自己的身份"①，而真实身份则被故意隐藏了，从而使交互主体从真实变得虚拟。

交互主体的虚拟性主要从两个方面来体现：一方面是交互主体身份的符号化、图形化与文本化，多媒体的模拟功能使网络教师或助学者和学习者在网络学习空间中可以任意描述自己的身份特征；另一方面，交互主体

---

① 段伟文. 网络空间的伦理反思［M］. 南京：江苏人民出版社，2001：25.

一旦取得虚拟身份，并在随后长期稳定的交往活动中，这种符号化的主体身份通过独特的虚拟社会叙事形成稳定的网络关系，进而取得独特的人格认可，从而使主体的符号化身份获得人格特质。

（三）交流过程中双方更加平等

交往主体的虚拟性和身份的匿名性在一定程度上突破了身份、地位、道德和社会规范等方面的制约，使交往更加自由开放，主体可以按照自己的意愿发表言论、表达思想感情、展示个性。网络平台打破了时空限制，为主体之间平等交往开拓了新的空间和场所。

交往主体间的平等性不仅是师生之间、生生之间以及师师之间的相互尊敬和认可，而且是指两个或两个以上主体之间权利、义务和责任在本质上的平等性。由于在课堂教学中学生被定义为知识的接受者，交互过程中，教师站立在讲台上，学生面对法定的知识权威，心理压力可想而知；而在网络空间，学生更多是知识过程的构建者和学习资源的选择者，学习者与网络教师的资源获取权是完全平等的，学习者只要成为同一网络教育平台的成员，就可以共享信息资源，进行平等的人际交往。

（四）个体精确交互与社群模糊交互的统一

在线空间中的个体主要是学习者，学生既是精神、思维独立的个体，也是某个或某几个网络教育型组织中积极参与交互的成员，因此具有社群人和独立人的双重身份。

独立人体现了学习者在交互发生、知识学习以及同伴交互中的精确性。学习者通常是带着既定的学习目标进入网络的，因而初始交互行为比较简单，带有明确的目的性。例如，一名希望提高数学函数解析题的学生会直接查找该方面的学习资源，或是直接找到某位经验丰富的同伴，直接请教。精确交互的内容是与学习有关的，借助精确交互，能够消除学习传播中无关要素的负面影响。

社群人体现了学习者作为社群成员与其他社群进行模糊人际交互的特点。网络空间社群是学生按照学习兴趣、个人爱好等形成的共享网络空间，社群成员经常就某一学习话题进行集体讨论，从而获取趋于一致的教学信息。社群结构相对稳定，一旦学习者成为其中一员，就会在社群文化的引导下进行频繁、密切的交互活动，如发布学习资源、下载学习资源、学习伙伴协作等，社群与社群之间的联系是微弱的、间断的，社群只有在需要外界提供新信息的情况下，才会去与其他社群进行模糊交往。模糊交往具有双重含义：首先，进行模糊交往的两个社群无须知道彼此的规模、成员，只需在两者间搭建人际传播通道，进行信息传送即可；其次，完成模糊交互后的两个社群又将回到"陌生"的状态，即短期内不再进行任何联系，直到产生新的信息需求。

精确交互能促进教学的有效实施，是网络教育平台教学功能的主要保障；模糊交互则对学习者获取新知识提供了可能，并能促进网络学习者的社会化。

二、师生交互行为及其表现

在教学活动中，老师与学生间的互动关系，具有重要的地位和特殊的作用，因为，师生互动是教学信息的传递过程。

在传统的教学交往中，由于课堂上教学时间有限，要完成的教学内容已经设计好，所以很难挤出足够的时间进行有效而深入的师生交互，教师因此无法全面了解学生掌握知识的真实情况，所以这种人际交互常常停留在表面。在网络空间，网络教师或平台助学者的主要责任就是与有需要的学习者进行人际交互，所以比课堂教学的教学交往常常能更有效更深入。借助网络资源进行学习，由于其内容广泛性、资源共享性、身份虚拟性和即时交互性等特性，学习者可以自由地分享自己的想法、体验和观点，并进行多种方式的对话和交流，主要表现在不懂就问，对伙伴与教师的顾虑不会太多。

（一）教师和学生的人际交互更加自由与坦诚

由于师生的年龄、知识水平、学历、身份等的巨大差异，使课堂教学中的师生交互在社会压力与心理压力下进行，学生一开始就处于不平等的位置。网络中的人际交互处于虚拟的世界，教师和学生面对的都是电脑屏幕，这在一定程度上消除了人与人交流中心理和形象上的障碍，人们在传统交往中感受到的世俗和功利化的压力减弱，心灵获得片刻的放松和慰藉，交互的双方不需要顾忌对方真实生活中的社会身份与社会地位，人际交互的内容相对单纯，这使学生的主体性能够淋漓尽致地表现出来。这种全身心参与的人际交互，是一种心灵的互动与个性的张扬，网络师生人际交互在这个基础上进行，因坦诚而真实，因真实而平等，因平等而使个体获得更多的尊重和尊严。

（二）师生人际交互主要基于语言信息

网络师生交往的个性化与自由化得到了新的体现，但是，除了在线直播课堂这一有限时间段中是视频交流与对话，其中大量的师生信息交流是通过网络语言符号进行传递的。符号可以将师生的思想转化为网络语言，为师生留下了更多的思考空间，但物理世界中人际交往中的表情、手势等非语言行为大多数时候被消减了，很难用符号来表示。美国学者伯德惠斯戴尔研究发现，双方进行人际交互活动时，有65%的"社会意义"是用非语言符号传递的；经过大量实验证明，社会心理学家艾伯特梅热比获得一个人际互动的公式：相互理解 = 语调（38%）＋表情（55%）＋语言（7%）①。但是网络中的交往一般只能是通过以文字为主的网络语言来进行交流，这样一来，一方面可能使在线教师与学习者的人际交互更加自由，交互双方从心理上摆脱了现实环境的各种羁绊，可能会敞开心扉与对方进行深入的思想交流，使师生互相了解到大量的真实动态、想法、需求；另一方面，这种交往消减了教师对学习者的影响力，在面对面的交流中，教师可以通过自己的人格、品格、道德力量、表情以及自己的行为和气质去影响与感染学生，特别是能够影响青少年的世界观、人生观和价值观，而网络教师比较难以像面对面交往中那样通过身体语言去感染、熏陶学生的情感。

网络师生交互活动包括最基本的教师指导学习者学习、学习者向教师提出问题等，其交往的工具是平台上的留言板、答疑室、讨论区、电子会议等与平台之外的微信、QQ等新兴社交软件。由于人际交互活动是基于虚拟空间进行的，师生之间不再具有现实交往的可触摸和可感知的时空位置，而且大部分学习者较缺乏网络学习环境中的学习策略和技巧，所以师生人际交互应避免冰冷说教式话语，而应围绕共同的课题、内容、思想、兴趣等，逐步深入交往，以使网络教学活动更加有效。

三、生生交互行为及其表现

生生人际交互活动指学习者之间相互交流、对话、帮助，以达到共同

---

① 赵芬妮，田西柱. 网络社会交往的特点与冲突 [J]. 武警工程学院学报，2002 (2)：32–35.

理解，包括学习者个体与个体之间的交往、学习者个体与群体之间的交往和学习群体与群体之间的交往，教师可参与也可不参与。在网络空间，学习者之间的人际交互主要通过平台的交流区、网络通信工具（如微信、QQ、E-mail等）、BBS论坛、个人网络空间、网络公共号等来实现，以共享知识、经验和资源，解决问题，共同学习、共同长进。学习者之间人际交互活动的积极主动、自由开放、频繁进行、深入对话，是网络教育社会不同于学校教育与课堂教学的标志性差别。

面对面的学校教育中，无论是课堂教学还是教育实践，师生人际交互被大多数教师注意，逐渐增多，但是，由于课堂教学的时间非常有限，内容繁多，也由于教师教导占据学校一切教育活动的核心主导地位，学习者之间的人际交互作为教育社会活动的一部分却没有被具体地、深刻地探讨，更没有教师舍得花时间在课堂中大量实践。即使有些课堂教学中有生生人际交互活动，也因为事先的主题设计与精心引导，而导致交流和互动停留在表面，很难深入。总之，学习者之间的人际活动与师生之间的人际活动表现出明显的不平衡现象，学习者群体与群体之间的人际活动就更加缺失。而网络空间中的人际活动完全不同于学校的课堂教学，生生人际活动完全在虚拟开放式、自主个性化中进行，网络教师或助学者只是学习过程的组织者和促进者，学习者是学习过程的自主加工者，是知识意义、情感意义和态度价值观等方面的主动构建者，学习者之间的人际活动完全可以依据个体协商后自发形成，也可以由平台的管理者有意识组织而成。这种人际交互活动是动态的、多维度的，人际交互的角色常常主动变换。学习者个体与学习群体间的人际活动、学习群体与群体之间的交往也在网络教育空间中占重要地位。

在线教育时空中的学习者在人际交互活动中会显得更为主动、活跃，因为大家大多是由于对某一学科或主题共同感兴趣才聚集在网络平台上，相互学习的积极性远比课堂教学高，加上身份的虚拟化，这些特点就决定了学习者之间顾虑较少，交流时能畅所欲言，有问题与疑惑立即就会提出来。研究发现，成员年龄层次差距、起点水平距离、对网络教育这种新型学习方式的态度以及对网络教育社群的情感与归属感等，都会影响学习者之间人际交互活动的深度和广度。当然，对学习平台的熟悉程度与使用层次也会影响学习者个体的人际交流意愿，以上这些因素对在线人际互动与学习活动的有效开展有决定性影响。

基于问题讨论的协作学习，基于具体目标或任务的小组学习是网络教育中学习者人际活动的常见方式。在线教师和学习者会经常在平台中提出大多数成员感兴趣的学习问题，吸引大家在线讨论或者异步交流，在协作探讨过程中，每位参与者都在分享与贡献自己的知识，同时也在获取众人的智慧。在基于任务完成的小组学习中，每位参与者根据个人学习特征与兴趣点不同，会通过扮演不同的角色分工合作，合理分配学习任务，在合作与分享中有效完成任务。共同兴趣的主题和任务是学习者积极主动参与活动，与伙伴进行深入人际互动的关键原因。

四、学习者主体与客体的交互行为及其表现

广义的主体和客体是指在相互作用的事物中，存在着能动的、主动的一方与受动的、被动的一方。狭义的主体和客体是以人的实践和认识为指向，而不是以事物间相互作用为标准来划分主体和客体的。从这个意义上，网络教育时空中的主体是活动着的人，主要是网络学习者；客体是人的活动所指的对象，即网络学习平台、学习工具、学习课程与资源，而学习工具与学习资源常常被嵌套在学习平台中。

学习平台是网络学习者与学习资源、网络教师、助学者或其他学习者进行人际交互的媒介。国际远程教育大量的理论与实践研究否定了一种不切合实际的观点，这种观点认为向远程学习者投放精心设计与制作的课程资源就可以解决远程教与学所有问题，而不需要为学习者提供别的支助服务。① 所以，在网络教育平台上，除了学习课程和资源外，常常还会有一些教育标识、主题词、功能以及交互活动的支持系统、表达与创作工具、合作交流工具、交互评价工具等，这些都是学生点击、浏览、观看、粘贴、复制、发表等交互的对象。

多方位提供学习支助服务是现代远程学习顺利进行的重要条件和保证。如"沪江网（学习—成为最好的自己）"不仅为广大外语爱好者提供

---

① 丁兴富. 远程教育研究［M］. 北京：首都师范大学出版社，2010：237.

了免费学习教程，还提供外语能力检测，最新最全的英语国际资讯，最完善的英语学习解决方案以及专门的听力论坛。

　　一方面，网络学习者通过网络平台与交互工具所构成的交互环境获取所需的知识；另一方面，学习平台将学习者的注册、登记、浏览、下载、上传、选择、表达等活动信息大都记忆存储，并由此根据学习者个体在平台中的行为习惯而调节个性化的内容呈现和交互步调。所以，学习者与教育平台之间的交互关系是双向的强交互关系。由此可知，学生与学习平台的交互主要表现在以下两点：第一，学习平台为学习者提供资源与课程、提供学习工具、提供交互论坛与答疑版面等交互支持环境；第二，学习者每天将学习中的疑点与问题、亮光与启发、作品与成果、意见与建议，还有自己搜集积累的学习材料、获得的数据不断上传，成为学习平台资源不断更新的源泉。

第五节　在线教育时空中的竞争与合作、控制与服从

　　竞争与合作是发生在网络学习者个体之间、学习小组之间、在线教育空间中不同学习型组织之间的群体与人际行为，控制与服从是主要发生在网络学习者与在线教师或平台管理者之间的群体与人际行为。考虑到竞争与合作、控制与服从属于人际行为与群体行为的混合行为。所以，本章将它们单独列出来做专门考察。

一、学习者之间竞争与合作的网络交互行为及其设计方法

　　在学习中，学习者之间存在竞争与合作的关系，当他们将集体目标当作自己的最终目标，相互帮助、分享信息，为了共同利益而一起努力，便是合作。[①] 当个体把个人目标放在首位，努力超越他人，便是竞争。

　　在网络学习环境下，适度的竞争是促进个体与群体实现既定目标的动

---

　　① 泰勒，佩普卢，西尔斯. 社会心理学（12 版）［M］. 崔丽娟，王彦，等译. 上海：上海人民出版社，2010：58.

力，但如果竞争过于激烈，则容易诱发学习者通过不恰当的手段完成任务，不能真正实现知识的内化，也会损害学习者之间的人际关系。鼓励个体之间以及群体之间展开合作，能够消除学习空间对其他成员或小组的偏见，让其感受到来自群体其他成员的社会支持，促进学习者心理的健康发展。同时，与竞争相比，合作产生的学习效果更好，不仅对于群体，对于个体也是如此。问题是，一方面网络教师很难将所有学习活动都设计成合作的方式开展，另一方面过多的合作学习比较容易产生学习懈怠等问题，因此，在网络教育平台中，教师应该将群体合作与个体竞争相结合，促进学习者参与活动，展开学习。

然而，群体之间、群体中的个体之间是合作还是竞争，主要由奖惩结构、竞争的个体差异、沟通方式等因素决定，其中奖惩结构尤为重要。①教师应该根据活动的特殊性，通过合作与竞争相结合的方式制定奖惩规则。针对奖惩机制，可以向一些优秀网络教育平台借鉴。例如，"沪江词汇社"会在每季度对所有论坛的版面进行评估，优秀版面与版主会被通报表扬、被设立为分论坛的置顶、获得奖品，年度优秀版主会被邀请免费参加线下的高层会议；另一个知名公益教育网站在其互助论坛板块的电子公告中，常常公布优秀学员与列入黑名单的学员。其次，根据学习者在学习平台中的参与频率与贡献程度，划分经验等级，激励个体适时地展开竞争与合作，如在"蓝天作文网"中，网络平台会每月评出一名"蓝天级写手"，并在首页的醒目位置对获得荣誉的会员进行图片与文字的宣扬。很多教育网站常举办实物奖励的方式，对参与表达的学习者进行奖励，在此规则中，个体间的关系是独立的，个体完成了自己的任务，获得奖励，学习群体若完成了任务或者通过管理员的考核，也可以获得相应的奖励。"沪江词汇社"中，既有版主之间的竞争，也有不同版面模块学习小组之间的群体竞争。如果是个体共同完成了群体任务，实现了群体目标，则可以根据完成任务的情况分等级对个体进行奖励，以提高学习者学习的积极性。

---

① 泰勒，佩普卢，西尔斯. 社会心理学（12 版）[M]. 崔丽娟，王彦，等译. 上海：上海人民出版社，2010：69 - 73.

二、教师与学习者之间控制与服从的网络交互行为及其实施建议

控制与服从是存在于任何教与学环境中教师与学生之间的行为，在网络教育空间也不例外。由于网络中所有的教与学行为都通过符号来传递与表达，符号解构了面对面的课堂教学中教师的板书、口才、态势语言等教师部分权威的信息源。所以，我们有必要了解在线空间中教师与学生间的控制与服从行为是如何发生与实现的。其中，教师指向学生的行为，都是为了控制教与学，与之对应，教师通常要求学生对自己的控制行为作出"服从"的回应。①

网络教育平台及其学习空间具有明确的教育职能，但是其教与学行为在时空上发生分离而且教育主体的身体不在场，这就使网络教师必须有效控制其中学习者的学习过程与学习效果，而采用什么样的方式控制学生，影响着整个网络空间教与学活动的开展。根据弗兰德斯对教师控制教学过程的分类，我们对应地将网络教育空间中教师的控制行为分为两类：一类是直接控制，主要指教师以自身的法定身份，提出自己的观点和看法，命令、威胁、提醒和责罚学生；另一类是间接控制，教师通过鼓励、交流而诱导学生表达观点，不断支持学习者参加群体活动，并通过对话协商等民主作风来促进学生态度和观点的外化。② 在网络时空中，这两种教师对学生的控制行为基本上都是基于网络符号的网络交往来实现的。

无论在课堂教学还是在网络教育中，教师希望学生在教与学过程中通过服从行动来回应。在网络空间，学习者的服从行为可分为两种：一种是对平台规则的服从，另一种是对在线教师或平台管理员行为的正面回应。每个网络教育平台都有其显性与隐性的规则，进入其中的每一个成员必须服从这些规则，才能保证网络教与学的正常运作，因此，服从平台的规则是进入之后能顺利进行在线学习、活动的前提。网络学习者对教师或管理员行为的服从，一般表现在学生个体或学习群体对提问、任务分配等作服从性应答，这种互动方式与面对面的课堂教学实质类似，只是在网络教育

① 吴康宁.课堂教学社会学［M］.南京：南京师范大学出版社，1999：12.
② 吴康宁.课堂教学社会学［M］.南京：南京师范大学出版社，1999：12.

空间中通过符号的交流取代了面对面的口头语言与态势语言的交流。

教师对学习过程控制得当，才能使学习者服从其控制。研究发现，当教师的控制行为倾向于直接控制时，学生对学习内容存在较多的困惑，却不敢提出自己的困惑与看法，他们对教师的领导较为顺从，但有时反抗也较为激烈。当教师的控制行为倾向于间接控制时，学生能够提出自己的见解，能够主动地解决问题，也能够真正地服从教师的管理。① 鉴于网络空间中教师身份角色的符号化，还有学习资源与学习内容的多样化，教师直接控制的效果与课堂教学相比明显削弱，而且身体不在场的教师命令与警告等直接控制方法会引起学习者的懈怠，甚至选择放弃这一空间的学习活动。相反，在线交往与对话极为方便、角色扮演随时可得、网络语言的符号化与幽默性，这些条件为网络教师的间接控制行为创造了课堂教学无法比拟的优势。教师和助学者、管理员应该根据学习者特征、教学内容等平等地与学习者对话交流，通过不断鼓励诱导学生表达内心深处的想法与建议，支持学习者参加群体活动，并在适当的时候提供学习资源的路径与学习建议，在学习者表达作品后及时给出中肯的评价。在这样的间接控制为主的基础上逐步树立威信，从而使学习者出自内心服从教师管理与平台规则，避免师生出现网络冲突与对抗行为。

---

① 吴康宁. 课堂教学社会学 ［M］. 南京：南京师范大学出版社，1999：14.

第四章　在线教育时空中的人际关系

　　人与人的关系即人际关系，是指人与人之间的心理距离及其发展过程，以情感为基础。① 在线教育时空中的人际关系就是平台成员之间的心理距离以及这种心理距离发展的过程，通俗地说，就是学习平台成员之间远近亲疏的态势。美国网络社会学者莱恩格尔德指出，"网络最终所能带来的社会变化并不只是建立一个信息场，而在于形成长久的个体关系和群体关系"②；郭玉锦与王欢在《网络社会学》中认为，网络社会人际关系的结构内涵主要是指个人与个人之间的认知、情感及其交往倾向的信息沟通方式和状况。③ 从这个意义上，本章中所涉及的人际关系主要是个人与个人的关系、个人与群体的关系。

　　虽然在线时空中不同的网络教育平台上的人员角色名称各异，但总结起来，主要是三类：（1）主要由在线教师、意见领袖、专家、咨询者或者辅导者，还有平台管理者、版主等构成的网络助学者，大多数在线教育的研究者依旧统称这些成员为"网络教师或在线教师"；（2）"学习者"，可能表现为注册学生、资源共享者、论坛呼应者、游客等成员角色；（3）第三方参与人员，主要构成人员可能有一些学生的家长，网站、平台、学习空间或虚拟社区的创建者，一些学校的领导人员，不发声的潜水者等。所以，在线教育时空中的人与人关系主要表现为两类：网络教师与学习者的人际关系、网络学习者之间的人际关系。本章第一、二两节阐述在线教育时空中人与人关系的普遍特征、类型、发展阶段、典型表现，但主要指向网络学习者之间的人际关系，第三、四两节重点阐述网络教师与学习者之间的人际关系。

---

① 孙非. 社会心理学教程 [M]. 兰州：兰州大学出版社，1988：425.
② 段伟文. 网络空间的伦理反思 [M]. 南京：江苏人民出版社，2002：48.
③ 郭玉锦，王欢. 网络社会学 [M]. 北京：中国人民大学出版社，2005：152－153.

第一节　在线教育时空中人际关系的主要特征

一、网络学习者之间的人际关系及其主要特征

网络学习者的人际关系主要有普通学习者与意见领袖的人际关系、普通学习者之间的人际关系、普通学习者与学习论坛版主的人际关系等，大都属于个体之间的社会交往，通常可以通过同步的在线视频与语音交流，也可以通过论坛、社交软件等异步的语音文字留言及回复，还有电子邮件等方式。这是一种在网络平台及其工具下个人与个人之间达成的一对一信息传递和互动的方式。网络时空的学习与人际交流都是个性化的，学习空间与教育网站中的聊天室、电子信件、论坛等虚拟空间为个人之间的交流提供了广阔的场所，并给个体交往带来了诸多方便和乐趣。这几种人际关系共同表现出以下几个方面的人际特征。

（一）"天涯若比邻"抑或"比邻若天涯"

互联网拓展了我们的生活世界与人际关系，足不出户、独坐斗室、面对小小的电脑屏幕，就可以游走世界，并与地球上的任何一位也在互联网上的人进行连接，也可以访问全球各种各样的图书馆、资料库、大学院校。地球上任何一个位置的大学生、学者教授、学校数字图书馆本来远在天边，在同一个网络平台中，却又近在身边。具体地说，网络时空从两个方面扩展我们的人际关系：第一，网络无限地延伸了我们人际关系所能到达的地域范围，人际关系在人类历史上第一次超越了物理空间、地域界限。第二，中国一所大学的大学生可以与联谊的美国一所大学的大学生在同一个网络平台上交流探讨，这正如麦克卢汉所说的媒体是人体的延伸，网络教育空间既是学习者在人际关系的空间范围上的延伸，也是学习者在人际关系类型上的延伸。也就是说，网络时空极大地拓展了我们认识结交各式各样人的可能性，学习者可以在网络上请教一位退休的老教授，也可以与刚进入中学的青少年交流要不要当班干部的问题。网络平台的沟通、联系功能，让许多原本没有机会相识或是无法保持联络的人们，可以经常甚至定时进行联络，在交谈中相互了解，在坦诚交往中发展情感关系。文

字交流、视音频对话，在平台上提出问题，回答者与响应者常常列队出现，对远在天涯海角的远程学习者而言，网络时空中人与人的关系确实是"天涯若比邻"。

但在另一方面，学习者常常以匿名与符号的身份生活在网络时空，交谈的对象和内容也都是符号，学习者个体在现实世界的真实身份可以通过网络的屏障隐匿，而且网络使人身体隔离的效果导致人际交往中无法眉目传情。尽管在线沟通越来越方便，但有可能出现另外一些情况：生活在同一个网络教育平台的成员，虽然经常联络，互相交流，共同完成学习任务，但是一段时间过去了，彼此并不知道对方到底是"谁"，甚至对方的性别都无法确认，更别说对方的真实年龄、学历和长相；有时候，在同班同学甚至同宿舍同学之间的交往也是通过网络的通信平台，大家疏于现实的联络与沟通；人们留恋在线交往，却忽略了现实世界的人际关系，学习者逐渐变得孤立与封闭。这些情况有一个共同的结果：由于太多时间沉浸在虚拟平台中，大家在物理空间的身体关系上近在眼前，在情感关系上却远在天边。时空的隔离效果并不只是隐匿身份与表情，可能也是在塑造一种"比邻若天涯"的人际关系。网络对大部分人际关系的连结作用，是建立在时空隔离的前提上。

由此可见，网络教育平台一方面将天涯海角的学习者联结在一起，打破真实学校中人际关系的时空限制，另一方面却又在符号化的隔离交往中拉开与真实世界的距离，使一部分远程学习者建立"天涯若比邻"的人际关系，同时又在另一部分学习者中塑造着"比邻若天涯"的人际关系。

（二）相识未必曾相逢：网络时空中熟悉的陌生人

网络时空不仅使原来就已经熟识的朋友和同学能够保持情感联系，更重要的是还可以使陌生人之间有了互相接触与建立关系的机会，甚至让他们有机会由陌生人变成好朋友。天涯海角的成员在点击鼠标的时候就可以很快"相识"，网络平台为陌生人从相识到交往并维持人际关系极大地加快了速度、提高了效率、降低了联系的成本与时间。正如现代城市的人们习惯将公共空间变作人际交往与联络感情的私人生活空间，网络成员将面对面的校园互动转移到电脑屏幕后的虚拟空间中，学习者们在屏幕的背后创造了一个学习场所，汇聚原本熟悉的朋友和原本素昧平生的陌生人。对于网络学习者们，键盘成了咖啡屋与学术沙龙，屏幕成了英语角，不管过去是什么身份、地位，还是什么相貌与身材，也不管彼此过去的经历与背景，由于类似的学习兴趣或同类主观价值的引导，大家开始发生人际互动，很多次交流后，彼此不但相识了，而且还可能很相投，但是有可能从来没有见过面，甚至也没有想过要见面。在线时空中，一群相识相投却很可能从未相逢过的学习者，一群逐渐熟悉的陌生人在一起交流着、探讨着、憧憬着、疑惑着、争辩着共同感兴趣的主题。

根据陌生人社会学的观点，"陌生人"是指双方不但互不相识，而且可能在属性特征、身份地位、生活形态相距甚远，甚至还是异文化者或互为边际人。但是这些生活在网络空间的陌生人的人际关系，与大都市超市中擦肩而过的陌路客全然不同。① 平台及其站点中的成员虽然彼此陌生，但是在学习目标、学习兴趣、关心的主题、价值观与态度等方面有共同的特质，而且，在互动情境中，经常有近似背景的成员在围观，学习者之间即使素昧平生，也比较容易互相帮助；素不相识的学习者提出了问题与疑惑，一般都会有"陌生人"热情帮助，或提建议、或出答案、或提思路，而且一般不会只有一个陌生人来帮助。由于大家共有的兴趣，网络成员会倾向信赖本站点线上的陌生人，在彼此学习交往的过程中逐渐成为熟悉的陌生人，这些熟悉的陌生人对教育平台的共同支持与对学习空间的认同感是建立与发展人际关系的精神来源。如果建立人际关系的起始阶段就有共同点时，更容易发展成信赖的人际关系，所以，原为陌路之人，却因为在同目标、同兴趣、同文化的网络学习空间中，更容易发展人际关系。

（三）符号跳跃中的心灵交往：弱联系还是强联系

网络社会中是用符号、用心灵交往的，克服了现实生活中功利思想的影响。在电影《电子情书》（*You've Got Mail*）中，男女主角每天经常在同一个城市里擦肩而过，即使走过同一段路、到同一家咖啡店购买早餐，仍旧毫不相识，却可以经由网络的连结而相遇，并借助电子邮件交换每日的心情与感触，这种开放、深入的倾诉与情感交流，还变成他们生活中不可或缺的期待。② 但在另一方面，若非网络的隔离功能，这两位在真实世界的事业上有严重冲突的主角之间，也根本不可能建立这种诚恳且具支持性

---

① 郭玉锦，王欢. 网络社会学 [M]. 北京：中国人民大学出版社，2005：164 – 165.
② 黄厚铭. 网络人际关系的亲疏远近 [J]. 台湾大学社会学刊，2000（28）：117 – 154.

的关系。同样地，由于缺乏彼此的视觉线索以及其他的背景资料，主要靠文字互动，因此，网络时空中的人际交往，常常呈现一个倾向，就是让自己的喜怒哀乐等情绪坦诚甚至略微夸张地表达给对方，而且彼此会很快地高度认同这种心灵宣泄的沟通方式，这是网络舞台的特性，因为，全部成员身体都不在场的表达方式大大降低了"旁观者效应"带来的心理压力，也比较容易去掉面对面人际关系的掩饰与虚伪，畅所欲言，真实地表达自己的思想、观点、看法，而不必刻意地控制。

如果将人与人之间基于情感关系的紧密程度分为强联系与弱联系，[①]我们很容易将学习者在网络空间中通过心灵宣泄、兴趣探讨、问题解决等活动建立的人际联系划为弱联系。实际上，国外很多实证研究却发现网络空间的人际联系符合强联系的衡量标准，即人际关系重叠、经常联系、互惠、伙伴、互相支持、持久联系等。[②]

（四）各种人际关系多元并行

传统教育视野下的课堂人际关系是简单的线性关系，主要是教师传授知识，学生接受知识、记忆知识，学生之间的人际联系在课堂教学中不多。网络时空的出现重新定义了教育场域的人际关系，使其呈现立体式、非固定性以及超时空性的多元化发展趋势。

网络中立体式的人际关系主要包括：人际交往的信息载体结构立体化，人际交往的信息内容层次多样，交往的人员多种多样，交往的角色不断变化。平台中人际交往的信息可以是简单的文本，也可以是视频、图片，或者是文字、声音、图像等多感官结合的超文本信息，信息与信息之间存在多种组合与传播方式，因此信息载体结构是立体的。人际交往的信息内容多样性主要强调的是，信息内容在意义层面上存在差异，可以与教学有关，也可以与教学无关，只是情感倾诉、生活分享等；即便是教学信息，也有原理类知识、技能类知识、情感类知识等多个层次。网络教育空间中没有绝对的学习者，也没有绝对的教师，虚拟时空的意见领袖常常既是大家心目中有威望的专家，也可能是有威望的学习者，人际关系的角色

① 欧贞廷.网络人际关系的建立与维持［J/OL］.台湾南华大学社会学研究所网络社会学通讯期刊，2003（1）：35.［2014-09-30］http：//mail. nhu. edu. tw/~society/e-j/28/28-30. htm.

② 欧贞廷.网络人际关系的建立与维持［J/OL］.台湾南华大学社会学研究所网络社会学通讯期刊，2003（1）：35. http：//mail. nhu. edu. tw/~society/e-j/28/28-30. htm.

成分是非固定的；两个成员的人际交往今天可能是学习者与在线教师之间的人际联系，一段时间后，由于这位学习者成长为平台的意见领袖，他就有可能在其中调解在线教师与学习者之间的冲突，这时，他们之间的人际关系就有了微妙的变化。

二、网络教师与学习者的人际关系及其主要特征

（一）网络教师与学习者个体之间的人际关系

网络教师（在线教师或助学者）和单个学习者之间的人际关系，主要是通过同步的在线交谈与异步的通信进行人际往来，依靠文字符号的对话来维持其人际关系。这种单独私下的人际交往与人际关系既能给师生营造秘密的空间，又能够突破时空的限制。当学习者遇到学习上的或者心理上的困难时，通过网络与自己比较信任的助学者聊天，不仅能摆脱面对面诉说的尴尬，还能感受到有苦能言的愉悦。与现实生活中同类人际关系形式比较，网络空间中的教师或助学者与学习者个体之间的人际关系有这样几个特征。

这种人际关系是由叠加的交往功能来实现的。首先，这种人际关系通过个性化的人际交往来实现，形式效率高而且成本低，师生可以随时参与交流、发送邮件，不受时间和次数的限制，而且更快捷。其次，人际联系不只表现为一种简单的应用电子通信工具的过程，这一过程可以帮助网络平台中教育主体扩大交往范围、拓展交往深度、维持并巩固网络教师与远程学习者之间的私人关系，这种人际关系通过发展逐渐叠加为情感上的朋友关系、学术上的伙伴关系。远程交往中，电子邮件虽然比微信、QQ等社交软件的交流节奏稍微慢一点，但是网络教师或助学者通常都会用这个方式来与学习者通信、交流思想、沟通情感、传输文件等，因为在网络关系中大家默认这是更正式而且传递信息更准确无误又方便查询的方式。

教师或助学者通过网络平台，与远程学习成员能够一对一交流，打破了传统师生关系一个对多个交流的格局，让师生之间的交流除了面对面的方式以外，又多了另一种更及时更多元传输信息的网络交往。网络教育平台对成员身体的隔离、隐藏、延伸、符号化功能，使教师和学习者之间能够不拘泥于以往僵硬的教室与教师办公室等空间位置的限制，可以在不同时间、不同地点交流沟通。无线网络与智能移动媒体时代更是这样，教师

或助学者坐在河边，可以通过移动媒体打开教育平台的系统回答其中学习者的提问，这种一对一的私人交往可以打消学习者害怕别人围观而不敢提问、不敢坦诚交流的顾虑；同时，学习者在网络交谈的时候能够完全避开对方的眼神与表情，可以不顾及教师权威带来的无形压力，与教师在同一个平台私下交流谈心，这就更能增进教师和学生之间的感情，有的教师和学生由此逐渐成为知心朋友。总之，网络教师与学习者之间的人际关系比学校教育中更私人化、自由化、个性化。

（二）　网络教师和学习者群体之间的人际关系

经常在网络空间"游荡"的成员不会对这种人际关系模式感到陌生：当你进入某个网络教育平台或者在线论坛中，一下就能发现这是"学习群体聚集"的场所，许多参与者便豁然出现在你面前；你可能对学习论坛中某位学习者的某个想法产生了兴趣，便就这个想法发表自己的意见，进而在论坛中和他们攀谈起来；你可能想凑凑热闹，希望结识和了解学习空间中更多的朋友，就随意选择几位对象开始交谈；有时候你发现一群人正在进行一场激烈的讨论甚至是争辩，于是你顺着某个话题突然插入，"吓"了别人一跳。以上的群体交往方式中，我们很容易发现，大多数的讨论过程中都有一位有威望的成员，他通常引领讨论话题和讨论方向，如果有人在讨论时偏题太远，他会及时提醒并将主题又拉回来；在众多成员意见冲突时，他的发言立即引起大家关注，他的表态很有说服力。我们称这位成员为意见领袖、论坛版主、在线教师或助学者，这个过程是教师与众多学习者的交流，也是在线教师与学习者群体关系的一种常态。通常情况下，平台学习成员的各方或者出于长时间、高频率使用网络进行交流而形成的"嗜好"，或者出于学习主题或学习兴趣的驱动，或者出于对某个话题的好奇，于是在网络学习空间中寻求并发展出网络群体交往关系，这种带有较强目的指向的网络互动关系，我们可以称之为"彼此相倚关系"，是在线教师或平台助学者与学习者群体人际关系的主要特征，因为讨论问题的发起人一般都是比较成熟的平台成员即助学者、在线教师、论坛意见领袖、教育公众号的主持人等。这种情况在网络教育时空十分常见，也是网络论坛吸引力的一种表现。

从情感关系来看，这种人际交往常以个人发起，往往根据人们的兴趣出发点来设定话题。在开始阶段，大家更多地带有自发的、欲求的、情感化个性表露的特点。随着交流的深入，情感欲求因素得到积累和深化，产生向外"彰显"的强烈愿望，根据社会心理学的研究，它就会对个人"行为的活性化"起到一种发动作用，引发行为的直接接触。

从交往的形式上看，这种个体与群体的交往常出现几种状态：有时多人各自为政，各抒己见，力量较为分散；有时是众人寻找联盟并与平台助学者或网络教师对抗；有时人们对问题的讨论表现出高度的兴趣和思索，在论坛意见领袖的引导下形成集体的"一致"，声势浩大。

大多数时候，在网络学习空间中，学习者有着共同的或相似的目的与兴趣，或者咨询老师，或者共同讨论学习，或者交流心得，或者交换各自对某件事的意见和想法。有时候，一些学校教育中的老师和学生在网络平台开设"第二课堂"，以便弥补课堂教学交流的局限，这样一来，学校的网络教育平台就成了现实教师与学习群体人际关系的网络延伸。现在很多学校都创立了自己的"家校通"在线平台，老师每个星期或者每天都会在网络班级群体中发布信息、布置作业、解答学生的学习疑难、与学生私下深入谈心、开班干部视频会议、与群体讨论班级活动规划、与家长沟通，这是学校老师和班级的群体人际关系从学校与课堂内延伸到在线时空，从学校内延伸到学校外，从学生本人延伸到学生家长，实现了老师和学生关系在空间上与时间上的延伸。另一方面，学校老师和学生群体的人际交往不仅仅延伸了网络空间，同时也为老师和学生建立更好更和谐更深入的情感关系提供了更多的途径，并在一定程度上可以有效避免和缓解老师和学生群体之间潜在或可能的冲突。

网络教师与学习者群体之间的人际交往在网络空间可以采取公开和秘密两种形式，区分的标志就是是否允许局外人或网络潜伏者在场。在公开的情况下，尽管谈话开始看上去是在几个人之间展开，但谈话随时可能被局外人——新来者或旁观者——所干扰、更改或打断。除了实际的参与者之外，网络也存在大量的潜伏者，他们不声不响地倾听或监视着谈话的内容和进程；有时这种潜伏者也是潜在的参与者，比如在学习论坛里，很多人也是抱着交往与学习的目的来寻找"志同道合"者的，因而态度友善、积极。据估计，所有论坛中只有不到20%的成员实际参加了群体讨论，潜伏者为数众多，而他们随时处在可以转化为实际参与者的状态中。在网络教师和学习者群体交流与讨论时，这些潜伏者默默地关注着大家和老师交流的内容，当遇到自己感兴趣的话题的时候，他们会随时参加进来。但是潜伏者必须遵守网络教育平台的人际交往规则，比如不能大量发表与目前讨论主题无关甚至完全是捣乱的言论，否则将被视为"噪音"，受到冷遇或鄙弃，甚至被版主除名。

第二节　在线教育时空中人际关系的发展阶段与典型表现

人们在日常生活中很看重、很需要他人的情感。心理学家舒茨认为，每个人都需要他人，因此都具有人际关系的需求；紧接着，舒茨对人际关系的需求进行了分类，这些理论对所有场域中的人们具有普适性。① 因此，将在线教育时空中成员对网络人际关系的心理需求分为三类：第一是包容的需求，这类成员希望与他人交往并建立和维持和谐的关系；第二是控制的需求，这类成员希望通过权力或权威，与他人建立、维持良好的关系；第三是情感性需求，这类成员希望在情感方面与他人建立并维持良好的关系。

同时，社会心理学研究发现，当一个人的人际交往数量多到一定程度时，与人交往的密切程度就会受到限制。当一个人与另一个人的关系越来越密切时，就会疏远与其他人的交往，无论是现实社会还是网络时空，人际关系都呈现出这种态势与规律。由于网络平台中每天都会有新的学习者加入，每天也有成员可能退出，学习者的兴趣与学习主题也在不断变化，所以，小型的学习讨论群体不断在解体与重新组合中，不断也有新的意见领袖在网络时空中脱颖而出。就学习者个体而言，其网络人际关系在不断变化发展，而且不断处在一个新的人际关系的发展过程中。

一、在线教育时空中人际关系发展的三个阶段

在现实生活中，人际关系的发展是个体之间从陌生到熟悉的渐进过程。社会渗透理论认为，人际关系的发展存在于四个连续的阶段里，分别

---

① 孙非. 社会心理学教程 [M]. 兰州：兰州大学出版社，1988：425–426.

是定向期、试探期、情感期和稳定期。①

Knapp 提出人际关系发展的五个阶段，即开始、试探、关系增进、接纳和亲密关系。② 而网上人际关系对大多数人而言是现实人际关系的拓展，它的发展也需要经历类似的过程。③

从以上人际关系的理论视角，我们发现网络教育社会中人际关系的发展常经历三个发展阶段：网络结识、互相接纳、建立情感。

（一）网络结识

想进入网络教育空间中进行学习的学习者与开课的新教师都必须在相应平台首页登记注册，经管理员审核其填写的数据资料，给予认证同意才能成为教育平台中的合法教师与学习者成员。学习者被批准后一般会获得相应的权限，从而在其中浏览信息、收发资源、发表帖子和回复他人的帖子等；在线教师得到认证后即可申请在平台开设虚拟课堂或发布网络专题课程。教师在平台中开课后，学习者需要选课，只有选择了某门课程的学生名单才会出现在认证管理工具自动收集的选课学生列表中，也只有被任课教师认证通过的学习者才能具有合法的网络课程学习身份。以上是以获得学分、学历、认证等为目标的远程教育型网站的准入机制，相对来说，由于费用与班级人数原因，其准入机制非常严格，在这种学习目标明确与准入机制严格的网络空间，学习者、课程教师都是在教育机构及其网站"法定的程序"中相互结识的。

但是大多数成员的网络结识经过不需要经过如此严格的批准流程，一般是学习者进入平台后，遇到了对自己有吸引力或满足自己知识需求的教师或意见领袖，或者遇到了另外一些学习者，他们彼此之间具有一些共同之处，如来自同一地区、相同的专业兴趣或有一些共同价值观等，这些共同点一旦让学习者有了进一步交往的想法，他们很可能就会与网络教师或平台助学者主动打招呼，或者学习者之间彼此交换个人信息，提出交流话

---

① 温典寰. 玩家在"天堂"在线游戏聊天室中的人际关系 [J/OL]. 网络社会学通讯期刊. 2004 (41)：27 [2004 − 10 − 15]. https：//www. nhu. edu. tw/ ~ society/e-j/41/41-11. htm.

② CHAN D K S, CHENG G H L. A comparison of offline and online friendship qualities at different stages of relationship development [J]. Journal of social and personal relationships, 2004, 21 (3)：305 − 320.

③ 黄厚铭. 网络人际关系的亲疏远近 [J]. 台湾大学社会学刊, 2000 (28)：45.

题。一般而言，是否能满足学习者个人的心理与学习需要、是否能够从对方那里获得支持性的互动是影响在线教育时空中彼此结识的主要因素。

（二）互相接纳

要想获得教育平台及学习空间的接纳，学生必须充分参与到由教师或助学者发起的话题讨论中来，主动发帖、积极响应别人提出的讨论话题、经常回复别人的帖子、通过热情参与和幽默的网络语言营造活跃轻松愉悦的气氛、发表自己的观点与看法、上传自己的学习成果、帮助学习者或教师解答疑难等，经常参与上述活动的学习者很快就会被网络群体接纳。参与这种讨论对学习者来说很重要，因为他们的观点会在发表过程中被人围观、回复、评论、支持、鼓励、建议等，这些互动表明一个新手在这个新的学习场域中得到认可，在不断的交往过程中，逐渐由于坦诚而积极的活动而赢得他人的信任与尊重，学习者由此才会产生正在被虚拟教育空间接纳的心理。在与其他成员进行了一段时间的逐渐深入的交往之后，学习者不仅对自己的知识水平和交际能力的提升感到满足，也感受到了与其他参与者之间的密切关系，获得网络集体归属感，感觉自己成了学习空间的一分子。从认同理论来看，学习者被网络平台及其学习空间接纳的心理过程不是注册登记被批准的那一刻完成的，而是从他在这个群体中获得满足感与归属感那一刻完成的。

（三）建立情感

这个阶段需要经过与他人长时间的、密切的交往之后才能完成。进入这一阶段的网络教育成员在交往过程中彼此信任，开诚布公，讨论的深度不再局限于课程与学习的教育话题，逐渐延伸到日常私人生活领域，向彼此透露的信息越来越多，有些不能向他人说的话或不敢呈现世人面前的阴暗，通过这个虚拟平台倾吐出来，学习空间成员的人际交流范围从学习话题走向生活情感，情感宣泄时的交流很可能会从公开转向私下，交流方式也不一定局限于网络提供的特定平台。人们发现在网络上以情感问题为纽带的个人或多人的互动常常会继续延伸往下，与现实生活中的人际交往成为一体，就是这个道理。在网络时空中关系逐渐走向亲密的成员很可能不满足于仅在学习平台中的交往，于是彼此交流微信账号、个人主页或者个人视频空间、手机号码、电子邮件等私人联系方式，很可能会通过这些通信工具来进行私人交往，在形成了比较深厚的情感后，这种虚拟的网上人际关系很可能会逐渐转移到现实生活中。例如，经过线上的商定，"我学网"与"教育在线"每年都会在全国各地举行多个线下的"读书报告会"与"新教育研讨会"，经过线上的申请与预约，学习者也可以与平台专家举行不定期的线下见面会。正是这些"线上交流、线下会面"的灵活机制使一些教育平台（如：智慧树、网易号、新浪博客）成功吸引了多达几十万甚至上百万成员参与其中，同时，在平台中也有一百多位助学者、教师与专家作为志愿者，免费帮助学习者。

二、在线教育时空中人际关系的三种典型表现形式

基于社会心理学理论，在线教育时空人际关系质量应该从三方面综合衡量。第一，广度（breadth）。意思是相互可谈论的共同话题的多少与范围，如"我们之间谈论的话题远超出一个学习论坛讨论组的学科背景"。第二，深度（depth）。意思是自我揭露、相互坦诚与亲密交流的程度，如"我觉得我可以告诉他（她）关于我的任何事情"。第三，承诺（commitment）。意思是彼此期望并努力让关系能够持续下去，如"我保证会努力地维持好这段关系"①。根据这三个维度对人际关系的综合评价标准，发现网络教育中常见的人际关系常常表现为片面关系、信任关系、冲突关系三种不同的典型状态。下面分别对这三种人际关系状态进行综合分析。

（一）片面关系

片面关系的意思是指网络成员在人际交往过程中所涉及的内容是片面的、狭窄的，一般都局限在某个领域，如某个学科、某个主题、某个热点问题等。这时候，成员之间交往广度只是纯粹的学术性问题，不表露任何个人的私人信息、情感性信息，个人价值观的信息不会太明显地显露。很多参与网络学习空间的成员是因为他们在工作或学习某方面存在一定的需要，而这种需要在日常社会生活中往往难以得到满足，因此就试图在网络上来寻找解决的途径。片面交往的网络人际关系呈现如下典型的特征：网络特别是公众号中出现了大量比较专业的学术性群体、专题性学习群体、

学科性学习群体、课题研究型群体、热点问题讨论群体、专项考试型群体等网民组织，这些专业性突出的网络学习群体在一定程度上推动了在线教育的蓬勃发展，使在线时空中教育型组织林立。"乱花渐欲迷人眼"，这些学习型组织为广大学习者根据自己的学习兴趣与个性化需求提供了很多学习群体的选择。但由于这种人际交往内容及其范围的片面性，组织成员之间的了解程度和信任程度难以提高，交往活动也常常会随着个人兴趣的转移或需求的满足而终止，交往持续的时间比较短暂。所以，片面性关系在网络教育空间中是不很稳定的人际关系形态。

（二）信任关系

网络所具有的匿名性和开放性，使教育组织成员的交往活动难以深入，大多数网络交往活动时间都比较短暂，只有那些有条件进行长期网络交往活动并具有稳定共同兴趣的学习成员才能走到一起，并通过逐渐深入的交往相互了解对方，并最终形成相互间的信任关系。

陌生人社会学认为，网络学习空间的成员完全不同于街道上的陌生人，即使不曾相识，但是由于大家同在一个教育空间，有相似的愿景与兴趣，比较容易发展相互信赖的人际关系，特别当建立人际关系的起始阶段就有共同点时，信任感更容易发展。网络空间的成员在直播课之后，平常主要以书面语言符号进行人际交流，这就使交流的可感性差，因而使人际交往的双方都呈现出虚拟性和神秘性，由此也使交往主体之间的联系比较间接和虚化，具有看不见、摸不着、不易把握的特点。研究发现，在这样的场景中交往更容易将自己的内心世界坦露给对方。

如果网络教育空间中成员双方能够较好地完成相互之间的角色认知，那么，这个认知过程的深入实际上标志着他们已经有了比较好的沟通，信任感正在产生并由此在开放的"互动"中逐步深入下去。例如，在网络学习论坛或者教育公众号里，经常会出现双方在不太长时间的接触后由于某个兴趣高度一致而转入私聊状态，并且有的还长期保持联系，甚至会向现实生活的聚集转化。

中国台湾花旗信息知识管理中心知识分析师吴姝蒨通过对论坛中情感关系的组成与发展研究发现，当论坛的使用者和网络上的朋友联系一段时间，彼此留下好印象后，通常都会透露出一些真实身份的线索给对方，甚至还会进行其他媒介的交往，如微信聊天甚至打手机电话，这意味着虚拟人际关系的传播舞台将会转移。她在研究中还发现，受访者大部分都有同"网友"见面的经验，一旦见了面，先前的印象与感觉会有所改变，外表的美丑占了极重要的因素，如果在见了面之后还能维持交往，或者与在网络世界里面的感觉相差不远，"线上朋友"就变成了"离线朋友"。①

（三）冲突关系

网络学习空间的成员冲突行为表现主要有贬低、尊大、威胁、讥讽、诅咒和口头禅六种类型，其中贬低类型所占的比例最大，是89.4%，尊大类型所占的比例是1.4%，威胁所占的比例是1%，讥讽所占的比例是4.2%，诅咒所占的比例是1.3%，口头禅所占的比例是2%。② 网络成员的冲突产生因素除了网络虚拟环境的客观因素之外，冲突各方面的主观因素主要有观点冲突、发泄情绪、自我表现想获得认同、报复心理，这四种因素所占的比例分别是70.4%、20.8%、6.3%和2.5%。③

网络情感性交往主体之间如果相互不信任，就不会产生冲突；因相互信任而进一步交往的话，一般也不会产生实质性的冲突。目前关于网络平台中成员冲突产生的原因，研究者有多种理论解释，其中主要有去个性化理论、线索去除理论、社会临场感理论。

去个性化理论认为，网络社会的匿名性和隐蔽性，导致参与者常常抱着一种"反正没人知道我是谁"的侥幸心理，因而在主体行为上往往表现直接、尖刻、攻击倾向明显，特别是青年学生自我意识高涨，集体意识与同理心降低，造成网络上不受约束的行为。这个理论观点认为，网络成员常常被淹没在匿名所发的大量言论状态中，自我控制的力量就会因此遭到腐蚀，使一般的社会约束、平台规则、伦理道德的责任心在虚拟社会中较不具有影响力。

线索去除理论认为，虚拟成员冲突行为的产生是因为许多在面对面沟通时能够规范互动行为、防止敌意的社会和沟通线索在网络环境去除了。如面对面交往时会有个人身份地位的表露、面部表情、讲话的声调等线索，这些线索的去除使网络学习成员在进行互动时刻意强调文字含义，造

---

① 童星. 网络与社会交往 [M]. 贵阳：贵州人民出版社，2002：47.

② 蒲高兰. 虚拟社区攻击性行为的探索性研究 [D]. 重庆：西南大学，2008：51.

③ 蒲高兰. 虚拟社区攻击性行为的探索性研究 [D]. 重庆：西南大学，2008：58.

成社会线索有效性的降低，这就会给交往成员造成许多心理影响，比如社会规范力的减弱、社会回馈的效力降低、组织管理的控制力降低，并且网络的匿名性更会降低网络成员自我规范的能力，使攻击行为更容易发生。

社会临场感理论的解释是：相对于传统的面对面沟通模式，屏幕中介的传播模式无法将沟通中呈现的所有信息完整传递，而造成很多非个人真实信息的传播发生；网络语言符号具有模糊性，无法传递清楚交往双方所有心中想要表达的思想；还有人们在使用网络语言时，由于追求快捷而常常无法进行语法结构的严谨表达，错别字层出不穷，词不达意的现象常常发生，传达的信息由此在网络空间可能被扭曲。当人们面对面地沟通时，会有一个绝对的形象出现在对方的面前，包括眼神接触、脸部表情、声调以及其他互动的线索，然而当人们通过网络沟通时，这样的社会线索便消失了，于是屏幕前的对话变得更加缺乏人性，更加无法控制，更加可能导致言语摩擦的发生。至于网络时空中的师生冲突，我们将在本章中另作专门深入的探讨。

第三节 在线教育时空中传统师生关系的解构及其原因

在线时空中的师生关系是在线教学过程中最基本、最重要的人际关系，是在线教师或平台助学者与学习者在教育活动中通过交往互动形成的，也是对网络教育效果具有极重要影响的特殊人际关系。它贯穿于网络教育的全过程，体现在师生生活的各个方面。虚拟教育场域中师生关系的建立，以教育和被教育为基础，以师生交往为条件，以情感联系为纽带，是网络教育时空中最重要的人际关系。但是在线教育时空作为一种时间被线性消解、空间被超链接碎片化、学习者身体被时空分离、网络语言成为交往唯一载体的教育场域，面对面学校教育中的师生人际关系被网络教育时空解构，呈现出新的挑战，非常值得网络教育的研究者与网络教师关注。

一、技术与符号解构传统师生关系

网络技术的产生使师生内在需求得到进一步的实现，因为师生可以在网际互动中获得传统教学中没有的自由，个人可以成为真正的自我的主体。学习什么内容、采取什么方式交往，都不会受学校制度、社会约定等制约，有更多空间听从于自我意识的支配。尼葛洛庞帝在《数字化生存》中指出："后信息时代的根本特征是真正的个人化"，"个人不再被淹没在普遍性中"。师生们可以卸下现实世界中的身份，在空间中塑造一个全新的自我。

同时，在线互动表现为网际交往者身份的电子文本化。即利用以文字和符号为主的一系列信息来描述主体的身份，人际互动的符号性大大增强了。老师和学生同样是以符号的方式进行交流的，一方面他们用数字化符号来表现自己的网络名字，可以根据不同的语境而使用各样的符号来表示自己的身份与内心深处的想法，其身份几乎完全取决于自己的选择；再者，在网络空间，师生都有可能无从知道对方的姓名、性别、年龄、形象等确定信息，所以，以名字符号来了解一个人有很大的不确定性。

另外，人际互动借助于屏幕和网络平台时，在人与人之间、人与客观事物之间无形之中增加了一道屏障，于是"主体—客体"的二元感知关系被"主体—符号—客体"取代，这一道看似没有厚薄的屏障使师生的交流有更多自由选择的余地。但也正是这个技术与符号的屏障将传统师生人际关系解构。首先，面对面学校教育中，老师的权威在师生交流中显现，再加上师生间面对面交谈中语调、表情、语气的作用，使得现实社会中，师生交流并不能畅所欲言。其次，面对面的交流中，人际交流有连贯性，老师和学生并没有太多的思考和反应的余地，很多时候都是展现了师生暂时的一刹那；而在网络空间中，老师和学生并非面对面，由于网络只剩语言交流的排外性和师生的"身体不在场"，学生不再处于老师的权威之下，可以与老师处在同一个位置交流，由于不再需要顾及老师的语言、表情，能够说出自己内心最深刻的想法，交流会变得更加顺畅。又由于非面对面的交流能够给人更多思考和周旋的空间，所以师生谈话从一定程度上能够使师生关系更加和谐。当然，由于网络空间带来的自由，师生的个性可以得到展现，可见，网络技术和网络符号给了老师和学生更多的互动发展的空间和自由。其中，老师的权威不再成为控制学生的法宝，老师再也无法在网络学习空间中建立课堂教学一样的规范和制度来限制和约束学生；学生有了更多的表达自己的空间，其言行变得更加自由，且有更多自主的权力，从而使传统的师生关系解构。

二、教与学行为的分离解构师生的权利格局

哈贝马斯说："从相互理解的角度来看，交往行为是用来传播和更新文化知识的；从协调行动的角度来看，交往行为起着社会整体化和创造团结互助的功能；从社会化角度来看，交往行为是为了造成个人的独有的特征和本质。"① 传统的师生交往中，由于一方在年龄、知识和法定权威等方面的有利条件和另一方的顺从，使得师生关系变成了"一种统治者和被统治者的关系"。

在线交往是以计算机及网络平台为界面采用人机对话的方式进行的，教师和学生面对的都是电脑屏幕，消除了人与人交流中心理和形象上的障碍，师生可以完全不考虑社会地位、经济收入、宗教信仰、种族肤色等各种现实社会生活中无法回避的差异与彼此间的现实利益等，此时，师生之间在传统交往中感受到的世俗和功利化的压力大大减弱，他们甚至可以在没有任何心理负担的情况下进行一些比较单纯的、非功利性质的精神交流。时空分离的教学交往倾向于非理性，倾向于内在自由，这是一种全身心的参与和自身独特个性的充分发挥，从而在更深层次上给参与者带来心灵的放松和慰藉，这使双方的主体性能够淋漓尽致地表现出来。

由此，这种虚拟的沟通和交流使交往者处于相对平等的交往位置，有助于拆除人际间的樊篱，师生彼此之间更容易达到心灵的沟通和理解，使个体获得更多的尊重和尊严，因此可以说网络交往使师生之间建立起一种民主平等、相互支持的关系成为可能。

虚实不同的活动空间，让教师的行为呈现了多样性，教师既可在真实的学校中，也可在虚拟的网络中体现教师的角色行为，线上线下的教学活动空间发生了变化，虽然参与者主体没有变，但是师生的权利格局在网络空间被解构了。在网络教育时空中，教师角色中"知识来源"的作用将部分由网络替代，即技术也可承担部分的教师角色，教师工作重点将不再是分发信息，那种"教师对学生"的师生关系将转换成"教师与学生"，甚

---

① 哈贝马斯. 交往行动理论（第一卷）［M］. 重庆：重庆出版社，1994：352.

至可能是"伙伴—伙伴"的关系,师生角色的转换频繁自然。①

三、网络语言模糊与消融了师生的身份界限

网络语言的超文本、超链接性从根本上削弱了在线时空师生主体的整体化感觉,而且消解了笛卡尔意义上的主客体界限,主体与客体之间的界限发生内爆,知识活动成为一种波斯特所说的"发生在主客体边界上的活动",一个发生在主客体边界上的临界事件,其界限两边的主客体都失去了自身的完整性与稳定性②,这种主体整体化感觉的削弱在网络中体现为师生间的界限的模糊与消融。在网络时空,教师不是唯一的知识之源,学习资源的共享性解构了教师作为知识提供者的身份,网络语言的传染性是如此之强,学习者个体或学习者之间可以轻而易举地将所要用的资源复制到学生面前,同样,教师在学生面前的优势明显减弱,师生间的知识差距被无限缩小。由于网络语言的超文本与超链接性,只要掌握了找资料的基本方法,学生并不一定比教师效率低。学生可以超越教师而成为引导者,教师的位置降低而学生的位置得到提高,使得师生间的身份差距也被无限缩小。在线空间,为了提高学习者的积极性,满足其自我认同感,教师可借助网络语言的模糊性,将话语权让渡给学生,使学生表现得比自己强,进一步削弱师生间的差距。网络语言的符号性使教师与学生的区别仅通过网络语言来体现,教师对语言的把握显得至关重要。网络语言的诙谐性与传染性,又使得教师的语言很难有自己的特色,即使有"原创"的词语也很容易被模仿,并且对许多新兴词汇,教师可能还不如学生了解,为了得到学生的认可,教师不得不努力学习掌握好网络语言,融入学生群体当中。教师的社会职能没有现实社会中强烈,教师不再像传统教学一样有"社会知识的代言人"的称号,也不再是社会制度的化身,在网络中失去了神圣的控制力,与学生的距离被网络不断拉近。距离的缩小既是师生角色的淡化,也是教学本质意义的淡化;距离一旦消除,教师与学生的角色也就失去了,教学在本质上也就不存在了。③ 师生角色的淡化与消失即主

---

① 柳栋. 网上研究性学习中的教师角色 [J]. 全球教育展望,2001 (11):13–16.

② 黄少华,瞿本瑞. 网络社会学 [M]. 北京:中国社会科学出版社,2005:243.

③ 石鸥. 教学别论 [M]. 长沙:湖南教育出版社,1998:118.

体完整性及稳定性的缺失，这使教师在网络社会中不再具有独特崇高的社会地位，师生间的界限模糊。"学习者是教师，教师是学习者"①，师生的界限逐渐消融。

第四节　在线教育时空中的师生冲突

一、在线教育时空中师生冲突的原因

（一）从现实到网络——师生冲突的延续

为论证这一观点，我们先要对网络世界中的师生关系进行分类：一是现实延伸型，即现实中的人际关系直接转移到网络上去，教师和学生之间能够明确自己和对方的真实身份；二是角色转化型，现实世界的熟人转化为网络世界的陌生人，即在网下他们是相互认识对方身份的教师与学生，但在网上由于网络的匿名性，他们在双方或其中一方不知情的情况下彼此重新交际，建立了新的网际关系，比如师生双方在匿名情况下成为网络中的"朋友"，或是老师匿名"潜入"学生QQ群。

师生之间的冲突除了主体间外显的行为对抗外，同时也包括主体间隐蔽的情绪抵触等心理对立形式。在现实的学校教育活动中，学生与教师公开的行为对抗很少，而大量存在的是师生间隐蔽的情绪抵触，并且，这二者之间并没有绝对的界限与鸿沟，可能随时发生相互转化，二者的转化是非常微妙的。

一般来说，师生间隐蔽心理上的对立力量可以逐渐积累，并在特定的情形中忽然激化为师生间公开的行为对抗。由于网络的自由性、虚拟性、开放性等特征，使网络恰好为师生心理对立转化为行为对抗提供了一个平台。因此，在线时空中的师生间部分行为对抗往往可能是现实学校中师生间长期心理对立的最后表现或不断加剧的结果。

网络世界是现实世界的延拓，网络空间不是一个与现实社会截然分离

---

① 西蒙斯. 网络时代的知识和学习——走向连通 [M]. 詹青龙，等译. 上海：华东师范大学出版社，2009：42.

的存在，而是以种种方式或种种渠道联系着现实社会的历史沉淀，联系着现实社会中的脉搏跳动，现实社会的种种文化、心理乃至权力关系仍然会不自觉以不同程度带到网络空间。就是在网络空间中，现实的学校演化为网络中的虚拟学校，现实的课堂转化为虚拟课堂，现实课堂中的教与学的活动搬到了网络平台中，师生之间的面对面交往变为网络中的虚拟交往，现实学校中师生之间的冲突也自然而然被映射到网络空间中。虽说师生之间的网络交往在一定程度上摆脱了一些限制，师生之间的权力关系在这里也被一定程度地弱化，但师生双方真实世界的身份终究无法抹去，现实世界中师生之间的隔阂、冲突也会被映射到网络空间中去。我们甚至可以说，师生现实世界的冲突是网络中师生冲突的总根源。

（二）网络时空的角色异化导致师生冲突

虚拟性是网络空间信息的最基本存在方式，网络空间从一般意义上讲，可以被看作是一个人为设计和构造出来的虚拟社会信息世界。虽然，这一社会信息世界在本质上仍然是对人类现实生存世界的理性折射，但是它毕竟不同于以往人类对其生存的现实世界的感性、知性反映的情景，很可能造成人们在认知行为上的错觉和错位。"网络信息的存在方式，以及网络和人交往方式的虚拟性、沉浸性、角色异化、无限构造与创新等基本特征，可能使沉浸于网络中的学生展示出区别于现实生活的另一种生存方式，并在网络生存中派生出另一个自我，或称非我。"[1] 这便使学生在现实生活中的自我和网络生存中的非我之间产生了角色异化性的价值冲突。

"网络生存中的个体精神自由与现实生存中的个体物性约束之间的冲突，乃是非我与自我之间价值冲突的集中体现。"[2] 在现实生活中的学生可以在网络空间中扮演与学生身份截然不同的角色，这就是在现实生存与网络生存的冲突中可能发生的角色异化和人性二重化情景。现实生活中的学生必须时刻承受他所生存环境的物质条件、工作性质、人际关系条件、文化氛围条件等多重约束，并时时感受着来自自然与社会等诸多方面的力量压迫，而网络则为学生提供了十分广阔的自由空间，他可以在网络中超越其在现实生存中的角色地位。

---

① 邹焜. 网络文化中的价值冲突 [J]. 深圳大学学报（人文社会科学版），2001（5）：45 –51.
② 邹焜. 网络文化中的价值冲突 [J]. 深圳大学学报（人文社会科学版），2001（5）：45 –51.

现实生活中的学生必须履行自己的角色义务，并承担自己的行为责任，而在网络生存中则不必如此。因此，在网络空间中，学生更愿意忘记自己的现实身份而沉浸于网络角色中，这里没有了现实社会的各种制约，学生也努力摆脱网络教育平台的制约，摆脱在线教师与助学者管理者的控制，而这是老师所不能容忍的，从而必然导致师生之间的冲突。

（三）网络空间中的言论自由与权威瓦解导致师生冲突

网络自问世之日起便自然成为一个公共空间，在这里，大众传播逐步走向个体传播，人们在网上自由选择信息，上载、发布信息，其间的信息核实系统很难完美施行。在一人一机的环境下，人们不必面对面直接打交道，从而摆脱了传统"熟人社会"众多的道德约束。网上没有国家和地域界限，现实社会中那种分地域设卡、设点管辖和控制的方式也不再起作用。由于网络交流的非直接性，人们可以畅所欲言，无需过多隐讳，对于青年大学生来说，这种交流的平等性和自由性，显然具有极大的吸引力。与此同时，网络的开放性、匿名性、广泛性，使网民无须经过编辑的严格审查便可以轻易在网络上发表言论，这就很容易让人产生错觉：似乎网上可以为所欲为，在现实世界中不敢说的话可以在网上去说，这是网络自由表达的一种表现。

在线平台中，学生可以不露声色地翻动"四海云水"，呼唤"五洲风霜"；虚拟平台公告板下，学生也可以从容不迫，甚至毫不负责地说三道四、指点江山。在形形色色的微信群、QQ群、BBS、新闻组、留言簿、课后讨论间、公众号等虚拟空间，学生们可以畅所欲言，也可以修改、删除自己的言论。在现实社会里学生们言论常常受一定的社会环境（比如学校与课堂秩序）、社会地位（学生身份）的制约，而在网络中，限制就少多了。当然，这种自由源于网络技术的开放性和网络交往的匿名性，这些特性直接导致了网络的弱监控性，网络空间里隐匿身份的特性常常给学生一种错觉：不需要对自己的言论所及的后果负责。

在特定话语环境中的互动性会促使游戏心态的增加，一些学生甚至希望网络能成为他们逃离现实、宣泄个人情绪、尽情撒野的游乐场。网络空间中，游戏心态在学生身上的突出表现有：随意散发不负责任的小道消息，甚至有意制造谎言，扰乱秩序；调侃老师、学校，对老师冷嘲热讽，甚至进行人身攻击。在这种网络话语环境下，爆发师生冲突就难以避免。

网络教育时空中由于信息低廉化而带来的知识低廉化，使教育资源不再匮乏而成为取之不尽的宝库，而且教师不再是分配教育资源的唯一阶层，学生们可以通过网络获取他们想要的各种信息资料，网络将这些宝贵的资源汇集起来，供所有人分享。面对这种信息狂潮，教师所传授知识的价值越来越有限，学生不再将教师所传授的知识作为"绝对的真理"，这就导致了教师知识权威的解构，教师已不再是学生心目中的"神"，而只是一般的人，甚至沦为学生调侃恶搞的对象。因此，网络中教师权威的瓦解，势必会导致师生间的冲突。

（四）福柯微观权力观下的网络师生"监视防御战"

福柯借用边沁所设计的"全景敞视监狱"（panopticon）形象地揭示了现代社会中人们所处的被"注视"、被监视的处境。① "全景敞视主义"（panopticism）是一种规训机制，它使权力的运作变得轻便、迅速和有效。每个人都是他人的监视者，又是自己的监视者，同时还是他人的监视对象。

网络教育空间也是体现"全景敞视"的地方，教师与学生在网络时空中相互监督，彼此监视。大多数时候是教师担当考核者，时刻保持注视的目光，监视学生在网络空间的活动与言行；或者教师派"间谍"监视学生的言论，贴身看管，检查不断，确保学生在网络空间中不违规、不出事、不惹祸。在网络空间，有时就是人人自危，个个防御，从而导致师生关系的对立。当然，对于老师在网络中的监视行为，他们或许不会强烈的、公开的、直接的对抗，而往往采取防御策略，诸如沉默寡言，"隐姓埋名"，或是退出论坛等。

教师、学生都是权力的端点，师生关系也是一种权力关系，而网络是非线性的、多元的，它给了学生一个争取权力的平台，在这种平台上，学生们有了争取权利的机会，他们不甘于被控制，而是积极构建与教师平等的话语关系。在此过程中必然会间接地或直接地与教师发生冲突。学校中的师生关系主要是传统的权力关系，而网络中的师生关系更多地凸显了福柯的微观权力，即"每一点都有可能发生权力斗争、冲突，甚至发生暂时

---

① 福柯. 必须保卫社会 [M]. 钱翰，译. 上海：上海人民出版社，1999：258.

的权力关系的颠倒"①。福柯认为，现代权力比传统的单向权力复杂得多，它是多元的、多形态的、流动的，具有不确定性。现代权力根本不可能固定在谁的手中，而是随着关系的变化而变化。权力纯粹是一种关系，一种结构性运动。②

在传统权力下的学校师生关系中，教师拥有绝对的权力，学生只能服从，这种关系是简单的"教师—学生"式的直线关系。而在网络中，教师与学生是相互牵制的网状关系，学生也在一定程度上打破了教师对其的权利范围，例如，学习者在网络空间可以通过匿名的方式发言抗议教师，当学生群体发现教师在派"间谍"监视时，群主可以将"间谍"踢出去，当然教师又可以寻找或从网络成员中"收买"新的"间谍"。

二、在线教育时空中师生冲突的形成过程

在研究在线时空师生冲突的形成过程时，我们发现了一个小学六年级的班主任"走进QQ"的案例：

这位班主任在听说学生在网络中的一些不良行为后，在一位学生家长的帮助下潜入了学生的QQ群。当学生一发觉有新成员加入便全面提高警惕，追问来者的身份，班主任只好伪装成学生"宝宝"的身份。在知道这个新成员不过就是同学"宝宝"之后，其他同学竟无所顾忌地对"宝宝"说起了脏话，这让班主任看见了学生在网络中的另一面。

之后，学生经过一番猜测、排除，加之家长的"泄密"，学生知道了班主任潜入QQ群的事情，于是班主任第二次进入QQ群时，发现公告栏中的公告竟然换成了"说什么都可以，就是不能骂人"。事情到此，似乎老师的潜入起到了震慑作用，收到了一定的成效。

但是，当班主任第三次进入QQ群时，一上线，学生们便立即停止了对话，逃避老师，甚至请求老师退出QQ群。面对如惊弓之鸟的学生，班主任真诚地与学生交流，并诚挚地希望学生们在网络上的交流变得更健康，学生们也渐渐明白老师的苦心，接纳了老师。

依据这个案例，我们可以将网络中师生的冲突分为四个阶段：第一个

---

① 福柯. 疯癫与文明［M］. 刘北成，杨远婴，译. 北京：三联书店，1999：29.
② 福柯. 疯癫与文明［M］. 刘北成，杨远婴，译. 北京：三联书店，1999：227.

阶段是师生之间的潜在对立，是冲突的酝酿阶段。案例中，班主任潜入QQ群监视学生，学生们对QQ群中新成员的猜疑，对老师身份的猜测，都说明教师和学生对对方的成见与隔阂。第二个阶段是冲突的触发。伪装成"宝宝"的老师在QQ群中被其他学生骂了个狗血淋头，冲突一触即发。第三个阶段是网络师生冲突的激化阶段。案例中的班主任一上线，就使得学生"四处逃窜"，甚至有胆大者要求老师退出QQ群，这时的冲突已经进入白热化阶段。然而，在第四个阶段中，老师控制住脾气，真诚与学生交流，将冲突处理得当，最终化解了这次和学生在网络中的冲突。

然而"走进QQ"只是个案，我们还要将之上升到普遍层面。下面，我们将对网络中师生冲突的四个阶段分别做全面的分析。

（一）网络师生冲突的酝酿——潜在的对立

首先，角色期望为网络师生冲突的发生埋下了伏笔。在网络中的师生关系是一个社会系统，教师与学生对彼此都有一定的角色期望，而当教师与学生对彼此的期望与现实不一致时，冲突就可能发生。因此，对彼此的角色期望是师生冲突发生的一个隐藏原因。对应上例，我们发现班主任对学生的期望与学生们在网络中放肆言辞的反差是此次冲突的一大诱因。

其次是教师心理方面潜在的原因。教师对一些"问题学生"存有偏见，导致教育行为失当。许多教师认为管束"问题学生"的唯一办法就是要"狠"，必须压服他们，务必把他们的锐气"磨平"。由此，教师在网络教学中往往不能对学生一视同仁，他们监视所谓的"问题学生"，甚至拿某个"问题学生"在网络平台公开点名批评，以便"杀一儆百"。教师对"问题学生"的偏见，也成为师生冲突的重要诱因。

最后是学生方面潜在的原因。处于青春期的学生对管理自己言行的教师和家长普遍抱有成见，主要以逆反心理的形式呈现，尤其是在没有约束的网络空间，由于匿名在场、身体分离、言论完全符号化，学生的逆反心理更是空前高涨。很多教师却对这一现象认识不足，不能客观看待，更缺乏预设的应对策略。

上述是在线时空师生冲突发生的可能诱因，这些因素都在在线教育中并存，也并不一定就会爆发成为激烈的冲突，只要有一定的触发条件出现，冲突就正式发生。

（二）网络师生冲突的触发

师生冲突，按冲突发生、发展的先后顺序及剧烈程度可分为一般性冲突和冲突激化（对抗性冲突）两个阶段。对抗性冲突往往是从一般性冲突演变而来的。网络中师生一般性冲突的触发可能有以下两种情况。

第一，教师干预学生网络中的"不当"行为，学生不执行。

网络对于在现实生活中处处受约束的学生来说，是个自由自在的空间，在这样一个空间里，他们可以无拘无束，甚至肆无忌惮，而这在老师看来，是不符合学生身份的，也就是常说的"没有学生的样子"。如果学生某些"肆无忌惮"的行为超出了老师的容忍限度，老师必然会加以制止。例如，如果有学习者通过"灌水"向学习空间中发表大量的娱乐信息，甚至转发大量的商业广告和低级庸俗的玩笑"段子"，在线教师与平台管理者会对学习者提出劝诫与警告。但是，在这个教师的身体无法出场而只能通过网络语言表达劝诫的虚拟空间中，学生不一定像现实生活中那样"听话"，倘若他们对老师的干预采取不理睬态度，甚至进行言辞反击，一场网络中的师生冲突就在所难免了。前文描述的师生在 QQ 班级群中的攻防战就属于这种情况。

第二，教师在网络中处理师生关系方法不当。

导致网络师生冲突的发生主要是由于学生在网络中的不当行为，表面看这是学生的问题，实际上也间接地与教师有关。

教师误解学生：由于教师对有些学生存在一些偏见，在网络中有时不能公正地对待学生，甚至对学生的态度表现出喜厌有别、褒贬有异的倾向性，加之网络的虚拟性、间接性，因而容易对言论怪异的学习者产生误解。教师的这些喜好无法避免会在大量的私下交流或大众交流中被遗漏，甚至在网络上外泄，一旦涉及的学习者发现或者有人转告，师生矛盾就加剧了。

教师语言失控：有些教师被学习者的对抗情绪激怒后，有时无法控制自己的语言，在网络社群甚至学习平台的论坛上责骂学生、训斥学生、用语言恐吓学生、用语言激将学生甚至讽刺、挖苦学生。这些往往会引起学生极大的反感，尽管学生的不满行为在老师的训斥下被压服了，但以后学生会经常跟老师唱反调，甚至对抗。有时，说教式的训斥对学生不起作用，反而使网络冲突走向僵持。

教师在网络空间监视学生的言行：教师为了深入了解学生在课堂外的生活、学习、情感等倾向，经常想尽一切办法监控学生课后的网络言行，或者"收买"学生"间谍"潜伏在网络社群或论坛中，一有情况，立即向其汇报，这种情况一旦被学生发现，一定会引起全班同学的反感。

（三）网络师生冲突的激化

一般性冲突如果没有及时化解，网络师生冲突就会激化。这时冲突延续下去可能会有三种情形：冲突暂时平息，冲突陷入僵局，一般性冲突演变为对抗性冲突。

冲突暂时平息："冲突平息与冲突化解不同。冲突平息是指教师运用指责、训斥、恐吓、惩罚等手段暂时压服了学生，尽管冲突没有激化的外在表现，但师生之间已经凸现的矛盾依然存在，事后师生关系仍不和谐或更加恶化，学生疏离或敌对教师。"① 比如老师发现学生在网络中通过 PS 拼接恶搞自己的照片后，训斥并制止学生的这种行为，这时的冲突只是暂时平息了，但并不意味着冲突就此化解了，因为学生恶搞教师的形象本就是心中不满的发泄，事后教师与学生之间的芥蒂会更加严重，师生关系走向疏远并积累了更深的矛盾。

冲突陷入僵局："当教师反复训斥或命令学生，学生拒不执行，师生双方互不相让、争执不下，致使冲突陷入僵局。当冲突陷入僵局，师生双方都找不到解决问题的办法时，冲突只能不了了之。"②

一般性冲突演变为对抗性冲突：对抗性冲突集中表现为对抗性行为的发生。一般性冲突一旦发生，教师忍不住火气，化解不了僵局，不能平息冲突，在网络上失去了对自己语言的控制力，致使言行出格，对抗性冲突就会发生。虽然由于网络的虚拟性，当网络师生冲突发生时，教师和学生之间不会发生行为上的拉扯甚至暴力行为，但双方运用网络语言进行攻击会深深伤害彼此感情，或是把冲突带入现实课堂之中，从而导致事态进一步扩大或冲突无法收场，给师生的身心皆造成很大的伤害，恶化了师生关系，甚至使在线教学难以为继。要弥补这种伤痛得花成倍的精力，甚至无法补救，成为永远的遗憾。

---

① 丁静. 关于师生冲突中教师行为的案例研究［J］. 教育研究，2004（5）：51.
② 丁静. 关于师生冲突中教师行为的案例研究［J］. 教育研究，2004（5）：52.

（四）　网络师生冲突的结果

网络教育时空中师生身体分离，教师的亲和力被网络语言符号化，教师的知识权威被唾手可得的海量资源消解，网络师生的互动在冰冷的屏幕上进行；学习者处在青春期这一特殊年龄阶段，其身心急剧变化造成自主意识增强、情绪不稳定、自控能力较差、普遍存在逆反心理。以上两个方面的原因导致在线时空中的师生冲突在所难免。师生冲突一旦发生，对于冲突走向，教师起着决定性的作用，是事态演变的主导方，而教师的言行"出格"直接导致了师生间一般性冲突的激化。并不是所有的网络师生冲突都会激化为对抗性冲突，即并不是所有的网络师生冲突都会演变成上述的第三个阶段。网络教师或平台助手以及意见领袖要做的就是尽量把冲突控制在一般性冲突的范围内，尽可能避免对抗性冲突的发生，关键在于教师要控制住自己的"火气"，规范、调控好自己网络语言的使用，务必使网络交流过程中的每一次发言都经过理性的过滤。网络论坛中从发言后到接收对方的回复之间，会经过或多或少的等待时间，这个等待时间对教师冷静自己的情绪、反思自己的问题、理解对方的心理很有好处，所以，这是在线时空的特质为师生冲突在激烈爆发前存留的宝贵的"消解时间"，这为网络教师化解即在眼前的师生冲突提供了契机。

与替代对象发生的冲突称为"非现实性冲突"，它可以起到发泄敌对情绪、释放心理紧张的作用——这就是冲突的"安全阀"功能，它如同蒸汽锅炉上的"减压阀"，随时可以把体内的"超压"蒸汽排放出去。"冲突对其发生的人际关系并不总是负面的，冲突经常是为维护这种关系所必需的，如果没有发泄互相之间的敌意和发表不同意见的渠道，群体成员就会感到不堪重负，也许会用逃避的手段作出反应，通过释放被封闭的敌对情绪，冲突可能起维护师生关系的作用。"①

我们认为，由于网络的自由性、隐蔽性等特征，教师和学生可以适当宣泄消极情绪，缓解师生因社会角色压力而产生的心理紧张，避免心理问题积压而带来的严重后果的发生。发生一般性的或可控性的师生冲突，意味着师生双方的观念和价值能得到集中和显性的表达，冲突产生的摩擦与矛盾得到充分的暴露，因冲突而产生的不满情绪得到正常的宣泄，因冲突

---

① 科塞．社会冲突的功能［M］．孙立平，译．北京：华夏出版社，1989：33.

的发生而能了解对方的意图和想法，从而为师生冷静而理性的对话创造了客观条件。

三、处理网络师生冲突的四种策略

我们针对在线时空中师生冲突形成的特征与不同的阶段，制定了四种处理策略，以便在网络师生冲突发生的不同情形时应对与化解，如图 4 - 1 所示。

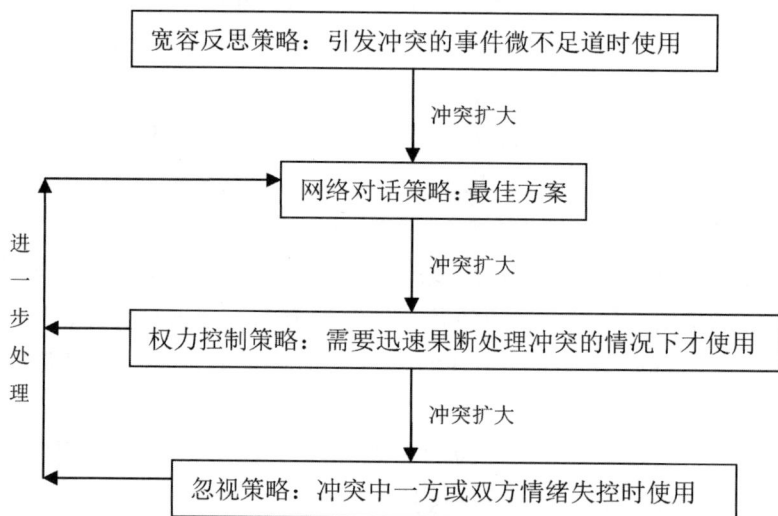

图 4 - 1　处理网络师生冲突的四种策略

（一）宽容反思策略

这种策略往往在引发冲突的事件极小时使用，它能将损失降到最小，并且很受学生欢迎。如果教师在学习论坛上或是网络社群里看见学生仅仅是抱怨教师（并没有对教师发表不尊重言论）或是表达自己对教师的某些建议时，教师应采用这种策略。教师愿意接受学生的在线建议与批评，并能根据学生的意见对自己的在线教学过程进行深刻的反思，这是一个网络教师或者平台助学者与管理者应该常存的心态，对解决师生冲突与缓和师生关系非常关键。必须承认，与课堂教学相比，大部分在线教师都没有丰富的在线教学与沟通的经验，对屏幕背后分散在各方的远程学习者的心理与需要的了解也很有限，都有很大的提升与改进空间。

（二）网络对话策略

网络对话与合作策略则是解决网络中师生冲突的最佳办法。网络为师生提供了一个平等对话、交流的平台，在出现一些矛盾与不满时，教师与学生应该适时通过网络进行磋商，并在大量对话中沟通与化解，使网络中的师生冲突达到最小化，从而解决矛盾，达到"双赢"的结果。

（三）权力控制策略

当网络对话策略失效，网络中的学生开始不听管教，或是一开始学生就无理取闹时，网络教师和管理员可以利用网络教育平台赋予的权限对学生采用强制的应对方法——权力控制方法。例如，对喜欢"灌水"的成员在论坛中进行私下和公开的警告，删除这些学习者携带不良信息的帖子，封闭其发帖权，直到最后取消其网络教育平台的成员身份。这些策略的应用往往会对学生造成很大的伤害，但在处理情况紧急的重大网络冲突时，能起到防止事态进一步扩大的功效，并能迅速及时地控制住网络教育空间的学习气氛与学习秩序。对那些在网络空间经常发表故意挑衅、无理取闹的言论而且又不服从管理员警告的学生可以使用。但这种策略无法从根本上解决师生冲突，所以事后还要对冲突进行进一步处理。

（四）忽视策略

如果权力控制策略失效，师生中一方甚至双方都可能有些情绪失控了，这时，最好采用忽视策略，即在网络中，教师回避对方的冲突，停止网络发言，以避免进一步紧张的局面。在网络中，由于师生并不是身体进行面对面的冲突，一切的网络冲突都是借着网络符号进行传递的，如果教师面对来自学生的愤怒的网络信息，不立即进行交锋与回复，而是进行回避与冷处理，过一段时间后，往往能让师生双方冷静下来，避免冲突的升级。这种策略也不能从根本上解决师生冲突，所以等发生冲突的双方情绪平息后还是要使用网络对话策略。

由于网络的复杂性、虚拟性、符号化等特征，师生冲突的形式、激烈程度多种多样，并且复杂多变，比现实学校中的冲突更难控制。因此教师应该以开放的心态，灵活地运用各种策略，面对不同的学生、不同的冲突方式，用不同的方法应对，尽量把冲突的破坏性减到最小，甚至使其减压阀功能发挥建设性作用。

四、在线教育时空中师生冲突的案例

(一) 案例一: 学生的网络"群抄门"与师生的信息战

学生在学习过程中更加依赖于网络, 在回家做作业的时候, 网络给同学们提供了前所未有的"抄袭"功能, 也经常让老师们防不胜防, 并由此引发师生之间关于"真假"作业的信息攻防战。例如: 某个同学物理作业提早完成了, 于是将答案发到网上, 以供同学们来个"群抄", 同时他也得到了其他同学的"关照", 大家"彼此合作"。对于语文老师布置的周记和作文, 学生进入百度, 键入关键字进行一番搜索, 于是成千上万的文章供他选择和下载。有一名学生写了一篇作文把语文老师感动得不得了, 但后来老师无意中上网发现这篇文章是全文下载的。在任课老师布置家庭作业时, 为了方便学生, 提高训练效果, 所以布置练习册上的习题。然而, 老师事后才发现, 出版商想得太周到了, 每本书上都有一个网址, 网址提供了该书的答案, 老师没有发现, 有细心的学生却发现了这个网址及其网络答案, 只需登录上去, 答案轻松搞定。这个信息全班同学都知道, 就老师事后很久才知道。

网络教育时空中的信息战与攻防战给任课老师的教学带来了压力和挑战, 不得不在订购和下发练习册之前仔细查看其上提供的网络信息与二维码信息有无答案, 也努力增强对作业设计的水平和学生上交作业的甄别能力, 以致有时需要在对优秀作文与作品进行表扬奖励之前, 首先上网查看是否有雷同的。

(二) 案例二: 师生之间的"黑客战"

长沙某中学初三有个男生总是对其他同学的电子邮箱投放病毒软件, 并冠以"好玩的游戏"之类的名称, 结果那些同学出于好奇且防备不足而打开文件, 导致电脑软件系统瘫痪。慢慢地, 他开始进一步研究起黑客之类的软件来。后来, 这一届每个班都有几个学生的软件水平很高……

这个学校有自己的学校网站平台, 后来, 各科任课老师将课件、教案甚至考试试卷也发送到网站平台的公共教师邮箱与共享云盘中, 以便与同学科教研组老师进行交流, 这是在时空分离状态下的一种集体备课与研修新方式, 对于资源共享与教师互相切磋十分有好处。然而, 对于一些不愿意按照老师安排认真学习但又有很强软件开发水平的学生来说, 机会就来了。

　　有一个学期临近期末考试时，有学生下载了一个黑客软件，直接侵入学校电脑的硬盘、公共邮箱和出题老师的电子邮箱，一下子就将试卷盗用，所以还没考试，卷子就泄漏出去了，弄得学校上上下下焦头烂额。学校的电脑老师查不出是谁，又不敢去报警，以免影响学校的声誉。

　　不久，学校痛下血本装上硬件防火墙，防止黑客入侵，同时积极培训学科教师电脑软件技术方面的知识。然而敌暗我明，网络攻防的黑客战经常发生，总是有些人能够侵入进来。

第五章 在线教育时空中的虚拟学习社区

虚拟学习社区是在线教育时空中，一群有共同学习愿景的学习者与社区教师或者助学者，基于特定目标指向的模块化网络课程，进行有一定机制的个体学习与群体交往，教育信息资源在外化与互动中日渐丰富、网络教育行为规则与教育文化逐渐形成的虚拟教育社会部落与教育社会系统。所以，虚拟学习社区又被称为网络学习社区、在线学习社区、虚拟教育社区或者网络教育社区。本章默认这五个词的内涵基本一致。

本章将阐述社区演变到虚拟学习社区的概念发展历程，国内外最近几年对虚拟学习社区的研究情况与进展，虚拟学习社区的构成要素及其教育影响力，虚拟学习社区的自组织性及其系统生成条件；最后，基于案例，我们对虚拟学习社区中的社会结构类型及其形成进行分析。

第一节 虚拟学习社区的概念演绎与研究现状述评

一、从社区到虚拟学习社区

"社区"一词是社会学的概念，其缘起可以追溯到德国的社会学家滕尼斯（1855—1936），他是在 1887 年出版的一本书《社区与社会》（又名《共同体与社会》）中最早提出 Gemeinschaft 即"社区"概念的。1933 年，费孝通等一批青年学者将 Community 译为"社区"。

有关研究人员统计发现，关于社区的定义已经超过 140 种，其中，具有代表性的美国学者认为，社区是一个群体，它由彼此联系、具有共同利益或纽带、具有共同地域的一群人所组成。[①]

---

① 罗吉斯，伯得格. 乡村社会变迁［M］. 杭州：浙江人民出版社，1988：32.

Palloff 和 Pratt（1999）认为，社区的现实地理场所不一定是必须的，它可以建立在虚拟网络空间里；社区成员不必相互见面，可以通过计算机通信技术相互联系和交流，通过对目标、规范义务以及交流方式的讨论来共同构建虚拟社区。Kowch 和 Schwier（1997）对社区的定义是：由具有共同的意愿、理念和理想而自发结合在一起的群体。Brooks（1997）认为社区由三个基本要素组成——区位、活动和信仰，并且，社区成员共享关系和信仰。①

较早使用"虚拟社会"概念的是美国网络社会学者莱恩格尔，他在1993 年出版的 *The Virtual Community* 一书中提出了"虚拟社区"② 概念。之后，美国学者卡尔·谢尔多于 1997 年出版了 *Virtual Communities Companion*。我国最早对虚拟社会概念进行详细描述的是学者徐晨，他1999 年在学术论文"虚拟社会"中写道："我们人类收集着闪光的新技术就像松鼠搜集松果，但关键不是技术而是人，是人为 Internet 提供了内容和数据，是人在那里建立了虚拟社会，打开了社会的大门让我们加入……虚拟社会要求两个关键的成分，通信和通信的人。""这处在发展中的网上社会正在孕育着真正的友谊、真正联系、真正的社会精神……它并非虚拟。'虚拟社会'与'网上的真正社会'是同义词。"③

什么是虚拟学习社区？虚拟学习社区有很多同义名称，例如网络学习社区、虚拟校园、教育虚拟社区、在线学习社区、电子学习社区、网上学习社区等。Kowch 和 Schwier（1997）明确定义"网络学习社区"是由自然意愿及共同理念与理想而结合在一起的网络学习群体。Russell（1999）将"在线学习社区"定义为"一个采用某些技术手段来协调其成员和集体在学习方面需要的网络组织"④。当前，学者们使用最多的还是"网络学习社区"（Internet learning community）与"虚拟学习社区"（Virtual learning community，简称 VLC）或"在线学习社区"（Online learning community，简称 OLC）。

---

① 胡凡刚. 教育虚拟社区交往研究［D］. 广州：华南师范大学, 2006：37 - 38.
② RHEINGOLD H. The virtual community［M］. New York：Addison-Wesley, 1993：2.
③ 徐晨. 虚拟社会［J］. 上海微型计算机, 1999（Z1）：45.
④ 马洪亮. 虚拟学习社区中的互动［M］. 北京：中国社会科学出版社, 2009：32 - 35.

最初，网络学习社区的形成与网络上的电子公告栏（BBS）、新闻讨论组和聊天室等密切相关，在网络电子公告栏、新闻讨论组和聊天室中进行学习和讨论的学习者群体，是最初的网络学习社区中的成员，其组织形式是一种自发的松散组织。这种自发式的网络学习社区由于知识水平的差异、学习兴趣的差异，以及学习者年龄、个性等因素差异较大，有可能使学习者对话题缺少持久性，较难进行深入的学习讨论，而且对于某个只关心某一学科知识的学习者来说，有效的信息量不太多。

一个相对完整的网络学习社区应具有以下的功能：一是提供一个方便的、有明确学习目标的多用户学习环境与学习资源；二是通过虚拟空间，克服时间上和地域上的界限；三是便于学习者、教师和其他人进行交流与合作；四是允许教师和外部专家随时对学生的学习进行评价。

如台湾海洋大学建立的网络学习社区，这是一个资源丰富、内容明确、目标具体的针对学生的虚拟社区。这个社区设立了上课区，开设了虚拟课堂，学生需要注册才能进入虚拟教室进行学习；资源区提供了大量与学习相关的资源供学生查找；评鉴区主要是对国内外的本主题相关资源及学习方法进行介绍与评价，为学生提供参考建议；工具区内有英汉、汉英字典，方便学生查询；练习区配备了大量与学习课程相关的练习，以巩固学生的学习效果；测验区开设了网络考场，学生考完后可以当场提交并得到分数与正确答案以及具体的参考说明。为了配合教学活动，该社区还开设了聊天区、讨论区、娱乐区、国外交流区、线上新闻区、咨询区与意见调查区、留学资讯区和研究开发区等，不仅为学生提供了进行讨论与交流的虚拟场所，还让学生感受到了网络学习社区的活跃气氛和优质服务。这是一种比较完善的网络学习社区，它由各种不同类型的个体组成，通过教学、研究等活动建立了一个虚拟的教育社会形态，以交互学习、协作学习和自主学习方式为主，使学习者获取知识、增进理解和提高技能，形成以此为目的的交互自治区域。

综上所述，我们将虚拟学习社区界定为：由共同的学习价值理念或教育目标追求而结合在一起，采用网络支撑平台，借着数字化与结构化学习资源和在线行为交往规则的逐步完善，支持其成员和群体学习需求的网络学习组织及其活动，由此形成的虚拟教育时空。

二、国内"虚拟学习社区"的研究现状及其述评

近年来，虚拟学习社区的研究由教学资源与平台开发等技术层面逐渐转移到虚拟学习社区成为"互联网＋教育"的学习新形态。师生信息素养和信息化应用水平的全面提升，使虚拟学习社区得到了蓬勃发展，为社区成员提供了拓展的学习空间和丰富的学习资源，在此基础上，在建设虚拟学习环境中有机融合虚拟现实、人工智能、大数据、人机交互等新一代技术，成为智慧学习环境的高端形态，相关教育理论的研究及其角度也逐渐丰富。我国教育技术学界近些年研究的重点是虚拟学习社区的开发者如何建设，学习者如何更有效获取与利用资源，以及如何获得更好的学习效率。大家高度关注虚拟学习社区构建与设计，重点是先进的技术如何赋能虚拟学习社区，主要是从教学设计、教学原则、教学策略、教学模式、教学资源和平台开发等操作方法与技术支持的角度，来设计网络教学服务系统的应用与师生活动，这是对虚拟学习社区中师生角色行为与师生关系的应然表述与技术支持，进一步深入进行网络教育原理的实然研究不多。

首先，学者们关注虚拟学习社区助力多途径推进和实现继续教育与终身教育的研究，在信息化基础上，利用虚拟学习社区促进终身学习、各种不同人群职业发展的教学设计等研究日益深入。有学者强调利用网络环境建立城乡互动，帮助教师专业化能力协同发展，培养和提高教师的信息技术能力与教学水平，通过网络社区构建乡村教师全员培训、全程培训新格局，优化乡村教师培训体系，提高乡村教师培训的有效性，进一步推动教育公平。[①] 唐燕儿、王思民针对新时代农民工这一群体研究了网络学习社区和其继续教育需求的关系与实现途径。[②]

其次，虚拟学习社区的建设方面，主要探讨如何利用新技术实现和优化虚拟学习社区的功能，强调将学习社区与人工智能技术深度融合，助推拥有大量的、动态的学习资源在线学习平台建设，实现个性化学习资源的精准化推荐。有学者立足于智能技术赋能网络学习空间的发展诉求，从智

---

① 于海洪. 面向乡村教师有效培训的网络学习社区出版［J］. 中国出版，2019（15）：57 – 60.

② 唐燕儿，王思民. 新生代农民工继续教育需求与虚拟学习社区构建［J］. 现代远程教育研究，2017（3）：86 – 93.

能技术、学习者、教育及管理、资源四个视角出发构建了网络学习空间SPDE 模型。① 也有研究对利用数据技术建构虚拟社区在线教学进行了实践，旨在提升在线教学的质量与效果。② 还有学者将教育元宇宙与网络学习空间对等起来，强调其覆盖行动和物理学习空间的融合互动。③

利用"互联网＋"实现知识共享，指导虚拟学习社区中如何建构集体智慧下的学习。国内学者在社区知识共享的生态系统机制、策略、绩效测评系统、影响因素等方面都进行了相关研究。还有学者从社会资本、社会认知和社会交换等理论，揭示了影响知识共享的环境因素、团队因素、动机因素和认知因素等，构建了虚拟学习社区知识共享影响因素结构模型。④闫冰指出新的技术手段促进新的教育场域的形成，指出在虚拟学习空间的知识共享包括递进式契约形成、以理念联系起来和以资源凝聚起来三个阶段。⑤

另外，研究者发现虚拟学习社区中学习评价对于规范和约束学习者社区行为具有重大作用，更是提升社区学习者学习效率的重要保障，设计了虚拟学习社区的学习评价体系并进行了实践评价运用。⑥

三、国外近些年关于"虚拟学习社区"的研究现状及其述评

2019 年到 2024 年，关于"虚拟学习社区"的英文学术著作的数量大幅增多，此时期的学术著作大多从四个角度对虚拟社区进行探究：教育教学、传播和心理学、信息平台和知识建构。许多国外大学与 Blackboard 或WebCT 等平台都有所合作，建立了虚拟学习社区、虚拟学习环境、学生中

① 兰国帅，钟秋菊，郭倩，等. 自我效能、自我调节学习与探究社区模型的关系研究——基于网络学习空间中开展的混合教学实践［J］. 中国电化教育，2020（12）：44－54.
② 李俊姣，樊彦瑞. 以数据技术构建虚拟学习社区的在线教学实践研究［J］. 中国管理信息化，2023，26（16）：202－204.
③ 杨阳，陈丽. 元宇宙的社会热议与"互联网＋教育"的理性思考［J］. 中国电化教育，2022（8）：24－31，74.
④ 李海峰，王炜. 为什么要共享知识？——基于系统文献综述法的虚拟学习社区知识共享影响因素探析［J］. 中国远程教育，2021（11）：38－47，77.
⑤ 闫冰，马文婷. 从教育场域变化看大学生虚拟学习社区的打造［J］. 教育理论与实践，2022，42（6）：18－22.
⑥ 李兴保，徐进，刘敏，等. 虚拟学习社区学习评价指标体系的设计［J］. 中国电化教育，2016（11）：61－67，93.

心等网络教学方式。同时，也尝试使用 Wiki、Podcast 等新型技术改造与提质虚拟学习社区，比较关注虚拟学习社区在实际教学中的应用效果。虚拟学习社区在教育应用的学术论文研究主要集中在用户行为和社交互动方面，大多是实证研究，其中，研究重点关注用户在虚拟学习社区中的行为模式、特征、影响和作用。

有学者发现，虚拟社区成员对学习环境的信念可以通过社会学习策略转化为个人满意度。[1] Jacky Pow 与 Kwok Hung Lai 探讨了如何利用虚拟学习社区促进教师反思他们的教学实践，研究重点是开发一个具有文本和语音评论功能的交互式视频数据库，以支持同行反馈并提高教学质量。[2] Julian Chen 及其研究团队采用实例与内容分析法提出虚拟社区提供的多模态模式更有利于在线协作和参与。[3]

同时，国外学者普遍认为网络学习社区应该具有有效处理矛盾、平衡学习任务、处理社会情感需要、能有效沟通并主动参加集体活动的特点。近年来关于网络学习空间的研究范围与研究主题越来越宽泛。Fatih Sahin 和 Kubra Yenel 研究发现，教师社交网络意向的提升会导致专业学习社区向更高层次的方向发展。[4] 有学者以新加坡和美国两所学校的六个团队为对象，探究了虚拟学习社区促进中学生之间的跨国科学研究合作，发现平台上的交流对其认知、智力和人际关系产生了积极影响。Ramazan Yilmaz 探讨了虚拟学习社区中的知识共享行为（KSB）、学业自我效能感（ASE）和社区感（SoC）之间的结构关系，进一步跟踪研究发现，学习社区在提供安全和支持性虚拟环境的"舒适区"时，能够成功地支持个人的终身学习意识，并且在社区生活之外对个人学习生涯、职业身份转变和职业发展产

———————————

[1] CHOU S W. Understanding relational virtual community members' satisfaction from a social learning perspective [J]. Journal of knowledge management, 2020, 24 (6): 1425 – 1443.

[2] POW J, LAI K H. Enhancing the quality of student teachers' reflective teaching practice through building a virtual learning community [J]. Journal of global education and research, 2021, 5 (1): 54 – 71.

[3] CHEN J, BOGACHENKO T. Online community building in distance education [J]. Educational technology & society, 2022, 25 (2): 62 – 75.

[4] SAHIN F, YENEL K. Relationship between enabling school structure, teachers' social network intentions and professional learning community [J]. Research in pedagogy, 2021, 11 (1): 17 – 30.

生积极影响。① Park 对参与虚拟学习社区的 272 名学生进行了合作自我效能感、学习策略、内在动机、持续行为的测量，发现在线学习社区中，对持续项目学习的影响因素中，合作自我效能感的影响力最大。Edward 等学者调查了在线学习社区支持教师采用研修性课程进行专业发展的影响。② Miller 等考察了 39 名职前教师在入职课程、教学技术课程中参与在线学习社区时的反思，结果表明通过动机激发、有意义的内容和互动反思过程，虚拟学习社区可以让他们从传统的舒适区激发革新教学、课堂、学校教育的信念。③

第二节　虚拟学习社区的构成要素及其影响

从教学社会学视角看，一个教育系统无论多么复杂，至少包括教与学主体、教与学目标、教与学内容、教与学环境、教与学过程五个方面。基于这个原理，我们认为，作为复杂教育系统的虚拟学习社区中，社区助学者与学习者是社区教育活动的主体，社区知识与课程是社区的学习内容，网络学习平台及其学习支助服务系统与社区学习氛围是社区的学习环境，学习愿景是社区的旗帜与灵魂。虚拟学习社区的要素众多，相互关系十分复杂，对这个复杂教育系统来说，全面深入地分析学习社区的构成要素不仅仅是将各要素进行总括，更需要将每个要素的内涵及其在这个复杂学习系统中的作用与影响进行深入的教学社会学阐释。

一、虚拟学习社区的物理层面：网络学习支撑平台

网络学习支撑平台是虚拟学习社区的物理层面，它是运用 Web2.0、

① YILMAZ R . Knowledge sharing behaviors in e-learning community：exploring the role of academic self–efficacy and sense of community［J］. Computers in human behavior, 2016, 63：373–382.

② EDWARD P , et al. Analyzing a faculty online learning community as a mechanism for supporting faculty implementation of a guided-inquiry curriculum［J］. International journal of STEM education, 2021, 8 (1)：17–17.

③ MILLER R L, NELSON F P, PHILLIPS E L. Exploring critical reflection in a virtual learning community in teacher education［J］. Reflective practice, 2021, 22 (3)：363–380.

Sns、Blog、Tag、Rss、WikiXML、Ajax 等理论和技术，依据网络课程论与六度分隔理论，设计的课程学习与远程交互平台。主要包括：数字化媒体播放与创作工具、支持学习与人际交互的工具（如博客、微客、信息收发工具与管理工具、MSN 信息交流工具、视音频会议与交流工具、信息公告牌等）；学习者远程学习工具，如资源查找工具、学习者个人空间主页的创作工具、作品展示与发布工具等，学习工具模块是帮助自主学习、形成个性化学习环境的工具系统；信息管理工具，主要执行教务和教学管理功能，包括注册、权限设置、公告与咨询等功能；知识管理工具，常见的有知识汇聚工具 RSS、管理海量收藏夹信息的网页书签 Social Bookmark、自动订阅与接受网络文件的播客 Podcasts 等；教学评价工具，如学习记录跟踪分析系统、试题测试系统等。网络平台将这些常见的教与学工具一体化在学习社区的支撑系统中，方便师生根据自己的需要与教学活动进程进行个性化选择。当然，虚拟学习社区的学习支撑平台本身还会携带一些最基本的功能，如师生基本信息与电子档案的数据储存及其查询功能，日历等学习计划及其提醒功能，文件、资源、课程的管理及其传输共享下载功能等。总之，学习平台常常综合了远程教学、网络办公、即时通信、教与学管理、数字媒体、个性化数字图书馆等功能，是一座既虚拟又真实的社区平台，是社区成员的虚拟校园，也是散落在各地的远程学习者不断学习、交互与追求的动力之源。

同时，网络支撑平台是一个支持网络教学及其辅导、网上自学、网上师生交流、网上作业、网上测试以及教学评价等多种服务在内的综合服务支持系统，也是一个课程与资源不断更新的知识管理系统，还是一个提供给师生信息表达、思想外化的创作系统，它能为学生提供实时和非实时的学习与交流服务，也能帮助系统管理者与教师掌控各种教学活动，并记录学生的学习情况及进度，在这个系统中，教师与学生可以进行各类活动。

从远程教学论的视角看，虚拟学习社区中的支撑平台将时空分离的助学者与学习者再度连接在一个虚拟教育环境，同时，由于这个环境中信息资源的不断生成与更新、平台功能模块的不断完善与优化，特别是师生群体的介入，数字化学习环境始终处在不断丰富和变化的过程中。网络平台支撑与构造着师生的虚拟校园，由于学习者与助学者之间时空分离、学生与伙伴之间时空分离，网络平台对人际交互与信息共享支持的能力尤为重要。正是从这一点说，与学校教育相比，虚拟学习社区中的显性教与学环境（网络支撑平台及其功能）对社区的教育效果与社区发展影响更显著。

二、虚拟学习社区中教育活动的主体：社区助学者与学习者

根据国际著名的远程教育学大师霍姆伯格（瑞典）和德斯蒙德·基更（英国）的观点，这里强调的不仅仅是师生人群，更重要的是师生人群之间的人际交互及其机制。助学者与远程学习者通过人际交互，借助信息传递的方式将教与学内容从一方传到另一方，完成一个完整的教与学活动，在这个活动过程中既发生了复杂多元的人际互动，又跨越时空建构着一种教与学关系，并由此生成了远程教育效果。由于脱离了学校教育中真实的面对面情境，教师教的活动与学生学的活动分离，所以，虚拟学习社区中的教与学活动如何克服"时空屏障"，这成为虚拟学习社区中实现有效教育活动的关键点，在这一点上的不同观点引发了国际上著名远程教育学学者关于师生交互重要性的辩论，逐渐形成强调"远程学生自治"和强调"远程交互理论"两大交锋的流派。魏迈德使用独立学习的概念来描述包括今天网络社区的远程教育①，他认为远程教学最好由个体自己完成，远程学习者自己调控学习内容与进程，自我管理与自治是他的核心思想。但是以霍姆伯格为代表的交互理论派学者深刻地指出了上述"远程学习者独立自治学习"观点的危险与误区，他们认为，助学者与学习者之间或者远程学习者伙伴相互进行的交流互动，对于彼此分离了的师生远程教与学具有极为重要的意义。霍姆伯格认为，与助学者之间建立有机制的人际交流与人际关系，是远程学习者个体获得独立自主学习动机，持续进行网络远程学习的关键前提。② 由此看来，虚拟学习社区中的学习者必须加强多维度交往，有效的网络学习是在学习者和助学者一定机制的人际互动过程中才得以产生与维持的。由于网络空间中的学习者和教学者出现了时间、空间、身体等物理意义上的分离，所以，能否再度整合师生教与学的活动是保证网络教学充分有效的核心。德斯蒙德·基更强调"通过人际交流来实

---

① 基更. 远距离教育基础 [M]. 丁新，译. 北京：中央广播电视大学出版社，1996：59 – 67.

② 基更. 远距离教育基础 [M]. 丁新，译. 北京：中央广播电视大学出版社，1996：136.

现远程教与学的重新整合"。① 在网络教育过程中，尤其要指出的是，这里的人际交流包括线上基于平台工具的虚拟交流和线下直接的面对面交流。

三、虚拟学习社区中的边缘人员：第三方参与者

主体之外的某些成员就叫作第三方。除了作为教育主体的助学者与远程学习者，虚拟学习社区不同于其他学习组织的地方在于广泛的第三方参与者，如家长、学习专家、教育主管部门管理员、实习教师、游客等。第三方参与社区活动，并随时给各方反馈信息，从客观上监督、调节网络教育过程，使虚拟学习社区教育功能得到优化。

除家长、学习专家和管理员以外，我们特别将第三方参与者的概念拓展到社区中的边缘人员。虚拟学习社区中的学习者一般分为两类：一类是经常参与学习并积极开展人际交互的人群，即稳定人群，他们是社区中的核心人员，也是学习社区得以存在和发展的基石与关键；另一类是以访问者的身份偶尔进入社区的学习者，这类学生多数处于游离状态，没有固定的学习阵地和交互动机，即所谓的边缘人员，作为第三方参与者的边缘人员，他们增加了虚拟学习社区的人员流动性和开放程度，并促进了虚拟学习社区人员的扩充。所谓的"核心—边缘"人群，始终处于一个动态的变化过程中：核心人员在交互过程形成的社区教育文化必然会吸引部分边缘人员，使边缘人员产生极大的兴趣，进而从旁观者变成一个参与者，真实体验社区的多元学习生活，从而完成从边缘人员向核心人员的转变；而社区的核心人群如果学习目标转向或者学习兴趣变化，导致其在社区中的人际交互频率大幅降低，就逐渐退化为学习社区的边缘人群。

四、虚拟学习社区的强大服务系统：学习支持服务

虚拟学习社区是面向学习者的学习组织，所以支持与帮助学习者学习的功能必然占主导地位，也就是说网络社区中必须有强大而系统的学习支持服务功能。面向远程学习者的学习支持服务是指：网络与远程教育过程中提供的各种信息、资源与课程服务，人际帮助与人员服务，技术支持和教与学工具服务，实践实习与技能训练服务，主题任务与作业作品的支助

① 基更. 远距离教育基础 [M]. 丁新，译. 北京：中央广播电视大学出版社，1996：47.

服务的总和。① 其目的是及时帮助并解决远程学习者自主学习时的困难与疑惑，促进被时空隔离的教育主体之间的情感交流，调控与优化网络教育的质量和效果。② 其中，远程教育机构为远程学生提供的基于技术媒体的通信交流与人际联系最为重要。将以上支持要素和服务功能进行整合，形成一个结构良好的系统，促进社区学习者的远程学习，可以称之为"远程学习支持服务系统"。

基于此，我们对虚拟学习社区中学习支助服务系统的要素分类，并对各个要素的内涵与相互关系进行分析，得到图 5-1 所示的递进关系图。

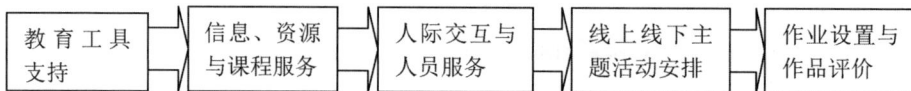

教育工具支持 → 信息、资源与课程服务 → 人际交互与人员服务 → 线上线下主题活动安排 → 作业设置与作品评价

图 5-1　虚拟学习社区中的学习支持服务系统及其递进关系

由图 5-1 可以得知，完善的学习支持服务各要素在网络社区中是根据某个明确的教育目标层层递进而展开的。第一、二步中，教育平台及其工具的支持和教育资源及信息的服务作为远程学习的技术基础与课程内容，直接决定了网络社区学习功能的完善程度和稳固程度，也是网络学习能否顺利发展的基本条件；第三步中，远程学习中的困惑与疑难解决、心理与情感需求、信息提醒、课程与学习资源的获得等服务都是通过社区中的人际交互来实现，这一层服务中，学习者提出问题与需求，助学者和其他社区管理人员需要及时解答，并监管其学习过程，经常对课程作业与学习效果进行评估，以便及时发现问题所在并提出反馈意见；第四步的线上线下混合式主题活动是整个学习支持服务的核心。

五、虚拟学习社区中的学习内容：普遍性与个体性并存的知识与课程

虚拟学习社区中的知识常常有两部分：一部分是经过了严密论证的学科性知识，这些知识具有普遍性、客观性、科学性，主要由社区教师与社区管理员以及成熟的社区学习者提供，被称为公共知识或客观知识；另一

---

① 丁兴富. 远程教育学 [M]. 北京：北京师范大学出版社，2009：63，199-200.
② 丁兴富. 论远程教育中的学生学习支助服务（下）[J]. 中国电化教育，2002（4）：55-59.

部分知识具有不确定性，在一定的情境中产生，所以没有普遍适应性，具有一定的价值取向，而且只是个体在一定情境中的经验分享与认知发现，这部分知识被称为个体性知识或主观知识。

虚拟学习社区中的知识常常呈源散点式分布状。每一个教育主体都成了学习社区中独立的知识源，也是一切传播的起点，这些分散的教育知识源是虚拟学习社区的空间节点，组成了虚拟学习社区的基本框架，超链接与网络则是连接各个知识节点的物理通道。这就是虚拟学习社区中散点式知识的意义，它有效地实现了教育资源的全民共有和共享，使社区的学习内容高度开放，但是，由于知识源的分散、不确定，必然导致信息内容的多样性与复杂性，导致教育知识的语境具有很强的模糊性，由此使社区的学习过程充满干扰。

社区的数字化课程特别是 Web2.0 学习社区中的课程内容常常在开放与动态过程中不断生成，课程体系具有网状化与模块化的组织结构。在合作共享的实施过程中，社区成员可以根据自己的学习兴趣、学习目标、学习进度的需要选择，不受教师或同伴学习情况的影响。社区中的每个群主都有责任为成员推荐符合学习者程度的优秀图文型课程、录播视频、专家讲座，也可以定期推荐国内外经典的成长性书籍与文章、导读与书评，引发大家的反思性阅读与创作动机。

六、虚拟学习社区的学习愿景：为学习者的方向导航

社区学习愿景是虚拟学习社区中能够激发所有成员向往达到的学习任务和学习目标，所致力要完成的事业或使命，追求向往的价值观或信念。其作用是为学习社区的方向导航，并塑造虚拟学习共同体的文化氛围与价值观。深具丰富内涵和教育理想的社区学习愿景给社区学习成员极强的感召力，可以吸引南来北往的学习者加入社区，使远程学习者成员逐渐产生社区归属感与责任感，它让整个网络教育群体呈现出众人一体的感觉，并以这种感觉深植于社区活动的全部，使各种不同活动融为一体，是虚拟学习社区的旗帜、灵魂与导航。一个好的网络社区学习愿景将在虚拟世界塑造出极具影响力的网络教育文化，创造自由表达的宽松学习环境，孕育创造、意象与激情的教育土壤，对社区的价值观体系、精神风范、行为活

动、学习规范以及学习作品等都产生深远的影响，而且也会通过一种感召力对网络教育时空中同类学习社区产生社会辐射，使大家纷纷效仿与借鉴。

七、虚拟学习社区学习氛围：教育集体意识、交往规则与教育文化

各要素在虚拟学习社区中相互制约的同时又相互影响，共同塑造形成一个具有独特网络教育功能的远程教育系统，沉浸在此系统中的成员通过共同感兴趣的主题、基于主题的交流和学习逐渐形成社区的交往规则。好的社区学习愿景也由于对成员的感召力不断催生着社区的教育文化和社区的集体意识，交往规则、教育文化、社区意识又深刻影响学习者在社区中的学习效率与网络教育绩效。

社会建构主义认为：学习者在个体的物理环境与群体的社会环境相互作用中建构知识，大家在网络社区的表达和交往中体验自由与纪律的同时，也参与构建显在与潜在的社区制度。社区的各要素及其系统整体上塑造着共同的学习经验与学习愿景，积淀成学习共同体的特色知识、成员规则；反之，社区的学员共同体经验与意识、独特的个体专业与知识、社区的学习交往规则促成要素的功能一体化，把虚拟学习社区中一个个的教育要素统一于学习共同体成长的群体氛围①。

特别值得一提的是，虚拟学习社区的规则与文化不同于现实社会中所说的规则与文化：首先，虚拟学习社区的规则与文化通过网络人际交互起作用，一旦脱离特定的交互环境，规则、文化、集体意识将失去其功效；其次，虚拟学习社区的规则与文化处于一个高度变化的过程中，会因为网络环境改变而发生质或量的改变，并在质变和量变的进程中推动社区愿景与文化的进一步成熟。

---

① 吴小鸥. 教学场论 [M]. 长沙：湖南师范大学出版社，2007：151，153.

第三节　虚拟学习社区的自组织性及其系统生成条件

虚拟学习社区具有自发、自管、自调的特点，与自组织理论的基本内涵呈现极强的内在耦合性。如果社区中的学习者建构合理的身份认同与自我效能感，又具有一定规模的参与人数，发表的作品及跟帖达到一定数量，社区中教师具备沟通智慧与反思习惯，社区中的知识权威和意见领袖发挥影响，教育主体之间建立有效的心理契约，这几方面满足了耗散结构的产生条件，虚拟学习社区就会出现自组织的特征，由无序走向有序，形成非线性复杂系统。

一、虚拟学习社区的自发与自管性特点

虚拟学习社区中，学习者以一定身份参与社区的教与学过程，其活动丰富多彩，交互形式灵活多样，其中以交互学习、个别学习、协作学习为主要学习方式，使社区成员突破时空的限制，实现随时随地按需学习。[①]虚拟学习社区具有如下基本特点。

（一）跨越时空

计算机与远程通信技术真正使人类实现了"天涯若比邻"，人们可以极为方便地与世界各地的人们进行密切联系。跨越时间、空间、肤色、国籍的人们因为相近的学习兴趣与目标指向相遇在赛博空间，重新整合，由此建立学习与生活共同体，这就是虚拟学习社区。因此，与现实社会中的面对面教育组织相比，虚拟学习社区的最重要特征就是身体相对分离的学习伙伴跨越时空的联系与交往。

（二）自发形成

虚拟学习社区是对某一特定知识领域感兴趣且目标与价值观指向趋近的人自愿组织、自发形成的网络学习组织。网络学习者在与学习伙伴的交流中，可以看到很多不同的信息，从而促进自己在原有知识基础上反思和

---

① 肖鹏，王建华. 虚拟学习社区的个别化学习系统设计研究［J］. 哈尔滨师范大学自然科学学报，2007（6）：47－50.

重构，并解决一些学习生活中的疑惑，同时获取大量的共同感兴趣的在线信息，于是学习者们在共同发展该领域的知识过程中逐渐自发形成一个网络学习群体，这个学习群体虽然身体不在场，但成员感到自己和其他伙伴同属一个团体、同处一个社区、同有一个学习兴趣领域，大家可以互帮互补，并在自然状态下和其他人进行人际交往、情感交流、心灵互动，这个过程使大家产生相互认同，并确立自己在群体中的身份与角色，虚拟学习社区由此形成。

（三）自我组织

虚拟学习社区是自我组织、自我管理的。社区中的教育主体（学习者、助学者、教师、管理员）、教学内容与模块布局、界面色彩与动静的风格设计、教学方法与互动方式、教学秩序与行为规则、奖惩机制与权力格局等多个因子之间相互作用一段时间后，社区中有些学习个体会形成强烈的被认同感与归属感，这种个体身份认同的过程会在虚拟学习社区中引发感染效应，使处于社区中其他个体的心理受到触动，并逐渐内化为其自身的内驱力与归属感，这种感染效应实质上是由社区中学习伙伴之间或师生之间的知识与情感的传递、心灵和价值观上的呼应与同化引发的。在狭小的虚拟学习部落中，某一个体的情绪与行为反应因相互作用而受到其他个体、群体或社区整个场域氛围的影响，该个体对群体的行为规则与指向产生不由自主的效仿与遵从，[①] 这种通过情绪理解与行为互动而产生的感染与模仿，通常是循环作用与相互强化的，最后就形成了一个比较成熟的虚拟学习社区特有的目标指向、思维方式、行为秩序、交往风格、人际氛围。这就是虚拟学习社区中群体的社会建构过程与自我组织过程，最后多数社区成员有强烈的群体意识与整体认同，大家愿意加入并维护这个虚拟学习群体的权益与荣辱，同时，个体大都自觉关心社区的发展并愿意承担社区更多的责任。社区也有一个或多个管理员（网管）和版主（斑竹），但网管和版主主要负责虚拟学习社区的维护和管理。这些网管和管理员一部分是由网站的创建者担任，一部分是由社区成员中的相关专业人士或者社区积极分子担任，还有一些是属于聘任制的。尽管网管和版主可能拥有

---

① 吴小鸥. 教学场论［M］. 长沙：湖南师范大学出版社，2007：62 – 79.

一些相应的权力，如查看用户 IP、删除用户、删除帖子等，但他们一般不会轻易行使这些权力，只有在用户违反了社区共同规则的情况下，他们才会动用权力来保证社区其他用户的正常访问和浏览。虚拟学习社区的有序性和整体性，不是依靠专门的行政组织的权威，而是主要诉诸其成员的自律性和自觉性，是其成员自组织的结果。在一个虚拟学习社区中，你可以选择内住，也可以选择离开，没有任何行政力量对你的选择予以强制。虚拟学习社区成员的共同兴趣、爱好和利益需求关系，使这样的社区生活即便没有组织强制也能维系下去。①

（四）自我发展和自我调节

虚拟学习社区的成员来自不同地区，甚至跨越国界，其在线时间也不统一，成员的身份、地位、学习兴趣与目标，社区的内部组成结构都在不断变化中，这个变化过程也伴随着虚拟学习社区对其目标与使命、学习内容与模块布局、主要人员组成与内部结构、运行机制与行为规则不断的自我调整与发展。社区内部成员之间、学习者与助学者之间、普通成员与管理员之间、社区核心成员与边缘人员之间不断在进行着知识、技能、情感价值观的传递与交换，围绕着社区某些内容的动机与意向、价值观与目标的辩论，围绕着社区行为秩序与权力格局的冲突，常常会有彼此不相容的状况，导致学习社区出现一定的无序或混乱状态。但是，社区中学习者、助学者或教师与管理者三方一般都会在各种信息交流和互动过程中调整自身的状态与网络行为，进而调整各种关系，使多方的价值观与目标指向趋于协调，从而使分化与冲突趋向和谐，完全无法认可的成员最后选择离场，目标指向趋同的又进场，最后，学习社区通过自身内在的调节实现进一步发展。

二、自组织理论的基本内涵及其与虚拟学习社区的内在耦合性

（一）自组织理论的基本内涵

20 世纪 70 年代以来，当代科学前沿出现了被称作"非平衡系统的自

---

① 吕耀怀，魏然．虚拟社区的特征及其道德控制［J］．湖南城市学院学报，2008（5）：1－3.

组织理论"科学理论群，它包括普利高津的耗散结构理论、哈肯的协同学、托姆的突变论、艾根等人的超循环论等。这组理论虽然学科背景不同，概念和方法各异，但它们的研究对象都是非线性的复杂系统，都是关于系统中各个子系统如何有可能自己组织起来，实现从无序到有序进化的一般条件、机制和规律性的理论，即自组织理论。当一个系统处于开放的前提下，从外部输入的物质、能量、信息达到一定程度时，受到内外部各种随机"涨落"的作用，在远离平衡态的非线性区，通过各子系统之间由竞争而达成的协同运动，可以实现系统的自组织。

（二）虚拟学习社区与自组织理论的内在耦合性

从组织社会学的视角看，虚拟学习社区是远程通信技术与教育组织结合，教育组织系统与远程通讯系统之间相互建构的一种身体缺场的虚拟社会技术系统。在浩瀚而极其复杂的网络海洋中某个有一定界限的赛博空间，一群有共同兴趣爱好、目标指向的学习者，在各自经验与认知的协作交往中自组织成一个教育社会部落。

自组织理论的研究对象是非线性复杂系统，具体来说，非线性复杂系统具有四个内在特征——突变、约束、编码和组织。① 下面我们就这四个方面来分析它与虚拟学习社区的内在耦合性。

1. 突变和分叉不断增加系统内部结构的非线性与复杂性②

一方面，教育主体在开放互联的网络教育时空中进行交往与生活，身体表情不在场的匿名交往使之呈现出面对面教育社会难见的自由与释放，各种各样观点与思想即兴表达，完全不同的思想与知识内容"涌现"，这些"突变"都可以引起复杂学习系统中目标指向的不断分叉。我们通常凭借因果律与逻辑性可以推断线性关系的发展方向，但是，开放网络中的自由交流与互动无法预测长远的话题指向。在由非线性超文本作为界面的虚拟社区中，逻辑演绎失去了原本的效力，在你来我往的跟帖互动过程中讨论方向"分岔"是常见现象，意见领袖引领话题导致网络成员大量围观，甚至师生冲突也是常见的事，如果讨论话题过程中有几位成员猛烈"灌

① 李景平，刘军海. 复杂科学的研究对象：非线性复杂系统 [J]. 系统辩证学学报，2005 (3)：60 - 65.

② 武艳君，刘丽晶. 论虚拟社区的自组织现象 [J]. 系统科学报，2007 (1)：54.

水"，话题指向的分岔表现更为突出。

从另一方面看，一个网络学习群体成长为复杂系统的虚拟学习社区需要经历多次的突变与分叉。由于兴趣点与目标指向的细化，经过一段时间后学习社区中又分出一个个狭小的虚拟学习部落，从表面看，社区的空间好像越来越破碎，其实每个小的学习部落与社区的整体具有无穷尽的相似结构，每一小群体中所包含的细节并不比整体的复杂性少，突变与分叉以无穷细节、无穷长度、自相似等为基本体征。① 虚拟社区中各个小的学习群体就像兰州拉面产生的过程，作用在拉面上的力极其复杂，有拉力、压力、扭曲、折叠等，不平衡的拉压与扭曲力量会产生不同的空间结构，非线性复杂系统由此产生。从全过程看，拉面的受力是复杂而不平衡的，但呈现出的面条形状确实是均匀的，数量是快速膨胀的，面条之间的关系互为整体与部分，具有高度自相似性，它们共同组成一个结构成分复杂、兴趣爱好多样、参与人员众多的大型学习社区。所以，突变与分叉又可说是虚拟学习社区作为非线性复杂系统形成的轨迹、路径、标志和形态。

2. 约束是系统向复杂性演化的自组织动力

约束是通过微观层次的制约、引导和激励等机制来促使系统各要素的相互作用转化为宏观的定向运动，是系统向复杂性演化的自组织动力。虚拟学习社区无论在技术层面还是组织层面都存在制约因素是毋庸置疑的，它主要受限于社区构建的信息技术环境、参与社区的学习者规模。当然，处在同一社会系统中的人们，不论是协同还是竞争，都不能无限制地不顾别人的利益而追求绝对的自由，都必须在与他人相处中理智地共同约定并遵循一定的组织秩序与"游戏规则"，这些"社会公约"的健全程度、助学者与学习者之间的心灵默契、远程学习支助服务机制的完善是至关重要的，这几方面的状况极大地影响虚拟学习社区的正常运作与发展进程，它们合起来就构成了社区作为自组织系统的演化机制。

3. 非线性复杂系统的自身演化进程就是不断建立编码的工作过程

作为虚拟学习社区载体的信息技术系统本身就是建立在数字编码的基础上，语言学学者公认网民交流凭借的网络语言和图形已经成为独具语义与语法的符号系统，你来我往的社交论坛中不断地演绎着新颖的语言编码

---

① 朱海松. 网络的破碎化传播［M］. 北京：中国市场出版社，2010：134.

的故事。与此同时，在虚拟学习社区的发展过程中，也衍化出一系列各具特色的符号编码系统，比如：根据发帖的内容对讨论话题进行学习内容分类，根据进入社区的时间与发表作品的次数确定学习者成员的等级，根据跟帖的多少来确立发表内容在社区中的影响力；还有讨论话题与社会观点的问卷调查及其数据统计，学习伙伴之间与助学者之间定期交流讨论的学习机制，社区课程内容的排版布局、更新替换的频率、吐故纳新的机制等。

4. 通过有序的组织，系统实现自调节、自适性的复杂性状态

非线性复杂系统即有组织的系统，复杂性有序即组织有序。通过组织，系统实现自调节、自适性——呈现复杂性状态。虚拟学习社区为参与者提供了一个可以形成一定教与学关系的互动空间，社区成员在内部约定、共同兴趣、共享资源等因素的交互作用下，表面好像混乱繁杂的话题集合，其中实际上蕴涵着"参与者以探求某种存在意义为旨趣的有序性表达"。① 从技术组织层面看，虚拟学习社区是由超文本技术与超媒体技术等相互链接的浩瀚知识海洋；从课程组织层面看，虚拟学习社区是由导航结构下的各级菜单形成的结构化知识网络。这些无疑都是对虚拟学习社区自组织系统复杂而有序表现的很好诠释。

三、虚拟学习社区的自组织性及其表现

具备自组织耗散结构的虚拟学习社区，必然要有自组织的行为。其自组织行为主要体现在其成长过程中系统的自创生与自生长、自适应与自稳定。现代科学中研究自组织的阿希贝认为，自组织有两种含义：一是组织的从无到有，二是组织的从差到好。②

虚拟学习社区是在没有外界特定干预下因网络学习者对"群居交流""共享资源"的需要而从"无"至"有"自我创生的。而随着网络技术的发展，学习社区在界面布局的学习模块与内容、成员头像与表情等变得多样化和复杂化，社区在成员准入机制、社会行为规则与奖惩机制等制度层面的秩序逐渐完善；在对社区存在价值的指向上也不再单纯于娱乐与宣泄，共享资源、作品表达、思想分享、获得认同、寻求动力、构建相同学

---

① 武艳君，刘丽晶. 论虚拟社区的自组织现象 [J]. 系统科学报，2007 (1)：54.
② 武艳君，刘丽晶. 论虚拟社区的自组织现象 [J]. 系统科学报，2007 (1)：54.

习目标与价值观的学习群体等新的精神因素添加进来。从以上物理层面、制度层面和精神层面的变化看，虚拟学习社区实际上进行着自我发育、自我完善和自我成熟，演绎着组织从差到好的过程。在学习成员新的学习目标、精神需求和运行实际需要的内在驱动下，虚拟学习社区不断进行着升级完善的演化路径，同时系统丰富了要素，社区细化了功能，组织的秩序性与复杂性都增加了。

　　自组织理论体系中有很多研究可以用来解释虚拟学习社区中的现象，普里高津创立的耗散结构理论是其中的典型代表，该理论在运用何种方法可以判断一个体系从无序状态自发地、自主地演化成为有序结构方面做出了重要贡献。清华大学吴彤教授认为人们无法创造耗散结构，耗散结构的出现完全是无预定的、自组织的，但是可以创造出现耗散结构的条件，而一旦出现了那些必要条件，耗散结构的出现则也是必然的了。也就是说，虚拟学习社区如果具备了开放性、远离平衡、非线性作用机制、涨落等形成耗散结构的一般条件，就会出现自组织特征，由无序走向有序。①

　　说到虚拟学习社区的开放性，我们认为主要体现在虚实联通、主体差异和互动需求上。首先，虚拟学习社区是现实社会的虚拟表象，模拟了现实的教育场域，更是学习者面对面学校教育的一种延伸与补充，学习者将现实教育社会的思想带进虚拟学习社区，又把社区中获得的信息带进课堂，两种不同时空的知识技能和情感态度价值观在开放中交融与碰撞；其次，学习者申请进入或者退出社区完全自由，参与主体在拥有知识、兴趣需求、思想观点等方面极其丰富多样，学习者的这种差异性反而激发了学习社区中的互动，从而又在互动与共享过程中满足了复杂多变的需求。

　　有人以"虚拟学习社区成员间在价值认知、知识结构、兴趣取向、年龄等诸方面都存在着较大差异"② 来解释虚拟学习社区的话题讨论远离均衡态的现象，符合吴彤教授提出的"体系各部分之间差异越大体系离开平衡态就越远"③ 的观点。除此之外，我们认为虚拟学习社区中互动的内容、

　　① 孙佳音，高献忠. 虚拟社区的自组织特征及其规则生成问题［J］. 学术交流，2008（7）：143 – 146.
　　② 孙佳音，高献忠. 虚拟社区的自组织特征及其规则生成问题［J］. 学术交流，2008（7）：143 – 146.
　　③ 吴彤. 耗散结构理论的自组织方法论研究［J］. 科学技术辩证法，1998（6）：23.

方式、作用机制等方面的不可预测性也是其中的原因之一，如果是可以预测的，存在既定的因果决定律，那么在可控的范围内就会保持平衡的常态，而不是像现在这样各种观点的碰撞与交锋，甚至出现网络教育时空中的文攻笔伐，进而成为网络群体事件。

对于虚拟学习社区的非线性特征，除了社区中具有话题"初始值的敏感性"、学习话题出现的随机性、话题长期讨论内容的不可预见性，以及在看似杂乱无章的话题中蕴涵着有序性等非线性一般特征表现的描述外，在前文的内在耦合性中对此四个方面的特征有详细论述。

根据涨落导致有序的观点，武艳君和刘丽晶指出虚拟学习社区中的涨落存在于话题争论、成员需求、建议和意见、版主的权利行使等方面。① 当内部涨落恰好落入远离平衡的非线性区，就很可能放大为可以左右社区结构和功能的"巨涨落"，发生诸如系统升级、结构更新等，而新的社区模式中的新涨落又孕育着下一次发展的可能，可见虚拟学习社区符合耗散结构具有涨落的特性。

四、虚拟学习社区作为自组织系统生成的基本条件

从无序到有序的组织性规则形成是虚拟学习社区成为一个自组织系统的标志，其自组织规则及其系统的生成需要以下几个基本条件。

（一）社区中的学习者合理建构身份认同与自我效能感

身份和意义共存于群体环境，对共同主题感兴趣的一群人聚集在虚拟学习环境中进行交流，能否自组织演化为社区的首要条件是学习成员能感受到自己属于这个群体，能感受到群体成员的尊重和信任，并发展出感情上的依赖和心理上的安全感，逐渐认同自己在社区中的身份和身份赋予的意义。

学习者在群体中学习一段时间后逐渐被赋予一定的身份：处在不同的学习阶段，参与不同的学习活动，是非正式的或边缘的参与者，还是正式的或积极的参与者，还有学习者学习水平的层次等，这个身份认同的合理程度决定了学习者个体在群体中的被认同感、归属感与自我效能感。自我效能感是对自己在特定情景中是否有能力操作行为的预期，它影响着个体学习行为的发生与发展水平，即对自己能够在什么水平上完成该学习活动

---

① 武艳君，刘丽晶. 论虚拟社区的自组织现象 [J]. 系统科学报，2007（1）：54.

所具有的信念、判断或主体自我把握与感受。① 创造力的生发需要闲适与自由作为土壤，自由的心灵才会有快乐。

（二）具有差异性的学习主体在社区中具有一定规模

具有身份认同与自我效能感的参与者达到一定的数量成为系统形成的关键。部落中的个体主要通过模仿来学习已有的规则，从众与模仿是自组织规则在群体中的复制路径，有威信的个体的语言与行为方式会被群体效仿，并随着时间的推移而在社区中占据主导地位，由此形成学习社区的独特风格与秩序。由此可见，自组织规则的形成都要有相当数量的学习主体参加才能得以实现。对于虚拟学习社区而言，话题讨论与作品评价涉及很多复杂因素，需要综合统计一定数量的参与人员的评判，不能仅凭一两个观点就妄下论断，否则，即使观点很快集中，看似已形成规则，却只是一个很脆弱的体系，随时都有可能被新进的、更有解释力和判断力的观点所攻破。规则初步形成以后，还需要一定数量参与者的复制性传递，才能将规则的主体地位逐渐确定下来，如果不能获得这样的支持，规则的作用领域就会很受限制。因此，要想规则有效形成并稳固延续，就需要具有差异性的大量学习主体参与到社区中来。

（三）发表的作品及其评论的帖子达到一定数量

如果说一定规模的学习者人数是虚拟学习社区自组织形成的外在保障，那么提交的作品及其跟帖数量就是确保自组织系统演化成型的内在要求。如果学习成员只发表一次作品或对别人观点只发一次评论，要么顶帖，要么宣泄感情，要么创建自己的观点，要么赞同或反对其他的观点，没有质疑与探讨，没有观点的交锋，学习群体中很难建立令人信服的权威与供人效仿的行为规则，此时的自组织规则建立的根基不牢靠，即使规则很快形成，也是一边倒的畸形发展，不是可持续场域中的秩序。因此对某个知识点或价值观形成跟帖辩论的"讨论圈"很重要，在多轮互动的旺盛"人气"中应理性确立被人公认的"游戏规则"即"社区公约"，进而建立社区的组织体系。

（四）话题牵涉个人利益或兴趣

在分析这个条件之前，首先应该明确的是这里所说的牵涉个人利益，

---

① 吴小鸥. 教学场论［M］. 长沙：湖南师范大学出版社，2007：62 - 79.

不是要与讨论的事件或当事人有直接的关系，而是事件本身或讨论过程中所反映出的问题在一定范围内牵涉到其他人的利益或兴趣。根据费孝通先生提出的我国人际关系互动的"差序格局"原理，处于每个圈层的关系主体的利益增减都可能向其他圈层蔓延，这种"同心圆"式的交际圈又会扩散到相互交叉联系的其他交际圈中，进而在人际网络中形成对利益增损表示关心的连锁反应。正因为这种关注心态的存在和兴趣的驱使，才使虚拟学习社区得以繁荣，进而在社区中形成具有一定指向性和约束力的规则。

（五）社区助学者或教师具备沟通智慧与反思习惯

"教学过程不是合理技术的应用过程，就教师而言，是在复杂语境中展开并不断调整的问题解决过程，是要求高层次思考、判断、选择的决策过程。"① 这要求助学者对自身教育行为与观念不断进行深度审视、监控与调节，这就是教师的反思习惯，这种反思的成果与习惯是在与学习主体不断进行良好沟通的过程中形成的。网络时空中身体与表情分离的远距离教育过程，实质就是主体间基于情感和智慧的语言沟通并不断做出反思与调整的过程。

（六）知识权威和意见领袖发挥影响

在虚拟学习社区围绕知识点与价值观的学习讨论过程中，评论、质疑、赞成等分析判断众多且莫衷一是时，学习者一般会很留意、很尊重知识权威或意见领袖的思想和态度，甚至愿意求助于社区中被公认的教师、助学者等权威人士，知识权威者如果此时通过发帖详细阐述自己的见解，他的观点对于话题的意见走势则具有导向性作用，而且可以调整与把握话题的讨论点，避免"跑题"现象出现。除了教师等权威外，还有一些掌握资源、思想有影响力或者平时发言频率高的活跃分子可以发挥"意见领袖"的作用，由于其观点的可信度和支持率较高，他会扩大对某个观点支持或反对的效度，使意见趋势在混沌中逐渐明朗，为最终演变为获得普遍共识的自组织规则奠定基础，甚至可以起到临门一脚的作用。

（七）社区教育主体之间建立有效的心理契约

虚拟学习社区由于身体与表情的缺场，教学活动的进行主要依赖频繁的有机制的言语交往，学习者个体的期望假设与客观呈现常常大相径庭，

---

① 左藤学. 课程与教师［M］. 钟启泉，译. 北京：教育科学出版社，2003：225.

所以教育主体之间在主观愿望、心理需求、相互信任基础上达成心灵默契非常重要，这种心理契约的有效构建能使教育主体多方明白自己的责任、义务、权力，成为虚拟学习部落中不同于书面公约，却有一定内隐的约束力，一旦有人违背或故意破坏它，就会造成强烈的情绪反应，甚至影响学习社区的演化进程。

第四节　虚拟学习社区中的社会结构及其形成

社区成员在虚拟学习社区中扮演着不同的社会角色，占有一定的社会地位，这些地位和角色将每个社区成员定位在一定的结构关系中，并以此来明确人们对各类社区成员的态度和行为的合法性期望，由此，形成了虚拟学习社区中不同类型的社会结构，指令－服从型、建议－参考型、参与－协作型就是当前极具代表性的三类虚拟学习社区的社会结构，它们表现出不同的社会学特点。通过对几个著名学习社区的线上观察，从社会学的视角来看，虚拟学习社区中社会结构的形成包括社会角色的分化、角色的等级化及地位形成、社会规则的形成三个方面。

一、虚拟学习社区中社会结构的基本要素及其关系

社会结构可以被看作是"人们对所扮演角色的职责行动的模式化关系系统"，虚拟学习社区的社会结构是社区成员之间行为与关系的组织化系统，由于社会结构指导人的行动，因此它使人感到生活是有序且可预期的而非偶然或随机的。[①] 虚拟学习社区是建立在远距离通信技术平台与网络教育时空上的学习型组织，是教育组织与远程通信系统之间相互建构相互融合的网络教育社会系统。虚拟学习社区社会结构的基本要素有四个：社会角色、社会地位、学习群体、社会规则。我们将以当前网络空间有影响力且具代表性的"考研帮""华师在线""网上人大""教育在线""沪江词汇社""直线网"等几个学习社区为例，从社会学的视角来详细阐释虚

---

① 尼霍尔 . 像社会学家一样思考［M］. 黄剑波，张媛，谭红亮，译 . 北京：机械工业出版社，2011：82.

拟学习社区社会结构的形成过程，具体包括社区中社会角色的分化过程、角色的等级化及地位形成过程、社会规则的形成过程三个方面，在这个基础上对当前虚拟学习社区常见的社会结构进行社会学分类及其比较。

群体可以被描述为由于某种共同的经验或目的而结合在一起的一群人，或者在一个微观社会机构中紧密联系的一群人，或者彼此互动的一群人。对于大多数群体而言，它们都有一个共同特征，那就是它们的成员往往是相互依赖的，一个人的经历、行动和结果均以某种方式与群体中其他人的经历、行动和结果联系在一起。虚拟学习社区中的群体是由共同的学习愿景而结合在一起的一群人，学习社区成员相互依赖，彼此互动，交流合作，以达到某种学习目的。群体又可以分为内群体和外群体。"考研帮"中的成员组成了一个内群体，但是相对于"教育在线""水木社区"中的社区群体来说却是外群体；同样，"网上人大"或"华师在线"的成员组成一个内群体，虽然"网上人大"的社区成员有可能也是"华师在线"的学习者，但是"网上人大"这个群体对于"华师在线"群体来说便是一个外群体。

我们的研究对象是虚拟学习社区内的群体，社区成员都扮演着不同的角色，例如教师、学习者、管理者等，通过角色分化形成相应的等级地位，每种角色又对应不同的地位，由此构成一个地位集，一个个地位集组成了虚拟学习社区的结构组织；角色扮演、地位生成、组织形成都必须得到社区成员的认同，角色分化、地位集的构成都必须遵守相应的规则，所有这些要素和要素之间关系的规范模式就逐渐形成不同社会结构类型的虚拟学习社区（见图5－2）。

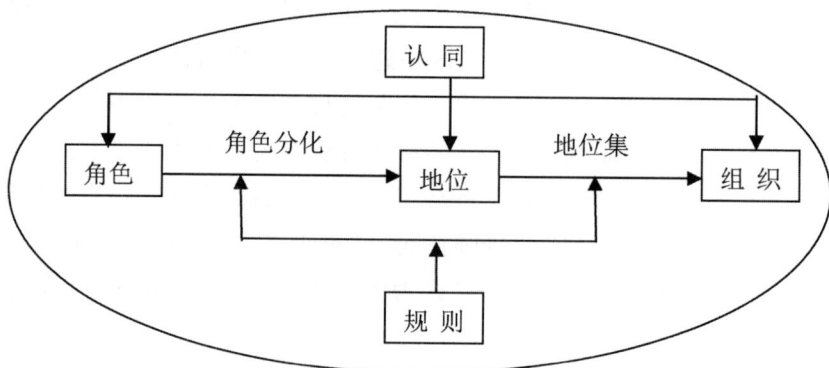

图5－2 虚拟学习社区中社会结构的要素及其关系

二、虚拟学习社区中社会结构的形成过程及其社会学阐释

角色和等级地位相互依存的网络就构成了群体结构,[①] 群体结构得以形成的两个基本要素就是角色与地位，由角色到地位等级的形成有一个关键的中间过程，就是角色分化。角色是行为上的规则性或特定群体成员相互之间的身份与行为的期望，角色分化促进群体中工作分工和认同，群体成员享有不同量的权力和声望，这就导致群体中地位等级的产生，地位差异反过来又会对群体成员行为产生期望，结果常常是期望的自我实现。角色地位之间的主要差别是价值评估，一个群体中的各种角色可以具有相等的价值，但是具有不同的地位。虚拟学习社区经过成员角色的不断分化，各社区成员的地位等级渐渐明朗，不同角色和地位成员之间交往的规则也逐渐成形并被大家默认与遵守，于是，虚拟学习社区的社会结构就此形成。下面，我们就从角色分化过程、地位等级及形成过程与规则形成过程这三个方面来阐释虚拟学习社区中社会结构的形成。

（一）虚拟学习社区中的角色分化过程

角色分化是指群体中特定的人或位置与不同的期望发生比较稳定的联系。[②] 角色分化是群体生活中无处不在的特征，因为角色暗示了群体成员间的劳动分工，它常常可以促进群体目标的实现，群体目标是一个重要的激励因素。角色分化是在群体的互动过程中逐渐形成的，例如在家庭的组建过程中逐渐形成父亲、母亲、子女这样的角色。有时候角色是正式规定的，比如学校，通常会有校长、部门领导、班级教师、学生以及每个班中被指派的各种位置明确的角色；有些社区中的角色则可以通过奖励获取更多 K 币改变，如在"考研帮"社区中，一个注册会员若在线时间比较长，发帖、回帖、评论、发表记录比较积极，有优秀的表现，则可以申请调整为高一级别的角色；有些角色可以随着时间的推移转化成另一角色，如一个学习者由于高频率在线，发表的观点被人拥护，逐渐成为社区的意见领袖。一个人同时具有的不同角色组成了角色集，但是这些角色在不同的环境下并不是被平等地评估，一个在校的学生可能在学校教学环境中扮演很

---

① 洛佩兹，斯科特. 社会结构［M］. 允春喜，译. 长春：吉林出版社，2007：35.
② 布朗. 群体过程［M］. 胡鑫，庆小飞，译. 北京：中国轻工业出版社，2007：38.

不重要的角色，但在某个虚拟学习社区中则可能以版主或意见领袖的关键人物出现。角色分化给群体的存在带来秩序，就像规则一样，角色暗示了一个人对自己和对他人行为的期望，这意味着群体生活变得更加可预测，也因此更加有秩序。

现在我们以"考研帮""直线网"为例说明虚拟学习社区中角色的分化过程。

1. "考研帮"中角色分化与角色不同权限形成的过程

"考研帮"是一个集考研课程、资讯、社区于一体，旨在通过科学高效的课程服务体系和优质周全的备考信息、资料、经验，帮助用户提高分数、"一战成硕"的社区网站。[①] 活跃在网站和论坛跟学生们交流的不仅有备战考研的学子，还有很多考研上岸的热心在读硕士生；在网站论坛里每天有大量的学生参与有关成长、学习、情感、职业等话题的讨论，互帮互助、共同成长；网站还致力于提供有价值的网上学习资源，采集来自世界各地的名人、专家和学者们的成功经验。"考研帮"中的主要用户角色有"新手上路""一般战友""中级战友""高级战友""开国大佬""资深会员""论坛元老"。同时，不同的用户角色在社区中具有不同的功能和权限。在"考研帮"中初次注册后所形成的用户角色为"新手上路"，其一般只能参与浏览网页、发帖、回帖等简单的社区活动；若申请成为"一般战友"，则会有更多权限，除了普通的浏览网页、参加讨论外，还优先参加网站举办的在线研讨、线下交流、专家见面会等；要成为网站的"中级战友""高级战友""开国大佬""资深会员""论坛元老"等，必须是实名用户。

从"考研帮"中用户参与互动的程度、价值维度以及需要承担的责任来看，对社区发起的活动积极参加或是对别人的问题、帖子积极回帖的成员组成了社区的呼应者；如果仅仅是社区的"新手上路"而没有晋级成为"一般战友"的成员，对社区活动没有多大的贡献，那么这类用户构成了社区的浏览者；另外还有一些会员虽然是"一般战友"，对于网站举办的在线研讨、线下交流、专家见面会等活动，却很少参加或从不参与，就构成了社区的潜水者，对较长时间的潜水者会员，社区管理员会注销其会员资格，

---

① http://bbs.kaoyan.com 首页中对"考研帮"的目标介绍。

甚至删除账号；"开国大佬"常常会对别人的疑虑提出有见解性的答复，社区的意见领袖常常引领版面的活动主题；论坛的超级版主如"资深会员""论坛元老"需积极地策划组织各项版面活动或配合频道完成版面活动，管理或是维护论坛版面秩序，或是负责版面文章的管理。这些不同的用户角色有些是注册之时就有的，有些是注册后通过参与社区活动被赋予的。

　　"考研帮"中根据用户的管理职位、在线时间、发帖数量等相关因素来决定用户所获得的积分，论坛为积分数量与用户头衔之间设置的关系如表 5 - 1 所示。

表 5 - 1　"考研帮"设置的积分数与头衔之间的关系

积分	等级（头衔）
0	新手上路
100 ~ 500	一般战友
500 ~ 3000	中级战友
3000 ~ 8000	高级战友
8000 ~ 16000	开国大佬
16000 ~ 30000	资深会员
≥30000	论坛元老

　　为鼓励网友关注论坛，参与讨论，"考研帮"论坛设置了如下的获取K币的积分规则：首先，用户注册论坛，根据用户的发帖、回帖以及对网站的参与度，会得到一些基础积分；如果帖子得到加精（即获得社区的精华帖子称号），或者有成员以其作为本站的优秀帖子向其他同学和朋友推荐，也会得到一定的积分。基础积分包括：每天登录获得 2 个 K 币，视频认证获 10 个 K 币，邮箱认证获 10 个 K 币；同时，还会有一定的奖励积分，如通过淘专辑被订阅、评论文章、被评论、发起分享、参与投票、发表记录等途径均可获得 1 个 K 币，加精华获 5 个 K 币，发表回复、发表主题分别获 2 个 K 币等。总积分计算公式是：总积分 = 基础积分 + 奖励积分 + 参与积分 + 关注积分。每个人的积分都可以在个人主页里查到。当积分达到一定等级要求时，系统会自动为用户开通新的权限，并给予相应的星星标志，因此，拥有较高的积分数，不仅代表在论坛的资历与活跃程度，同时也意味着能够拥有比其他用户更多的高级权限。

2. "直线网"中的角色分化过程

"直线网"是专业的设计在线学习和交流分享平台,平台资源涵盖图文教程、课程视频、AE 模板、影视素材、数字模型、问答资源,日访问量 2 万,点击量达 1 亿。"直线网"在线教育不仅有网站门户,还推出"直线课吧""直线课堂""直线课聊"等社区论坛,其中的用户角色分为讲师、助教、管理者、学习者等。讲师、助教这些角色是学习社区事先赋予的,讲师负责虚拟学习社区的授课任务,助教组织教学活动、协助讲师上课并负责学习者课后交流及学习指导,他们在学习活动过程中扮演着"权威"的角色,是论坛活动的主要发起人,在论坛活动中充当着意见领袖;有些会员在论坛活动中鲜有参与,与学习者之间的直接交往和间接交往很少,其目的只是学习影视后期制作技能,这些会员构成了社区的浏览者;有些会员不像讲师、助教那样提供系统知识,但在与社区其他成员的交流中能零散地提供知识,发表自己的看法或分享经验,这些成员专业知识多、经验丰富,但往往是通过发表个人看法或经验传播知识,他们组成了社区活动的分享者;有些学习者可能开始时对影视后期制作技能比较感兴趣,因此注册成为社区会员,然而一段时间后,其兴趣度降低,不再参与社区活动、讨论,但他们经常出入学习社区,默默学习与浏览,这类成员构成了社区的潜水者;有些学习者积极发言,与老师同学交流互动,上传自己的作品,经常分享学习心得与经验,这些表现比较优秀的社区成员逐渐成为社区的管理者,类似于一个班级的班长,负责群组管理、上课考勤,负责学习资料的编制、发送。

(二) 虚拟学习社区中的等级分化与地位层级的形成

不同群体成员所承担的角色,不是被同等地评估,他们在对社区施加影响和管理他人时具有不同的权力,每个成员被社区尊敬和喜爱的程度也不一样。在一个教室里,老师比学生更具有威望,并且通常具有对学生实施处罚和奖赏的权力。而在虚拟学习社区中,一些学生可能比其他学生更活跃,更受欢迎,结果是,在做活动选择等决定时,他们的意见可能更被重视。换句话说,在群体中,紧密地与角色模式相联结的是一种地位层级的存在① (Scott,1981)。

---

① 洛佩兹,斯科特. 社会结构 [M]. 允春喜,译. 长春:吉林出版社,2007:47.

虚拟学习社区中的地位主要包括先赋地位和自致地位。先赋地位是一个人注册成为社区成员之时就有的社会位置，相反，自致地位是一个人通过努力得到的或者自愿占据的社会地位。① 例如，"考研帮"每个论坛都有一个版主，申请版主就是自致地位的形成，在"考研帮"中申请论坛版主必须达到一定的积分或在论坛注册与在线活动超过一定的时间等，且有不错的论坛活跃度，有足够的时间可以保证工作，对所申请板块有不错的认知以及工作计划，而且要诚实守信、乐于助人、大公无私，同时熟悉专业、经验丰富、有良好的口碑。只有确认达到这几点，申请人才可以与管理员联系以获得版主的地位，该过程就是自致地位的实现过程。

现以"教育在线""沪江词汇社""水木社区"等虚拟学习社区为例，讨论社区中的角色分化如何导致不同等级地位的形成。

一个成员在不同社区中扮演不同的角色，不同角色对应形成不同的地位等级。表5-2是"教育在线"学习社区中不同用户组的地位等级分类。②

表5-2 "教育在线"社区中不同用户组的地位等级分类

站点管理组	管理员、超级版主、版主、荣誉版主
普通用户组	禁止访问者、禁止发言者、禁止 IP 者、等待验证者、游客
晋级用户组	限制组、新用户、新教育会员、新教育贵宾、新教育精英、新教育元老

有些用户是"教育在线"社区管理者事先请来的，他们在注册成为新会员时，就由于其在真实社会的资历与学术地位而被赋予一定的社区地位，所以他们在注册时就被赋予了管理员、社区专家、超级版主或版主的身份地位；普通用户在注册进入社区时也会有一个先赋的地位，只是这个地位的等级很低，但是这些新用户通过积极参加社区的活动、发帖、做贡献、共享资源以及延长在社区中的学习年限等方式，可以晋升为新教育会员、新教育贵宾，甚至可以申请成为荣誉版主、超级版主；而另一些未注

---

① 尼霍尔. 像社会学家一样思考［M］. 黄剑波，张媛，谭红亮，译. 北京：机械工业出版社，2011：82.

② 这个用户组的地位等级表需要在 http：//www. eduol. cn/首页注册登记会员后，在论坛的管理页才能看到。

册的普通用户或是长久不参加社区活动的用户，则会被社区禁止访问、禁止发言而成为受限制用户或游客。角色分化导致人们在虚拟学习社区中产生不同的地位，地位暗示了某种一致同意的威望，一种群体中的他人给予的积极评价或排名，[①] 不同地位等级有不同的权利限制，以上就是"教育在线"社区成员经过角色分化形成拥有不同权限的等级地位的具体情况。

下面再来看"沪江词汇社"。表5-3是"沪江词汇社"不同用户组的地位等级分类。

表5-3 "沪江词汇社"不同用户组的地位等级分类

站点管理组	社长、管理员
晋级用户组	路人转粉、初级粉丝、中级粉丝、高级粉丝、正式会员、资深会员、核心会员、铁杆会员、圈内达人、资深达人、知名达人、人气新星、人气红星、人气之神、进阶大师、资深大师、进阶元老、资深元老、荣耀元老、一代宗师

"沪江词汇社"中，对于刚注册的会员用户组，其先赋地位等级为"路人转粉"，随着会员积极参与社区活动，积极发帖、回帖，获取积分增多，赢取更高的社区威望，那么该会员就可能晋升为社区中的"人气新星"，甚至"资深大师"。"资深大师"就比其他地位的成员拥有更高的威望，由于社区成员对其权威的认同，使其常常会扮演意见领袖的角色。当然，对于站点管理组的"社长"，从其注册之时或许就扮演着"意见领袖""管理者"的角色，这是社区预先赋予的地位。

再以著名的"水木社区"为例，来介绍虚拟学习社区中角色分化如何导致地位层级的形成。"水木清华"是清华大学的BBS（官方论坛），也是中国教育网的第一个BBS，代表着中国高校的高水准网络社群文化。"水木社区"是"水木清华"转变为校内型论坛后分裂出的公共社区，主要人群是各大高校的学生、科研人员、学者、老师，对中国大学生的舆论导向有非常大的影响。[②]"水木社区"的成员身份主要包括水木管理者、元老、

---

① 布朗.群体过程 [M].胡鑫，庆小飞，译.北京：中国轻工业出版社，2007：38.

② http：//www.newsmth.net/nForum/#! elite/path？v＝％2Frules，通过注册会员进入"水木论坛"，其"论坛服务区"模块中有较为详细的介绍。

站务、核心版主、用户、新人、游客等。游客是未注册社区的浏览者，初次注册社区的成员是新人，新人可以晋升为普通用户，并且逐渐晋升为版面的版主。

"水木社区"根据"生命力"的数据大小来划分成员的地位等级，成员被分为4个生长周期，共17个等级，同时给不上站的用户也划分了生命力等级，而生命力等级就是成员在水木社区中的活跃等级与贡献等级。具体的地位等级名称及其划分规则如表5-4所示。

表5-4　"水木社区"中的角色分化与地位等级名称

成长阶段	生命力等级	上站年限	"木"成员	"水"成员
起源	0	注册成功	种子	水滴
成长	1	一周	萌芽	涓流
	2	满月	幼苗	小溪
	3	百天	草根	山涧
	4	半年	灌木	江河
	5	周岁	乔木	湖海
进阶	6	2年	白杨	千岛
	7	3年	云杉	洪泽
	8	5年	灵樨	洞庭
	9	7年	梧桐	黄河
	10	10年	沉香	长江
	11	12年	紫檀	东海
	12	15年	楠木	大洋
升华	13	18年	橡桷	瑶池
	14	20年	斗拱	银河
	15	25年	砥柱	厚德
	16	30年	栋梁	上善
不上站的称号	-1	一月	枯木	冰水
	-2	半年	煤炭	冰块
	-3	一年	化石	冰山

"水木社区"中"生命力"称号的创意是：水代表女性网民，木代表男性网民。新注册的男性用户会获得起始称号"种子"，然后经过成长期长成大树，在进阶期进阶为名贵树种，最后进入升华阶段，从可用的木材升华成为"国之栋梁"。新注册的女性用户则从"水滴"起步；在成长期，慢慢地积少成多，变成湖海；在进阶期，进阶成我国著名的湖泊和江河；升华期从神话的河流起步渐渐上升到心境宏大的"上善若水"。"水木社区"给不活跃的用户也分了等级，起了对应的称号：一个月不上站的男性用户将变为"枯木"，半年不上站枯木就会变成"煤炭"，一年不上站就升级为"化石"；一个月不上站的女性用户将变为"冰水"，半年不上站就会变成"冰块"，一年不上站就升级为"冰山"。

"水木社区"中的用户通过上站、发文、发帖、回帖、参加论坛等活动方式获取积分，这些积分会被计算到有效的生命力数值里，积分的增多会改变生命力等级，其社区中的地位与权限随之晋升。

造成群体中地位差异的原因可归结为可预测性和秩序的需要。角色位置使群体对占据此位置的人有特定的行为期望，角色期望涉及人们在各种领域中的能力。地位不稳定的另一个来源，是变化着的群际环境——群体发现自己所处的人员环境在变化。① 比如，在"沪江网"的某个论坛中，有一个群体对韩语产生了兴趣，在接下来与其他群体的互动过程中，很快可以清楚地看到：现有的版主不是韩语最好的，他的地位很快被一个更有韩语天赋的学员所取代，随着群际关系的变化，群体的社会结构随之发生变化。

（三）虚拟学习社区中社会规则的形成

规则作为人类有意或无意选择的结果，用以约束人类行为的规范。网络空间有比现实世界更为自由的可能，但是虚拟学习社区要有效地、持续地运行同样需要一定的规则制度，由社区制度来规范网络空间的行为。例如，在小组讨论中"灌水"过多，成员很可能会被论坛的版主封掉 IP，从此被禁止再发言。② 在每个社区中，都有一套普遍认可的规则约束着成员

---

① 布朗. 群体过程［M］. 胡鑫，庆小飞，译. 北京：中国轻工业出版社，2007：38.

② 杨吉，张解放. 在线革命：网络空间的权利表达与正义实现［M］. 北京：清华大学出版社，2013：185－189.

的行为。也有一些学习社区则在用规则来约束之余还借助了外部力量（商业、政府）强化控制，政府可以通过规制架构（通常表现为立法）直接或间接地影响和约束网络行为。除此之外技术也在规制着网络社区的行为，通过创设一系列软件和硬件对虚拟学习社区中的行为构成一整套约束。学习社区的规则系统牵扯到法律、技术、伦理、习惯等众多因素。① 例如，在"教育在线"社区中上传、下载资料，成员必须输入用户名和密码方可获准，或许在另外一些学习社区中则可以匿名上传资料。根据规则在社区中强制程度、影响范围的不同，我们可以把虚拟学习社区中的规则分为强制性规则和非强制性规则，内规则和外规则。②

强制性规则是指成员必须遵守的规范，对该类规则的违反可能招致比较严厉的惩罚，如"考研帮""教育在线"等各个虚拟学习社区中对"灌水"行为的惩罚，还有涉及国家宪法与政治言论方面的法制，如果不遵守可能要负相应的法律责任或被禁言。非强制性规则主要表现为行为规范、道德规范、约定等，不要求人们必须遵守，是否遵守取决于每个人的意志，当然不遵守规则者也不会受到明确的惩罚，对群体成员没有强制约束力。"水木社区"生命力等级的划分及晋升规则，并没有严格的强制性要求，只要用户遵守相应的行为规范，积极上站、发文、发帖、回帖，以参加论坛活动方式获取积分，这些积分就会被计算到有效的生命力数值里面，从而可以改变生命力等级。

另一种区分是以某个群体的边界为标准分为内规则和外规则。内规则用于处理群体内的事务，相反，那些处理群体外事务要遵守的规则属于外规则。很多群体成员不仅受到内规则的约束，也可能受到众多外规则的约束。例如，一个同时注册了"直线网"和"水木社区"的成员，其在"直线网"中是一位讲师，必须负责虚拟学习社区的授课任务，然而在

---

① 杨吉，张解放. 在线革命：网络空间的权利表达与正义实现［M］. 北京：清华大学出版社，2013：182 - 186.

② 闫洪芹. 公共组织理论：结构、规则与行为［M］. 北京：北京大学出版社，2009：95 - 99.

"水木社区"中可能是站务委员会成员，必须管理水木社区站内的事务；作为一名讲师，在"直线网"中所遵守的规则为内规则，那么"水木社区"中的规则对他来说就成了外规则。

大多数虚拟学习社区都有一些共同而基本的规章制度，如论坛用户不得在论坛发表任何违反国家安全、公共安全及其他法律的言论，不得在论坛中从事非法传销活动，不得上传淫秽信息等。同时，具体到不同的虚拟学习社区除了基本的规章制度外，还有一些自己特色的社区规则。下面以"沪江词汇社"版主的考核为例说明。

"沪江词汇社"总站长由沪江词汇社频道全体正式职员分工担任，内容审核工作由沪江词汇社审核组负责。① 为使论坛更有效的运作，"沪江词汇社"定期对论坛版主和论坛所有版面进行考核，并给予相应奖励，每年考核4次，版主的考核等级分为优秀、良好、合格、不合格4个标准。对版主考核的指标主要包括在线情况、版主活跃度、版面参与度、管理操作、版面主题的引导、版面秩序的维护、版面文章管理、组织活动量8个方面。如果以上8项考核指标全不合格，论坛站长可以将该版主撤职；如果有半数以上考核指标不合格，则站长可以对版主留人观察1个月，1个月后仍未改善，则可撤职。当然，如果版主有6项考核指标为优秀，就成为当季优秀版主候选人。对于论坛用户来说，如果论坛用户的通行账号连续90天没有浏览或没有参与"沪江网"中教育、家教、培训、播客、论坛等任意一项服务行为，站长有权撤销该账号；如果某账号连续一年没有登录论坛，站长有权删除该账号在论坛中的所有信息。

虚拟学习社区的成员一般来自不同的地域，有不同的文化背景及生活环境，一个社区要能够长期运行下去，社区成员不仅要服从社区规则，还要对社区形成文化认同感、归属感，从而形成一种社区凝聚力，保证社区长久的运营。人们对虚拟学习社区中规则的服从主要表现为遵守奖惩机制的约束、遵从权威和文化认同。

---

① https://class.hujiang.com/，沪江网向广大用户提供着覆盖种类多元化、具备高度互动特质的优秀互联网教育产品及服务，沪江词汇社是沪江门户网的一个部分。

虚拟学习社区中奖惩机制的约束主要体现为地位等级的划分（新手，初级、超级版主），或是赠送免费课程、免费资源等。例如，前面介绍的"沪江词汇社"中版主的考核中，季度优秀版主会由分论坛通报表扬，分论坛总置顶，并奖励论坛积分与精美礼品；年度优秀版主不但会获得通报表扬，分论坛总置顶，奖励积分、精美礼品，还会被邀请参加线下的聚会活动。倘若版主或网友私自设立版聊、盖楼、灌水、打卡、签到等一切带有回复性质的专帖，站长将对当事版主进行处罚，并双倍扣除网友积分。

另外，有些虚拟学习社区中还开辟了等级排行榜，用于展示成员的积分和级别的排名，刺激学生之间的竞争，满足学生的荣誉感和集体感；还可以公布每天的热门帖子、定期选举优秀版主等，创造一个浓厚的集体氛围，激发学生参与交互的兴趣。如之前介绍了"水木社区"中的角色分化、生命力等级的划分及形成，还专门设置了水木管理机构如水木委员会、水木管理委员会、站务委员会，以管理其站内事务与执行社区的规则。

三、虚拟学习社区中社会结构的社会学分类及其比较

每一种社会为其成员在社会生活中定义了一个角色，并为这些角色指定了一定的社会地位及其应该承担的权利和义务，且告诉人们什么是他们被期望的。明确人们能够占据社会地位的类型并管理人们行动的约束集就是规则。

虚拟学习社区的成员在社区中都占有一定的地位，扮演着不同的角色，这些地位和角色定位在一定的社区结构中，并由此明确社区对人们的态度和行为的合法期望，从而形成了虚拟学习社区各种类型的社会结构。根据社区成员行为、期望、角色和地位等级的不同特点，我们将当前虚拟学习社区常见的社会结构分为三种类型：指令－服从型、建议－参考型、参与－协作型。下面分别对其进行社会学分析。

（一）指令－服从型虚拟学习社区

从学习模式来看，这类社会结构主要代表的是教师讲授型社区，应试教育的远程中小学网校与学历文凭或培训教育的大学网络学院大都属于这

种类型的学习社区，如"华师在线""网上人大"等。这类学习社区常有明确的教师、教学管理者、学生三类角色。教师是知识的权威者与教导者，有时也会以"启发""诱导"等方式取代"强制"，但运用这些方式的目的仍在于将学生的思维嵌入教师预设的价值框架。虽然学生并不总是扮演着对权威的"迎奉者"或"遵从者"角色，但学生主要还是知识的被动接受者，虽有正式学习群体但并无真正意义上的自主的群体学习活动。学习者之间具有一定的凝聚力，但缺乏广度和深度的直接交往。如"网上人大"学习社区，教师负责虚拟学习社区授课任务，组织教学活动，为社区用户答疑解惑；管理者负责社区各项管理工作；学习者根据在社区中学习时间的长短以及在社区中的表现，分为超级版主、网院学生、初级战友、新手上路四个等级，其角色类型、角色功能及地位与权限如表5-5所示。

表5-5 指令-服从型虚拟学习社区的社会结构

代表社区	角色类型		角色功能	地位与权限	规则和服从
网上人大杨老师论坛	教师		负责虚拟学习社区授课任务，组织教学活动，为社区用户答疑解惑，并负责社区各项管理工作	都是先赋的地位与权力；是教学过程的权威，决定教学内容的选择、教学评价和考核的方式与结果	由于教师扮演着"权威"角色，为学生的学习内容与考核方式制定了严格、"强硬"的规范，也由于大部分是通过注册网络课程学习来获取学分，因此，学生表现出相当明显的服从性
	管理者				
	学习者	超级版主	在社区学习时间长，表现优秀的学习者	学生被动接受知识，接受考核与评价；注册会员有更多的资源学习权限，同时可以通过积极参与社区活动获得积分，获得等级的晋升	
		网院学生	专门指在人大网络学院注册进行学历学习的学习者		
		初级战友	在社区学习时间较长的普通学习者	普通的知识学习者，不积极贡献社区内容	
		新手上路	在社区学习时间短的普通学习者		

（二）建议－参考型虚拟学习社区

主要代表性的为学习辅导型社区，旨在发展素质、培育特长与专题学习的教育网站大都属于这类社区，如"蓝天作文网""教育在线"等。社区角色主要有作为学习咨询者的社区教师、教学管理者、学习者三类角色，其中，社区教师不再是知识的权威者，只是学习的辅助者与问题的咨询者，扮演的角色是"顾问"，不是以"指令"的方式规定学生学习活动的内容与方式，而是以"建议"的方式对学生的学习活动予以切实的指导。学生可以根据自己的实际情况进行选择性的个性学习，而且在学习中扮演着对教师提出建议的"接受者"、"加工者"与"参考者"的角色。社区教师和学生之间的交往不再强调"服从"，教师和学生群体之间的交往也具有一定的开放程度和弹性，学生之间的交往既有间接的，也有直接的交往与学习合作。如表5-6所示，在"蓝天作文网"中，社区学习者构成一个共同兴趣与爱好的学习群体，社区中有积极而频繁的师生、生生互动与交往，社区教师负责社区学习者的作品点评与建议、作文主题活动的设计、学习交流、学习指导、问题咨询，定期组织文学讲座与作文比赛活动、主持"文学之星"的评比。

（三）参与－协作型虚拟学习社区

这类社区没有明显的教师、学生角色的划分，一般只有学习者和管理者，社区成员根据自己的兴趣、爱好进行自主协作学习。这种类型的虚拟学习社区一般没有严格意义上教师的教的行为活动，一般是学习者之间相互交流相互学习，因此学习者之间具有较强的合作性，社区凝聚力较强，学习资源的提供与汇聚、社区规则的形成与实施都由学习者自己和管理员共同承担，但是也常有一些不严重的违规行为发生，对违规者的惩罚常常是"剥夺"其一定的合作参与机会。如"水木社区"中不存在专门的社区教师，基本角色就是管理者和学习者，成员一起负责社区的管理工作，学习者根据其参与活动情况又分为不同的等级，如水滴、涓流、小溪、山涧、江河、湖海等，如表5-7所示。

表 5-6   建议-参考型虚拟学习社区的社会结构

代表社区	角色类型		角色功能	地位与权限	规则和服从
蓝天作文网	社区教师	辅导者	负责社区学习者的作品点评与建议；主题活动的设计、学习交流、学习指导与咨询；主持"文学之星"评比活动	社区教师既可是先赋的地位，由学习社区聘请优秀教师担任，也可由高年级的"文学之星"获得者逐步晋升而来；权限在于点评、建议、主持活动等	社区学习活动更加开放，社区规则更富有弹性，规范的监督任务实际上由社区教师与学习者共同承担
		咨询者			
	管理者	版主	负责群组管理、学习资源与学习者作品的管理，版面活动的主持，在主题交流与分歧中充当意见领袖	在参与社区活动中逐步晋升，维护社区，调节冲突，提供资源	
		共享者	负责学习资料的编制、发送		
	学习者	写作爱好者	在社区中积极发言，与老师与同学交流互动，上传自己的作品，分享经验	学习者具有很强的选择学习权、参与社区的主题活动，学习过程中积极互动者可以晋升为社区助教、版主、管理者	
		潜水者	注册成为社区会员，但是很少参与社区活动		
		浏览者	尚未注册为会员，只是在社区中搜索信息或只是社区的过客		
		新手上路	在社区学习时间短的普通学习者		

表 5 - 7　参与 - 协作型虚拟学习社区的社会结构

代表社区	角色类型		角色功能	地位与权限	规则和服从
水木社区	管理者	社区管理人员	负责社区总体的管理和站务工作，及版面事务工作	是整个社区的"权力"中心	所有人以同样身份注册会员，监督规范任务由学习者与管理员合作承担，积极参与的学习者在社区活动中成为"领袖"，成员间凝聚力较强
		版面管理人员	管理某个版面群或某个版面及其对应的从属版面		
	学习者	水滴、涓流、小溪、山涧、江河、湖海等	社区成员不会是一个固定的身份角色，而是学习者使用社区活动中获得的积分兑换自己喜欢的个性身份。地位越高威望越大，一般高地位的成员引起话题，调解冲突	由活跃程度获得的积分来决定成员的权利与等级，高等级的学员参与社区的管理，并由此形成社区的意见领袖	

　　大多数虚拟学习社区的技术管束大同小异，但不同学习社区的结构类型不同，其角色结构、角色功能、奖惩机制、地位权限、规则约束等都有明显的差异。而且，学习社区的良好运行虽然也需要有强制力的社会约束，但更需要在社区中逐渐形成对成员威望、地位的身份认同，以及对社区文化价值观内化而成的归属感。

第六章 在线教育时空中的教与学模式及其实施策略

在线教育是各级各类学校或者民间教育组织主持的正式或非正式的基于网络的教育方式,① 而网络平台是支撑在线教育得以正常进行的教与学环境基础。网络支撑的虚拟学习社区、教育网站、慕课学习空间（慕课平台）、网络校际协作、多平台组合的教学等，是当前在线教育所依托的常见载体与表现形式。其中，虚拟学习社区在第五章进行了专门介绍，多平台组合的在线教学将在第七章另作专论，本章对其余三种即基于教育网站、慕课学习平台与网络校际协作的教与学形式进行研究。

每个教育网站与慕课平台都有不同背景、不同年龄、不同地理位置的一群学习者，围绕着特定课程内容，都有共同学习愿景或者学习倾向，经过发展与积淀，最后形成具有某种教育风格、互动关系和共同在线教育文化维系力的网络活动时空域。其中，每个教育网站和慕课平台的课程资源质量、教与学策略、支持服务功能、模式与氛围，在很大程度上决定了网络学习者的学习质量与学习效率，而如果多个学校的师生跨越地域，甚至跨越语言、文化与国家，基于教育网站中共同商定的专题项目进行研究与探索，最后形成一个有课程内容、学习资源、研究计划与学习成果等的学习空间，那么这就是基于网络的校际协作学习。

---

① 王竹立. 我国教育信息化的困局与出路——兼论网络教育模式的创新［J］. 远程教育杂志，2014，32（2）：3-12.

第一节　不同年龄段教育网站中的教学模式

本研究采用内容分析法，针对国内主流的 115 个教育网站中采用的教学模式的四个要素进行特征分析，以期发现当前我国不同年龄段目标人群的教育网站中教学实施的情况，并依据数据对教育网站的教学模式与教学要素进行分析与评价，最后提出改善的建议。

一、不同年龄段的界定及其学习者特征

根据发展心理学的学习者特征，常将学习者分为几个不同的教育阶段：小学教育，主要针对 6 ~ 12 岁的学习者，该年龄段的学习者自主学习能力较差，思维方式以具象思维为主；中学教育（包括初中和高中），主要针对 13 ~ 18 岁的学习者，在该年龄段的学习者自主学习能力和逻辑思维能力有了较大的提高；大学及成人教育，主要针对 18 岁以上的学习者，该年龄段的学习者有明确的学习需求，有较强的学习自主性。与上述的三个教育阶段划分不完全相同的是，当前教育网站的课程与教学实施常常定位在小学、中学、中小学混合、大学及成人四类不同年龄段的目标人群。

二、教育网站中教学模式的要素与分类

教学模式是指在一定的教育思想、教学理论和学习理论指导下，在某种教学环境和资源的支持下，教与学活动中各要素之间稳定的关系和活动进程的结构形式。[①] 教育网站中的教学模式主要是通过网络环境与网络资源来实施教育者的教和学习者的学，并实现教与学双边活动。所以，考查教育网站中教学模式的要素有教师、学习者、学习环境、学习活动，通过这四个要素不同的特征分析，我们将教育网站中教学模式划分为六种类型，每个要素的具体内容详见表 6 - 1。

---

① 张伯邑．现代教育技术应用［M］．北京：教育科学出版社，2013：96.

表6－1　教育网站中教学模式的四要素及其特征

教学模式	要素			
	教师	学习者	学习环境	学习活动
以学习者个别化自主学习为主要特征的教学模式	提供学习内容，指导学习目标与学习进度，进行学习效果的评价	控制学习目标与学习进度	个别化学习诊断与个性化学习资源推送	观看学习资源，按时完成课程作业
以教师讲授为主要特征的教学模式	讲授与提供教学内容，掌控教学目标、教学进度与效果评价	被动接受学习内容	发布教师讲课的课程资源	观看课程资源，按时完成课程作业
以小组协作为主要特征的教学模式	发起学习主题，组建学习小组，进行学习效果的评价	控制学习目标与进度，参与小组协作与学习效果的评价	提供小组协作的会话与协作工具	基于任务的小组协作活动
以主题探究为核心特征的教学模式	创建学习情境，指导学习者探究，进行学习效果的评价	控制学习目标与学习进度，进行探究学习	提供学习探究的认知工具	基于主题的自主探究活动
教师讲授与学生探究并重的教学模式	既讲授与提供学习内容，确定学习进度与目标，又设计学习主题任务与评价方案	接受学习内容，控制学习进度与学习目标，进行学习探究与学习评价	发布教师讲课的课程资源，提供探究的认知工具	观看课程资源，按时完成课程作业，基于主题的自主探究活动
讲授、协作、探究、个别学习等多种方式共存的混合教学模式	讲授与提供学习内容，确定学习进度与目标，创建学习情境与学习小组，指导自主或协作探究，进行效果评价	控制学习进度与学习目标，参与自主或协作探究，进行学习效果评价	发布教师讲课的资源，个别学习诊断与个性化学习资源推送，提供探究与认知工具和会话交流工具	观看学习资源，按时完成课程作业，基于主题或任务的自主或协作探究活动

（一）以学习者个别化自主学习为主要特征的教学模式

在该教学模式中，为了适应远程学习者的个性化差异，为学习者提供了个性化的学习资源与学习策略，促进网络学习者的自主学习与自主发展，基于网络媒体实现学生个性化学习。另外，在该教学模式下，也可能会有少量的教师讲授、协作与探究学习。

（二）以教师讲授为主要特征的教学模式

在该教学模式中，教师通过同步或异步课堂讲授教学内容，并通过网络发布讲授的课程资源，这是比较传统的教学模式。虽然教师也可能有对学习者学习过程中的问题提供建议与指导，但网络主要是教师传授知识的渠道，也是学习者被动接受学习信息的工具，学习内容与学习活动的进行完全依赖于教师。

（三）以小组协作为主要特征的教学模式

在该教学模式中，学习者之间通过网络协作完成学习任务，强调学习者之间的合作关系可以打破地域的限制，通过网络实现对学习内容的交流与共享。同时，对于复杂化的学习内容，教师也常根据学习者的特点，提供个性化服务，并创建学习情境，让学习者在自主或小组协作探究的过程中实现对学习内容的深度理解并完成主题任务。

（四）以主题探究为核心特征的教学模式

在该教学模式中，学习者在网络教师或学习资源的指导下，基于与科学概念、原理有关的问题，通过自主探究，发现解决问题的方法与步骤。学习者除了基于资源自主探究，也常通过建立学习小组协作探究以共同解决学习上的难题。

（五）教师讲授与学生探究并重的教学模式

在该教学模式中，教师既会通过网络同步或异步课堂传输讲授的教学内容，也会发布与讲授内容相关的学习任务，让学习者进行学习探究，完成主题任务，甚至也常在讲授课程后对学习者进行个别化的学习指导。

（六）讲授、协作、探究、个别学习等多种方式共存的混合教学模式

一个教育网站经过多年的课程开发与积累、教学研究与设计，以及教师专业与教育品牌的发展，对同一主题的内容，有多个不同类型的课程，既预备了教师的异步讲授视频提供给远程学习者自主学习，也会有计划地进行同步课堂授课；同时，网站还会根据这些内容设计好课后的主题任务给学生，并在学生学习过程中倡导建立小组合作并提供个性化指导。这给学习者提供了多样化的发展模式。

三、教育网站中教学模式的分析步骤与目标人群的统计

本研究是针对教育网站中不同学龄阶段教学模式的分析，因而，为保证本次内容分析尽可能地体现教育网站中的教学现状与问题，我们随机抽取了当前国内的 115 个教育网站（见表 6-7），包括中国大学 MOOC、贝壳网、学堂在线、101 教育等知名学习网站，并对随机选取的教育网站采用内容分析法，进行教学模式四个要素的特征分析。本次对教育网站进行随机抽取并进行特征分析的时间段为 2021 年 6 月 1 日至 2022 年 1 月 1 日，分析过程如图 6-1 所示。

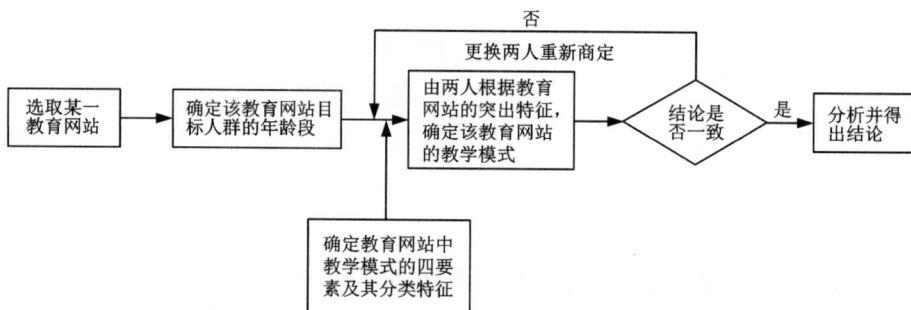

图 6-1　基于内容分析法的教育网站中教学模式的分析步骤

在选定的某一具体教育网站后，我们一般根据网站名称、导航目录与模块设置、网站介绍、网站中的具体课程内容四个方面的分析，判断确定该教育网站的目标人群及年龄段。经过对选取的 115 个教育网站数据的统计，四类不同年龄段的教育网站各自所占数量和比例如表 6-2 所示。

表 6-2　四类不同年龄段教育网站分别所占数量

目标网站	数量	百分数
小学教育网站	35	30.43%
中学教育网站	24	20.87%
中小学混合式教育网站	18	15.65%
大学以及成人教育网站	38	33.04%

由表 6-2 可以看出，115 个教育网站中，小学教育网站与大学及成人教育网站远比中学的多，可能由于考试与升学的巨大压力，中学主要是集中在教室中由教师面对面指导进行知识讲授与应试技能训练，网络教育的可能性与需要性较低。另外，小学生有很多时间进行素质提升与知识拓展，大学生需要自主学习，所以，针对这两个群体的教育网站最多。一些知名的教育网站例如贝壳网、101 教育则是中小学混合的，说明这些教育网站注重基础教育中不同年龄段的衔接性与连贯性。

四、教育网站中教学模式的特征分析及其数据统计

对已经确定目标人群年龄段的所有教育网站进行内容分析时，分别根据表 6-1 中网站教学模式四要素教师、学习者、学习环境、学习活动的内容进行特征判断，结果统计如下。在具体实施教育网站的要素与特征分析中，为了方便起见，六种类型教学模式分别用 M1（以学习者个别化自主学习为主要特征的教学模式）、M2（以教师讲授为主要特征的教学模式）、M3（以小组协作为主要特征的教学模式）、M4（以主题探究为核心特征的教学模式）、MB1（教师讲授与学生探究并重的教学模式）、MB2（讲授、协作、探究、个别学习等多种方式共存的混合教学模式）标识。

（一）小学段在教育网站中教学模式的特征判断与数据分析

由表 6-3 可知，教育网站在小学 6~12 岁的学龄段中，最多的是 M2，即采用教师单一讲授为主要特征的教学模式，占总数的 42.86%；教师讲授与学生探究混合的教学模式即 MB1，占 14.29%。分析结果表明，小学教育网站虽然占比较多，但是教学模式依然倾向于采用传统的讲授教学模式，其他类型的教学模式较少。存在该现象的原因，可能是微课与"一师一优课"的大力实施，很多质量较低的视频资源上传到小学教育网站中，成为课堂传统教育的翻版，学习者的学习效果不佳；也有可能是因为很多教育工作者并未领悟网络教育的优势，只是借助网络化的手段传播传统的教育方式，致使网络教育仍然停留于传统讲授方式。

表 6 - 3   六类模式分别在小学教育网站中的百分数

教学模式	网站数量	百分数
M1	7	20. 00%
M2	15	42. 86%
M3	3	8. 57%
M4	3	8. 57%
MB1	5	14. 29%
MB2	2	5. 71%
合计	35	100. 00%

（二）中学段在教育网站中教学模式的特征判断与数据分析

由表 6 - 4 可知，单一的教学模式共计 20 个，占总数的 83.33%，而以两种或两种以上教学方式并重的网站只有 4 个，占总数的 16.67%。教育网站在中学 13~18 岁的学龄段中，依然较多使用单一化的教学模式，其中又以 M2 特别突出，即教师讲授为主要特征的教育网站占比超过一半，为 54.17%；而混合教学模式的网站不足总比例的 1/5，可能是由于中学应试教育的需要，中学生的学业压力较大，采用传统教师讲授的教育方式能将大量知识灌输到中学生脑海，在短时间能取得较高的教学效率。这种教育模式虽能在很大程度上促进中学生的知识积累与技能发展，但不利于中学生发现问题、分析并解决问题等创新能力的培养。

表 6 - 4   六类模式分别在中学教育网站中的百分数

教学模式	网站数量	百分数
M1	3	12. 50%
M2	13	54. 17%
M3	2	8. 33%
M4	2	8. 33%
MB1	3	12. 50%
MB2	1	4. 17%
合计	24	100. 00%

（三）中小学混合段在教育网站中教学模式的特征判断与数据分析

由表6-5分析可知，中小学混合的网络教育中，以单一教学模式为主，而且一半的教育网站依然采用以教师讲授为主要特征的教学模式，混合教学模式占比依然较少。可见在基础教育阶段，受应试教育的影响，教育网站与网络教育机构也特别强调知识传授与考试技巧，网络教育只是作为传统教育模式另外开辟的一种传播手段与表达方式，传统教育方式只是穿上了现代智能媒体的外衣，网站并未引起传统教育模式极为明显的改革，其对中小学生能力、品格等的培养影响不太大。看来，知识拓展与素质发展在网络教育时代依旧任重道远。

表6-5　六类模式分别在中小学混合教育网站中的百分数

教学模式	网站数量	百分数
M1	2	11.11%
M2	9	50.00%
M4	2	11.11%
MB1	3	16.67%
MB2	2	11.11%
合计	18	100.00%

（四）大学及成人段在教育网站中教学模式的特征判断与数据分析

由表6-6可知，在18岁以上的大学及成人段的教育网站中，M2即以教师讲授为主要特征的教学模式依然是最主流，达到了55.26%，而其他单一教学模式很少。在两种或两种以上混合的教学模式中，以教师讲授与学生探究并重的教学模式居于首位，占21.05%。虽然大学生已经有很强的自主学习能力，但在大学及成人的教育网站中，还是以传统教师讲授的教学模式较多，这限制了学习者的学习自主性。原因可能在于：自媒体技术与草根意识发展迅速，大家可以把很多视频资源上传到教育网站，对于大学生而言，虽然相关的学习视频资源数不胜数，但能有效促进大学生个性化学习的学习资源却不多，或者这样的资源不少，但我们的教育网站缺乏个性化的学习资源推荐与支持服务体系的建设。

表6-6 六类模式分别在大学及成人教育网站中的百分数

教学模式	网站数量	百分数
M1	2	5.26%
M2	21	55.26%
M3	1	2.63%
M4	2	5.26%
MB1	8	21.05%
MB2	4	10.53%
合计	38	100.00%

通过以上数据分析，我们可以看出，在小学、中学、中小学混合、大学及成人这四类不同学龄段的115个教育网站（网址信息见表6-7）中，应用最多的是教师讲授的教学模式。

表6-7 115个教育网站网址信息

序号	教育网站	网址
1	小学资源网	http：//www.xj5u.com/
2	小学语文教学资源网	http：//www.yuwen.net/
3	小学学科网	http：//www.xuekeedu.com/
4	小学动漫课堂	http：//www.dm5u.com/
5	快乐学堂	http：//www.91118.com/
6	小学教育网——精品学习网	http：//www.51edu.com/xiaoxue/
7	学乐中国	http：//www.xuelecn.com/
8	小学资源网：21小学教育网	https：//.www.21cnjy.com/
9	向上网	https：//www.up360.com/
10	小学生自学网	http：//www.xxszxw.net/
11	沪江小学	http：//xiaoxue.hujiang.com/
12	小学语文	http：//www.pep.com.cn/xiaoyu/
13	中国小学生网	http：//xxs.cneducn.cn

（续表）

序号	教育网站	网址
14	资优网——小学数学主题社区	http：//www. ziyo. org/
15	VIPKID 在线少儿英语	https：//www. vipkid. com. cn/
16	小学视频网	http：//www. ms5u. com/
17	61 儿童网	http：//www. 61flash. com/
18	小学组卷网	https：//xiaoxue. zujuan. com/
19	课堂无忧	http：//www. kt5u. com/
20	乐乐课堂	http：//www. leleketang. com/
21	中小学教育网	http：//www. g12e. com/
22	查字典培训网	https：//www. chazidian. com/
23	纳米盒	https：//www. namibox. com/app
24	闪亮童网	http：//www. cnfla. com/
25	新世纪小学数学网	https：//www. xsj21. com/
26	瑞文网	https：//www. ruiwen. com/
27	Hello kid 在线少儿英语	https：//www. hellokidvip. com/xiaoxue/2062. html
28	学乐网	http：//www. xuelecn. com/
29	智乐园教育	http：//www. zhly. cn/
30	网络课堂中小学教育网	http：//www. tbkt. cn/
31	小学生学习网	http：//www. zhangmen. com/
32	简单学习网	https：//pgld. jd100. com/
33	中学学科网	http：//www. zxxk. com/
34	北京四中网校	http：//www. etiantian. com/
35	爱学习	https：//www. aixuexi. com/
36	微课网	https：//www. vko. cn/
37	沪江中学学科网	http：//zhongxue. hujiang. com/
38	91 淘课网	http：//www. 91taoke. com/

（续表）

序号	教育网站	网址
39	易学啦	https：//www. yixuela. com/
40	高考资源网	https：//www. ks5u. com/index. shtml
41	中学生学习网	http：//www. xuexibbs. com/
42	水滴网	http：//www. zgxsxx. com/
43	初中学习网	http：//cz. gkxx. com/
44	中学数学网	http：//www. zx98. com/
45	育星教育网	http：//www. ht88. com/
46	菁优网	http：//www. jyeoo. com/
47	中学化学资料网	http：//www. e-huaxue. com/
48	初中数学网	http：//www. czsx. com. cn/
49	中考资源网	https：//www. zk5u. com/Index. html
50	中考网	http：//www. zhongkao. com/
51	学优网	http：//www. gkstk. com/
52	51 talk 学习网	https：//www. 51talk. com/
53	课后网	https：//www. kehou. com/
54	答疑网	http：//www. prcedu. com/
55	英语教师网	http：//www. ewteacher. com/
56	学习方法网	http：//www. xuexifangfa. com/
57	新学网	http：//www. newxue. com/
58	超级课堂	http：//www. cjkt. com/
59	新课标第一网	https：//www. xkb1. com/
60	贝壳网	http：//www. bakclass. com/
61	学习啦	http：//www. xuexila. com/
63	人教学习网	http：//www. gopep. cn/
64	21 世纪教育	https：//www. 21cnjy. com/

（续表）

序号	教育网站	网址
65	同桌 100	http：//www. tongzhuo100. com
66	三好网	http：//www. sanhao. com/
67	巨人教育	https：//www. juren. com/
68	7C 教育资源网	http：//www. 7cxk. net/
69	优质课网	http：//www. youzhik. com/index. html
70	学而思网校	http：//www. xueersi. com/
71	阳光学习网	http：//www. pallasa. com/
73	众享教育	http：//v. xxt. cn/
74	101 教育	https：//www. chinaedu. com/
75	京师沃学	http：//www. wowxue. com/
76	语文迷	http：//www. yuwenmi. com/
77	星火作文	https：//www. easyzw. com/
78	好知网	http：//www. howzhi. com/
79	51CTO 学院	http：//edu. 51cto. com/
80	极客学院	http：//www. jikexueyuan. com/
81	超星尔雅	http：//erya. mooc. chaoxing. com/
82	虎课网	https：//huke88. com/
83	传智播客	http：//www. itcast. cn/
84	万门大学	https：//www. wanmen. org/
85	中国大学 MOOC	https：//www. icourse163. org/
86	萌码网	http：//www. hjenglish. com/
87	好大学在线	https：//www. cnmooc. org/home/index. mooc
88	coursera	https：//www. coursera. org/
89	顶你学堂	http：//www. topu. com/
90	果壳	https：//www. guokr. com/

（续表）

序号	教育网站	网址
91	EdX	https：//www. edx. org/
92	网易公开课	https：//open. 163. com
93	学堂在线	http：//www. xuetangx. com
94	慕课网——程序员的梦工厂	https：//www. imooc. com
95	百度传课	https：//chuanke. baidu. com/
96	爱课程网	http：//www. icourses. cn/home/
97	大学生自学网	http：//v. dxsbb. com/
98	淘宝大学	https：//daxue. taobao. com/
99	邢帅教育	https：//www. xsteach. com/
100	五分钟课程	http：//www. dxzy163. com/
101	易百课程	http：//wfz. nerc-edu. com/
102	有道精品课	https：//ke. youdao. com/
103	网易云课堂	http：//study. 163. com/
104	开课吧	https：//www. kaikeba. com/
105	番薯学院	http：//www. fanshuxueyuan. com/
106	发现课程——多贝公开课	http：//www. duobei. com/
107	高顿网校	https：//www. gaodun. com/
108	我要自学网	http：//www. 51zxw. net/
109	57 自学网	http：//www. 57zxw. net/
110	华文慕课	http：//www. chinesemooc. org/
111	千锋教育	http：//www. qfedu. com/
112	精品课	http：//course. jingpinke. com/
113	北京尚学堂	https：//www. bjsxt. com/
114	优米	http：//www. youmi. cn/
115	好知	http：//www. howzhi. com/

五、教育网站中实施教学活动与教学模式的建议

（一）针对不同学龄段学习者的教育网站，应根据其学习特征采用不同类型的教学模式

小学生的学习主要以具体形象思维为主，学习注意力的稳定性和集中性较低，在教学模式的选用上，应采用讲授、协作、探究、个别学习多种方式共存的混合教学模式，激发学习者的学习动机，提升学习者学习的质量。这种混合模式如果要在四要素中体现，就要发挥教师的创造性，既要有严谨的知识性讲授课程，也要创设与提供活泼形象的教学活动与网络学习环境，如：采用 VR 虚拟现实技术创设沉浸式的学习空间，激发学习者的学习兴趣，让小学学习者在情境中学习；另一方面，正因为小学生刚刚步入学习起点，良好的学习习惯与方法、扎实的学科知识基础一直是教学重点,[①] 这就要求教师始终主导学习活动，以防小学学习者脱离课程目标的学习轨道。

处于 13～18 岁的中学生主要通过使用教育网站进行线下课堂学习的补充与扩展，因此，他们特别要求教育网站在通过教师讲授方式来引导中学生深层次理解学科重点难点的同时，也应当逐渐增多协作、探究、个别学习混合的教学模式，最大化发挥学习者的学习自主性和积极性。比如，可以在教育网站中嵌入思维导图等学习工具促进学习者的自主学习，也可以提供丰富的各种媒体类型的拓展课程，以供中学生自主或协作探究学习，培养学习者的独立学习能力与合作意识。

18 岁以上的大学生及成人学习群体学习能力比较强，学习目标较为明确，对于学习内容具有很强的自主选择性。因此，这类教育网站应大量提供多维度、多层次、多学科的课程模块，特别注重课程学习的帮助系统与支持材料的配套设计，以鼓励基于主题资源的个别化自主学习，满足成年学习者个性化的学习需求，积极倡导基于主题的任务式活动，促进学习者深度学习，同时培养学习者的团队合作能力。另外，选用教师讲授式教学模式时，应警惕大量微课程与微视频导致碎片化的知识传授，加强系统化

---

① 李钢，范丽娜，李金姝. "互联网＋"中学教师职前专业能力发展研究［J］. 湖南师范大学教育科学学报，2019，18（1）：102－107.

知识的讲授，保证学习者学习的深度。在网络学习环境中，提供多种认知工具和协作交流工具，以促进学习者之间的交流与沟通，也有助于学习者与教师伙伴关系的建立，教师与学习者共同商定学习的内容与目标，共同学习、共同进步。

（二）教育网站中教学模式的选用，应依据不同年龄段课程内容的不同，整合多种教学方式或者采用混合教学模式

在教育网站中教学模式的选择上，应根据年龄段与课程内容的不同，灵活选用教学模式，避免单一化的教学模式，采用多元化的混合教学。这种混合式教学既提供了多种不同目标层次与不同媒体类型的课程资源，又在网站中创设多样化的学习工具与教学活动，能为远程学习者提供优质、高效的学习支持。

小学年龄段的课程内容主要是各学科的基础课程内容，可采用讲授式与个别学习紧密结合的混合式教学。一方面，通过形象化的媒体资源帮助学习者更好地理解学习内容，可以在讲授内容过程中采用游戏化或者活动式教学，以角色、互动的方式创意地展示学科基础内容，有效激发学习者的学习兴趣，促进学习者对学习内容的深层次理解。另一方面，通过教师对学习者个别化的指导与帮助，促进学习者的个性化学习，有效提升学习效果。

中学年龄段的学科门类明显增多，课程内容既有大量基础知识，理论成分与实践应用的指向性也明显增强，在教学模式上应采用教师讲授与学生主题探究并重的混合教学。在中学阶段各科都有大量基础的学科知识需要教师系统化讲授，层层深入地帮助学习者理顺学习思路，理解学科内容中的概念与原理以及各个教学重点难点，同时，更需要设计整合多个学科内容的主题化学习任务，帮助学习者深层次理解，在脑海中建构知识网络结构，形成属于自己的知识图谱。通过这种类型的混合式教学，一方面可以促进学习者基础知识的深度掌握，另一方面促进学习者的任务探究能力与合作精神的培养，使其可以应用一些可视化学习工具进行知识理解、作品表达与思维建构。

大学及成人段的课程内容是专业性强、复杂而系统化的学术知识，在教学模式的选用上可采用讲授、协作、探究、个别学习等多种方式共存的混合教学。复杂化的课程内容首先需要进行系统而深入浅出的讲授，然后创设与真实生活相关的问题情景，或者通过情境化的项目任务来体现实践性，让学习者通过协作探究，协商解决学习问题并完成学习任务，由此建构对课程内容的深层次理解。在这个过程中，有时需要借助虚拟现实技术或多模态的学习媒体，来帮助把非常复杂的专业理论与专业技能形象化。

第二节　慕课平台的低效率学习困境与深度学习建构

慕课学习平台中的低效率、低完成率是我们必须面对的事实。为了帮助学习者在慕课平台中建构深度学习，首先，我们可以设计层层闯关的解锁式课程、主题式学习、重构慕课作业形式为高层次目标，在挑战型学习任务与迁移中构筑慕课学习成就感；其次，建立基于学习行为数据的学习过程监督与面向学习作品的混合评价机制，在学习干预下触发深度自我反思与深度思维；最后，丰富慕课学习过程的课程履历与数据记录，在学习分析的基础上为慕课成员提供各种实时学习情况追踪提醒与知识图谱等自主学习工具，为支持个性化远程学习推荐自适应的学习资源和学习策略。这些策略的目的都是为了突破课程学习思维与逻辑的浅层结构，走向生成型深度结构与判别型深度结构，实现基于慕课的深度学习。

一、慕课学习平台的低效率与低完成率迫切要求深度学习建构

（一）慕课学习的低效率及其原因

慕课学习空间是由基于慕课平台的学习衍生而来，学习者在其中以个别自主学习、小组协作交流为主，同时，学习者也和助学者开展一定机制的交往活动，由此形成基于同一门慕课课程而进行知识共享的新型学习组织或者学习小组，并将这种支持与服务的交往关系维持到课程结束。在其中平台成员可以打破时空的局限，随时随地进行泛在学习。一个慕课学习平台的构成要素由主体、客体、活动、规则与文化四个部分构成，一般包括：学习者、教师和助学者；慕课平台与环境，各种类型媒体资源组成的慕课课程内容；教与学的活动；慕课学习的考核制度，对课程内容及其价

值取向具有一定认同感、委身感、凝聚力的人际关系与慕课社区文化①。所以，慕课平台就是由一群有共同学习倾向的学习者，围绕特定的一门慕课课程内容，在慕课学习环境的支撑下进行学习与交往的网络学习部落，是针对一定学习目标、学习内容的虚拟教育空间。

国内较有名的慕课平台当属"中国大学 MOOC""爱课程""学堂在线"等学习平台，国外热门的慕课主要有 Coursera、Edx、Udacity 等学习平台。慕课的发展为学习者提供了很大的学习便利，但在当前的慕课学习风潮中我们也不得不承认一个事实：慕课的低完成率是慕课学习面临的最大困境。有研究结果显示，在慕课平台中，只有不足 10% 的学习者最终完成课程拿到学业证书②，更有研究者称只有 5% 左右③。究其原因，一方面是学习者自身在数字化海洋中缺乏抗拒非目标性信息的自制力，缺乏强大的学习动机与切实可行的学习计划；另一方面是慕课平台的课程设计与学习支持服务功能存在严重的不足。总之，导致最后的结果是学习者在慕课平台中长期处于浅表式学习状态，无法进行深层次知识建构，进而产生学习倦怠，学习效率低下，久之产生了高注册率、低完成率的慕课学习现状。具体说来，导致慕课平台浅层学习的常见原因有：碎片化学习资源使学习者仅能片面了解学习内容而不是系统严谨地学习；无法像现实生活中一样全面感知学习内容，也无法沉浸式体验知识；网络时空的距离感使学习者在学习过程中感到极大的孤独，内在情感与学习疑惑也无法获得及时有效的帮助；部分慕课课程内容简单乏味，形式上也倾向于单向说教、画面僵化；网络教学模式缺乏自适应学习空间的灵活性，无法根据学习者的学习特点，提供智能化的学习资源。

（二）学习论视角下的深度学习及其对慕课学习困境的启示

深度学习正是相对"浅层学习"而提出来的。最新的美国《地平线报告》预测，"深度学习策略"研究是未来驱动教育发展的关键要素，也是

---

① 刘彦楠. 生态视角下 MOOC 学习社区的互动研究 [D]. 曲阜：曲阜师范大学，2017：43.

② BRESLOW L, PRITCHARD D E, DEBOER J, et al. Studying learning in the worldwide classroom research into edX's first MOOC [J]. Research & practice in assessment，2013（8）：13 – 25.

③ BEATTIE V，COLLINS B，MCLNNES B. Deep and surface learning：a simple or simplistic dichotomy? [J]. Accounting education，1997，6（1）：1 – 12.

教育技术学的趋势与挑战。综合近年国内外关于深度学习的探索，我们总结出深度学习的基本内涵与典型特征：（1）从学习方式看，深度学习是在深度理解学习的基础上，学习者能够批判性地学习新的思想和事实，将它们融入原有的认知结构中，能够在众多思想间进行联系，并将已有的知识迁移到新的情境中，作出决策和解决问题的学习。Beattie、Collins 和 Mcinnes 认为，深度学习方式意味着学生为了理解而学习，主要表现为对学习内容的批判性理解，强调和先前知识与经验连接，注重逻辑关系和结论的证据。① （2）从深度学习发生的条件与过程看，有学者从学习科学视角诠释了深度学习，他们认为深度学习需要连接真实世界的、有意义的、面向问题解决的学习任务，教师需要设计这样的学习环境以支持深度学习的发生。② 最近，"互联网＋人工智能"与教育大数据作为技术赋能，有效帮助深度学习遵循计算思维的路径发展，所以，如果从基于大数据的智能学习视角诠释，深度学习则是指通过建立、模拟人脑的信息处理神经结构来实现对外部输入的数据进行从低级到高级的特征提取，从而使数字化平台能够理解并处理学习者的学习数据，由此帮助学习者获得个性化信息与知识，从而解决复杂性问题。（3）从学习目标与结果看，深度学习强调较高的认知目标层次，强调高阶思维能力的培养，强调学习过程中的反思与元认知，并且注重学习行为方面的高情感投入和高行为投入。③ 美国惠利基金会认为，深度学习是学习者为敏锐理解课程内容并将知识用以解决课堂和工作中的问题而必须掌握的一系列素养，主要包括掌握核心课程内容、批判性思考与解决复杂问题的技能、有效沟通的技能、协作的技能、学会学习并形成学科思维模式。④

上述深度学习的学习论研究成果启发我们，如何突破课程学习思维与逻辑的浅层结构走向生成型深度结构、判别型深度结构、混合型深度结构

① 李洪修，田露. 人工智能背景下教学自由的价值意蕴及其限度［J］. 湖南师范大学教育科学学报，2020，19（4）：49－55.
② 田慧生，刘月霞. 深度学习：走向核心素养［M］. 北京：教育科学出版社，2019：19－20.
③ 李胜波，陈丽. 中国MOOCs课程设计调查研究［J］. 开放教育研究，2016，22（2）：46－52.
④ 李洪修，田露. 人工智能背景下教学自由的价值意蕴及其限度［J］. 湖南师范大学教育科学学报，2020，19（4）：49－55.

是慕课平台中实现有效学习的关键。由此可见，提出基于慕课的深度学习策略，重构基于慕课平台的学习空间、学习课程、学习过程与学习激励措施，这是解决当前慕课学习极低效率与低完成率的迫切需要。最终目的是：在慕课平台中引领学习者在迁移与反思中深层次理解课程内容，激发学习者学习动机，最终可以形成批判性思维，并能解决复杂问题，提高有效沟通协作的计算思维与学习素养。下面我们将针对慕课学习中的种种问题提出构建深度学习的具体策略。

二、基于慕课平台的深度学习建构策略

（一）精心设计课程内容的呈现方式与课程结构，促进对知识的深层次理解

慕课课程建设的核心要素，在于课程内容的选择和课程内容的呈现方式。在当今的慕课学习平台中，课程内容多倾向于选择知识、技能、原理类的课程内容，例如在中国大学慕课"Python 语言程序设计"中的课程内容多是涉及 Python 语言的数据类型与程序性结构，以及 Python 语言的算法实现等这样的概念性知识与原理性知识，这几类内容虽是学习者学习课程内容的基础，但仅仅有这些基础知识很难使学习者实现深层次学习方式。

1. 慕课的课程内容选择策略

第一，选择与本课程内容或原理相关的真实学习案例。实际生活中的真实案例，让课程内容中那些毫无情感色彩的符号语言变得更有生活气息，使课程内容变成解决生活中实际问题的工具与手段，促进学习者深层次理解课程内容。例如，由爱丁堡大学开设的"哲学导论"课程中，虽然讲述的是哲学相关的内容，但教师会列举很多实际生活中的案例，比如通过"选择看不看电影"这个问题切入来讲解哲学问题，每位学习者都可以经历的生活化案例使大家更容易理解哲学思考的方式，同时，通过这种真实的学习情境，能溶解学习者与课程内容的时空隔离感。

第二，设计跨学科视角的整合性问题。突破单一学科与原理的课程内容限制，多与其他学科内容深度融合，使课程内容走向开放与对话。学习者在未来生活中遇到的问题大都是跨学科的复杂性实践问题，在分析与解决综合性的实践问题中，反思与优化自己的学习策略与方法，形成对问题的创新性理解与知识的再创造，由此促进学习者对课程内容的深层次建构

与理解。

第三，邀请与访谈本学科课程的学者或专家。对深谙慕课中相关课程内容的专家而言，他们更懂得该课程内容的学习重点，也知道如何将学习到的课程内容应用到日常工作或学习中去，因而，请教专家与研究者是将学习引入深层次理解与应用的有效途径。在美国利伯缇大学开设的"犯罪心理学"课程中，多次邀请犯罪心理学著名专家或学者访谈，例如：有数年警察侦查经验的加德纳警长讲解发生在贝德福县的谋杀案，帮助学习者深入了解犯罪者的心理及其过程；还有儿童网络犯罪专案小组南弗吉尼亚的成员史蒂夫·安德斯探员，为大家介绍一些 ICAC（针对儿童的网络犯罪）的情况，同时也给出建议，让广大民众维护儿童在网络上的安全。邀请相关的专业人员为学习者讲解课程内容与专业应用，随后布置相关的课程应用性任务，可以贴近学习者生活，帮助学习者进一步内化知识的内涵，并形成整合了知识、实践、协作、研究与问题解决的素养式学习。

2. 慕课的课程呈现方式与视频拍摄形式

慕课内容的呈现主要是通过文档化的学习材料和学习视频承载。对于学习文档呈现方式应避免单一的纯文字形式，设计图文并茂的样式，以减少学习过程中的学习倦怠感。在慕课学习视频的呈现方式与拍摄形式方面，应整合多样化与多种类型的学习媒体，多采用实地拍摄型、采访型及综合类的视频课程形式，尽量减少呈现单一化的演播室录制类视频，特别要避免没有学生受众参与的教师讲授型课堂教学录像。有研究者通过对国内 622 门慕课课程的视频形式进行调查研究发现，[①] 我们的慕课学习视频绝大多数采用演播室摄像、计算机录屏等方式录制，视频课程形式高度单一化，缺乏趣味性与灵活性，容易引起学习者的视觉疲劳，非常不利于网络学习者对知识内容的深层次理解。实地拍摄的学习视频，能让学习者置身于现实的学习情境，丰富内在体验，促成对知识的情境化理解；采访类的学习视频，通过采访该学科的专家或学者，能让学习者了解该课程内容前沿性内容与实践性内容，开拓学习者的学习视野；综合类的学习视频，通过将演播室拍摄、教师讲授、计算机录屏、实地拍摄与采访类等多种不

---

① 黄立威，江碧涛，吕守业，等. 基于深度学习的推荐系统研究综述 [J]. 计算机学报，2018，41（7）：1620 – 1621.

同视频拍摄方式整合，并与精选出来的图片、视频、动画等素材按照课程设计思路重新剪辑，让学习者在不同的学习场景中感受知识的迁移与应用，吸引学习者的注意力，在课程内容的不同场景中一一建构自己的知识图谱，整合、深化、生成新的认知结构。

3. 慕课的课程结构设计

在慕课平台中，很多课程保持系统的结构体系，即按照学科课程内容本身的内在逻辑性，分几十个视频由浅到深逐步呈现课程内容。这种课程组织形式虽能系统学习内容，把握严谨的学科知识逻辑，但在某种程度上限制了学习者的发散性思维，也不能激发学习者对学科内容的兴趣，严重影响这门学科课程的初学者继续深入的学习欲望。对于学科入门新生，可以设计更多的专题型慕课，将课程内容以一系列的项目情景或任务呈现，并引导学生分析作品案例，将原理性知识融合在案例与情景中，这样能打破传统线性课程内容组织形式，促进学习者深层次理解课程内容，并迁移到实践中。同时还可以依据学习者的学习需求与学习盲区动态推送个性化的课程，以便强化兴趣，同时又弥补弱项。基于强调学科知识内在逻辑系统性的慕课和突出项目情景的专题慕课两种结构形式，当前，我们需要建立这两种课程结构并重的慕课学习平台。

（二）设计多种类型的挑战型学习任务，在反思与迁移中构筑学习成就感

慕课平台中的学习任务主要有三个：第一，观看视频课程和阅读学习材料；第二，参与线上的学习讨论；第三，完成每周的作业与测评。学习者执行这些任务的过程中常会出现下列问题：在过多的学习材料上切换容易造成学习的跳跃，而跳跃的非线性思维又导致很难长时间专注于课程内容的深度学习；散乱而主题不明的学习讨论不能在深层次上解决学习者的疑惑；填空、判断与简答等内容封闭式的学习作业不利于学习者的学习迁移等。我们可以从以下三个方面着手解决。

1. 建立解锁式层层深入的闯关式学习

学习者在慕课平台中观看或阅读课程材料时，如果一门课的所有资源都可以任意选择，学习者容易形成跳跃式观看，这时，学习内容都是碎片化的，这种方式并不利于深层次建构对知识的理解，长此以往，也会弱化学习者的学习积极性。因此，可建立层层深入的闯关式学习，对于基础性的学习视频与学习文档材料，新手可以依据自身的学习需求自由观看；而对于扩展性、提升性或关键性的学习材料，学习者必须完成相应的解锁任务，方可进行访问学习，若是不完成基础任务，就无法观看后期课程。学习者必须完成指定的基础性学习任务才能解锁难度较高的学习材料，通过不断的闯关，获得解锁的奖赏，这可以极大地激发有兴趣的学习者对后续深入内容的求知欲与学习积极性，提升学习者的学习成就感。这就要求慕课建设者根据课程内容的知识结构、难易程度与学习者的水平，设计基础开放式的学习内容与闯关提升性的学习课程，并确定两种类别课程视频、文档、作业的权重比例。

2. 设计主题式学习与专题讨论会

学习者可以在慕课平台的讨论区提出自己遇到的学习问题，其他学习者的解答与讨论常常无法切中问题的要害，发言跑题与散乱是常见的，有时就成为各说各话的无主题式发言。这种学生自己主导的交流顶多只能解决学习者学习过程中的碎片化问题，无法系统、深层次地建构学习。

教师可以对学习过程中频繁出现的问题，设计并主导整个主题的学习任务，引导大家分工协作，并创建与课程内容相关的学习专题讨论帖，鼓励大家就某个专题深入交流，由此可以系统而深入地解决学习者的代表性难题。与此同时，教师也可以定期发布交流主题，在大家有一定时间的准备之后举行视频会议，就该主题主持学习者参与的讨论会；学习者必须提前检索主题资源，快速寻找自己认可的学习问题答案，在教师主导的主题讨论中表达与借鉴，在观点分歧中思维碰撞与融合，逐渐发现自己的学习盲区，由此促进学习者对自身思维方式、学习方式、问题解决过程、学习结果的反思，帮助实现对自身慕课学习的监控、调节、补救和提高，优化在线学习过程。

3. 重构慕课作业形式与提升慕课测评的目标高度，指向迁移能力与高阶思维

根据慕课平台中课程测评作业的答案是否具有预设性，可将慕课作业分为开放式作业与封闭式作业。封闭式的作业中，答案在规定的内容范围中，不能有丝毫的错误；开放式作业的答案有更广阔的空间，能有效开拓学习者的思维，更能培养学习者联系实际的阐释与应用的迁移能力，或者提升分析与评价的批判思维，但当前的慕课课后作业大多是填空、选择、

判断等客观题型，开放式作业非常少见。因此，重构慕课的课后作业形式与内容，提升慕课测评目标的高度与深度，丰富开放式的学习作业设计，提升学习者的迁移能力与高阶思维，成为当前我国慕课建设的当务之急。慕课课后作业设计时应注意以下几点：

第一，注重开放式作业的多样化类型设计。作业的形式依据课程内容特点，可以是案例分析、调查研究报告、设计作品成果等，同时，学生提交作业的媒体表现方式可以用视频、图像、音频与文字等一种或多种来承载与呈现。

第二，注重开放式作业的情境化设计。可以通过 VR、AR 等技术手段建立丰富的任务情境，为学生创设虚拟的感官环境，将学习者迅速带入问题解决的现实或模拟场景中，为学生带来全新的体验感，激发学生的学习能动性。[1] 因此，在设计开放式作业时，可以让学生在虚拟现实的技术环境下创建或者完成与真实生活相关的学习任务，使学习者将学到的理论指向实际的应用情境。

第三，设计多种内容、主体、方式混合的学习作业。在作业内容上，可以是学科任务知识、实践应用与任务项目等多种内容的混合；在作业完成的主体上，可以是学习者自主完成或小组协作完成；在完成方式上，可以采用线上与线下两种方式的混合，线上搜索资料，线下分工调研与探索，然后又回到线上发布成果并线上讨论；在作业评价方式上，也可以采用学习者自评、小组网络互评与教师评价的混合方式。

（三）建立基于行为数据的学习过程监督与面向学习作品的混合评价机制

1. 建立网络学习日志、自适应学习资源与策略推荐，促进个性化学习

当前慕课平台中的过程性评价主要聚焦在统计学习者在讨论区的讨论条数，以判断学习者的讨论深度，这样的学习过程评价信度与效度不高，不能深入有效发现学习过程存在的问题。我们建议慕课平台开发与运营机构尽快完善一项功能，能够整全记录并保存学习者整个课程学习过程中的

---

① FILIUS R M, KLEIJN R A M, UIJL S G, et al. Strengthening dialogic peer feedback aiming for deep learning in SPOCs [J]. Computers & education, 2018 (125)：86–100.

学习行为，由此建构一个学习者学习过程及其形成性评价的学习行为数据库，主要包括三方面数据：第一，学习者学习过程中视频或网页的浏览、点击行为，在学习讨论区的留言评论、学习的时长等，建立属于学习者自身的学习日志空间；第二，学习者平时小测验的测验成绩；第三，学习者课程阶段测评与最后考试成绩。分析上述学习者的学习数据，并由此提出反馈意见，以实现及时有效的学习干预。在 Coursera 平台上就提供了学习者数据分析的学习指导，当单元测评达不到课程的要求时，学习平台会给予学习者查漏补缺的建议，并为此推送个性化深入学习的视频或学习文档，建议学习者进一步自学，以便在重测中顺利通过。如果慕课平台为学习过程积累了比较完整的学习数据，基于大数据的学习分析，就能监督学习者的学习状态，精准推送学习课程，个性化地提醒学习者调整学习进度，建立属于每一位学习者的网络学习日志，在精准学习过程中提高网络学习动机与学习绩效。

当前我国慕课平台推荐的课程基本上都是最新的内容，但不一定是学习者当前最需要的内容，最合适的课程推送与学习支持需要大数据与学习分析技术的支撑，所以，慕课学习如果要持续有效而且层层深入，必须实现学习者与慕课平台之间基于学习分析的相互适应。一方面，平台可以通过收集慕课学习过程中不断生成的数据，如课前检测、平时作业评测、学习者对资源的点击浏览次数、学习时长及讨论区的反馈等显性和隐性的行为数据，[1] 利用学习分析技术，客观地分析学生的历史学习记录，总结出学生的兴趣与需求，[2] 提供个性化的学习资源和学习策略，诊断网络课程中存在的薄弱点，调整课程内容的难度或者课程进度。另一方面，学习者可对慕课平台提供的学习资源、学习策略、学习进度及其调整等支持服务，进行有用、无用或无影响三个方面的评分来对平台进行反馈与评价。这样，通过学习者与慕课区之间的相互适应来促进学习者的个性化发展，逐渐步入课程的深水区。

---

① 郭元祥，李炎清. 论学生课程履历及其规约 [J]. 课程 . 教材 . 教法，2016，36（2）：17 – 23.

② 刘峤，李杨，段宏. 知识图谱构建技术综述 [J]. 计算机研究与发展，2016，53（3）：582 – 600.

2. 自评、同伴互评、教师作品点评的多元化综合诊断，触发深度自我反思

在慕课中，一个模块或者阶段的学习结束后，为了实现知识的有效迁移，可以创建指向真实问题解决的复杂任务情境，并设计完成任务的多个不同方式、不同层次的难度。建议难度系数较低的由学习者自主完成，难度系数较高的可寻求课程教师与助教的帮助来完成；也可以采用小组合作的方式完成，进一步锻炼学习者团队协作与问题解决的能力。在学习成果与作品的呈现方式上，可以利用虚拟现实技术来呈现，也可以用图文表达一个真实的学习情境。评价方式可采取学习者自评、对话式同伴反馈、教师点评优秀作品的多元综合诊断。

首先，让学习者自我评价，建立反思文稿，包括自我评分等级、改进建议。对自己的学习进行评价可以提高学习者反思与监督自身学习行为的能力，并提升学习积极性。其次，进入对话式的同伴互评反馈环节，由同伴评价并给出评级理由及优化建议，学习者收到同伴的反馈评价后，可再对同伴的反馈进行评分，对于评分结果有异议的，学习者可与评分的同伴交流，对学习作品的优化进行再讨论。最后，由教师进行反馈，在平台中展示优秀的学习作品及高质量的评价原文，并引领学员鉴赏评价这些成果，然后对下一阶段的学习提出建议。这种多轮对话式同伴互评与教师引领的点评，会有效触发学习者对自身学习过程与作品的深度反思，提升学习投入感。① 当前中国大学慕课平台中虽有学习自评，但只是给予了评价分数，缺乏同伴之间、师生之间基于学习者学习过程与作品的深层次交流与反馈，不利于学习者对知识内容的深度反思与深层次建构。

（四）基于学习过程的数据记录与分析，提供多方位的工具与支持

1. 提供丰富的课程履历，营造课程学习的文化氛围

课程履历不只是学习者所学课程及学习结果或成绩的学习档案，更是为了达成课程目标而必需的各种学习经历，也包括课程学习过程的个人成长档案，课程履历具有过程取向的发展性价值。② 中国大学慕课一般只提

---

① 黄立威，江碧涛，吕守业. 基于深度学习的推荐系统研究综述 [J]. 计算机学报，2018，47（7）：1620-1621.
② 徐春华，傅钢善. 视频标注工具支持的深度学习研究——以慕课学习环境为例 [J]. 现代教育技术，2017，27（3）：13-19.

供了课程基本内容，罗列了参考书籍，对课程目标与必需的预备知识介绍
也非常少。这种简洁的课程履历很不利于学习者清晰了解自己的学习任
务、学习过程与学习方法，是学习者课程预备与活动发展缺失的主要原
因。简化的学习任务、单一的学习过程与不当的学习方式很容易造成学习
者的浅表式学习。

　　从课程设计的角度看，慕课平台中比较完备的课程履历至少应该有：
第一，在课程简介中清晰表明在学习该课程前应有的预备知识与能力，以
及用三维目标展示经过该课程学习之后应该达到的要求。第二，在每门课
程任务栏中明确标注每周的学习任务与学习活动，以及经过这些学习之后
应达到的水平。第三，应该为平台中的每门课程提供整体的学习方法与建
议，也应该为每个章节的学习提供具体的学习策略指导。同时，还应该为
课程作业配套提供优秀范例作品以及作业的评价量规，使学员的学习过程
与作业目标明确、方法得当。第四，慕课平台可以实时记录学习者经历学
习任务、学习活动、同伴互动、作业完成、学习评价时产生的行为数据，
统计分析学习数据，给学员提出学习建议，这些丰富的档案资料都是提供
给学习者的课程履历。通过在平台中为慕课建立丰富的课程履历，一方面
可以营造课程学习的文化氛围，帮助学习者明了课程的内容，熟悉课程的
学习理念，有效消除学习者学习新课程时的孤立紧张感，并提升学习者对
慕课平台的委身感与学习幸福感；另一方面，可以让课程设计者更好地了
解学习者的学习过程与学情，以便进一步修正与丰富课程履历，使封闭型
的课程逐渐走向开放型课程、生成型课程与多维课程。

　　2. 实时学习情况追踪提醒与知识图谱，有利于学习者发现问题与适时
调整

　　我们认为，慕课学习进程中的实时学习情况追踪与提醒，既可以是对
学习时间与学习任务、学习进度、学习进阶状态的提醒，也可以是以知识
网络图谱的形式呈现学习活动之间的相互关系，并在每个学习活动中建立
不同知识间的网状结构关系，通过测验，在知识网络图上标注出该学习者
对各知识点的掌握程度。① 知识图谱是结构化的语义知识库，以符号形式

---

① 刘峤，李杨，段宏. 知识图谱构建技术综述［J］. 计算机研究与发展，2016，53（3）：
582-600.

描述物理世界中的概念及其相互关系，其基本组成单位是"实体—关系—实体"三元组，实体间通过关系相互联结，构成网状的知识结构①。这种图谱化的学习记录，使学习者能一目了然地看到自己的学习情况，及时发现存在问题与薄弱环节，并拿出补救方案，不断调整自己的学习状态，促进学习自身的个性化发展。Coursera 平台对完成了的学习任务做了标记，学习者能实时了解到自己的进展，同时，学习者也可以根据自己的需求设置每周或每月学习日历表，提醒自己每周的学习时间，以防因忘记时间而延误课程进度。当前的中国大学慕课中也建立了学习日历表，记录了每天的学习任务和学习时长，遗憾的是，不论是在 Coursera 平台抑或是中国大学慕课中，都并未建立知识网络图谱及对每个知识点的掌握程度，这一点有待加强。

3. 可视化的学习工具，帮助学习者建构知识间的联系

可视化的学习工具，是用图形化的手段直观地把学习过程中复杂的、不可视的思考方法和思考过程清晰地呈现出来，进而促进问题分析、问题解决的一种技术手段②。深度学习的前提是首先发现不同知识之间的联系，而学习者通过可视化学习工具能够快速有效发现各个知识之间的结构关系，并能在可视化的思维深入演进中促进问题解决与有效内化课程内容。有研究表示，可视化的学习工具，是当前网络教育空间中利用语义图示有效规避碎片化学习与跳跃式数字阅读，进而深入建构数字化知识点之间的内在逻辑，提升网络学习质量的有效学习工具③。

但当前我们的慕课平台很少有可视化的工具进行学习支持，非常有必要尽快在慕课平台中设计开发这些功能：学习者可以通过可视化学习工具中的图形表征不同的知识概念，运用不同颜色、不同粗细、带文字或箭头的不同线条表示知识之间的逻辑关系；也应该提供比较成熟的认知与思维可视化工具，例如思维导图、逻辑地图、概念图、认知地图等，以方便学

---

① 吴照龙. 应用可视化学习工具，培养学生编程思维［J］. 中国信息技术教育，2019（19）：55 – 57.

② 顾小清，冯园园，胡思畅. 超越碎片化学习：语义图示与深度学习［J］. 中国电化教育，2015（3）：39 – 48.

③ 黄立威，江碧涛，吕守业. 基于深度学习的推荐系统研究综述［J］. 计算机学报，2018，47（7）：1620 – 1621.

习者表征抽象概念知识及不同概念知识之间的关系、整理知识结构、反思自我经验、建构属于学习者自己的知识概念地图、创建自己独特路径的可视化学习过程；当学习者被课程老师要求解决复杂问题与完成项目作品时，也可以利用思维地图等可视化工具来表达自己分析问题的思路，形成问题解决的方案与步骤；还可以用这些可视化工具完成学习作品，提交给老师或者分享给同伴，并进行交流与修改。

4. 建立学习资源的实时标注功能，促进学习者反思式学习

当前的慕课平台中，一般只在学习视频的旁边提供了向老师文字提问的讨论区功能，学习视频的标注标记、学习笔记的共享与评论以及学习标注与评论的检索等功能并未涉及①。我们建议慕课平台应该提供标注功能，引导学习者对各种媒体类型的课程内容进行个性化备注，建立自己的学习笔记，以建构对该内容的理解，同时也可将自己的笔记共享给其他人学习、提问、探讨。

对于文档类的学习资源，学习者可以对重点内容及其关键词标注不同的颜色、大小、粗细，也可以用思维导图的形式整理课程内容框架、记录反思、标示思考课程内容层层深入的路径；而对于视频类学习资源，学习者可在不同的时间帧或某个时间段上，记录自己的学习心得。慕课平台有必要完善功能，让学习者能通过时间或关键词搜寻正在学习相同课程的伙伴发布的学习反思，同时，许可学习者针对自己当前的内容进行整理、结构化、思考、记录，鼓励思维的外化与输出，这是促进学习者在慕课学习中从表层逐步走向深层的好方法。另外，不同学习伙伴之间可以反复观看、探讨自己或他人的学习笔记，不断调整自己对知识的理解，能更有效促进学习者在慕课学习、内容思考、逻辑整理、思维外化、交流互动中实现与老师和同伴的视域融合与共生共长。所以，建立这种学习资源的实时标注功能，既可以实现学习者与学习资源之间的深层次交互，又可以促进不同学习者之间的交流互动，有效激发网络学习的积极性并维持长久的慕课学习动机。

---

① 徐春华，傅钢善. 视频标注工具支持的深度学习研究——以慕课学习环境为例［J］. 现代教育技术，2017，27（3）：13 – 19.

第三节　基于网络的校际协作学习模式及其实施要点

　　基于网络的校际协作学习是指跨区域的多个学校之间利用同一网络平台开展的共同主题学习活动，并利用相互间的差异学习交流，由此加深对知识的理解和相互认识，展开大量的社会实践活动，并进行共同的调查研究、作品创作、网络发布与分享。在这种学习活动中，参加学习的伙伴必须基于在线平台协调和合作，由此一般称为网络校际"协作学习"。日本、美国、新加坡等国家比较早进行这类学习模式的实践。20多年前的美国最早提议实施"基于网络开展跨国界协作学习"，当时全世界有30多个国家参加了这一网上协作学习，其主要内容是以开展观测地球活动、保护环境为目的，以学校为基础开设的国际性环境科学教育课程。接着，日本开始实施著名的"百校计划"，日本全国有111所中小学参加了这一基于网络的学校间的共同学习计划。我国最早实施的网络校级协作学习项目简称为"综合学习网络课程计划"，以华南师范大学教育信息技术学院的师生组成的课题小组承担该项目管理。当时，有80多所中小学校参与了这个课题，遍布全国各地，它们基于网络平台对共同主题进行协作式研究学习。这些主题活动课程不仅能培养灵活运用信息技术能力、网络课程开发技能，发挥科学教育（实验、观察、观测、现场调查等教育）功能，还能进行创造性能力等综合素质的培养。

　　教育数字化转型的推进、基础教育新课程改革的深入，基于这二者的结合点来考虑，基于网络的校际协作学习的理论与实践必然会进一步在我国发展。为此，本节针对中小学生的网络校际协作学习，探索这种新型学习方式兴起的原因、理论基础、设计策略与模式。

一、基于网络的校际协作学习方式兴起的原因及其理论基础

　　基于同一网络平台，联络不同区域的不同学校，调查与学习各地之间的差异，并利用这一差异开展共同主题的研究，这种学习方式将自主学习与协作学习结合，将传统的实地考察探究学习的优势和数字化在线教育的合作分享优势结合起来，既发挥教师引导、启发、监控教学过程的主导作

用，又重视学生积极性、主动性和创造性。① 这种学习方式的目的是：培养学生的综合学习能力、创造能力、信息素养以及学校之间互助互长的协作研究精神，为以后建立一套系统的适合中小学新课标理念的网络课程，为利用网络进行综合学习与协作学习探索新的思路。这些具有创新意义的教学实践将在线教与学的应用提升到了最新层次，并由此得到了很多国家教育机构的认同和效仿。

基于网络的校际协作学习课程的开发与学习方式的兴起，主要是由于以下四种学习需求的发展，这四种学习需求既提供了网络协作学习的理论基础，又促使网络协作学习模式的理论与实践不断深入。

（一）计算机支持的合作学习（CSCL）向基于移动智能媒体的泛在协同学习发展

CSCL 强调利用计算机与网络支持学生同伴之间的交互活动，在计算机网络通信工具的支持下，学生们可突破地域和时间上的限制，进行同伴互教、小组讨论、小组练习、小组课题等合作性学习活动。在过去三十年，计算机网络系统结构及其学习方式沿着"单机单用户——单机多用户——多机系统——计算机网络——计算机网络互联、交互操作和协同工作——基于移动智能媒体的学习共同体与泛在学习"的方向演进，② Web1.0 支持的单向网络知识传输向 Web2.0 与 3.0 支持的移动学习、智能学习、泛在学习发展，也为网络校际学习共同体提供了技术与学习理论基础。

（二）在线时空的网络课程需要指向线下的社会生活实践

网络在线课程具有跨越时空、资源丰富且更新较快、教学情境开放与交互、课程学习方式多样等特点，学习者可以共享在线课程，进行自主、协作、创作、分享的学习。

但是，目前网络课程存在很大的缺陷，大都是在以"教"为中心的传统教学设计思想上建立的"课堂搬家式"课程。这种网络课程的特征是，虽然利用了网络技术，增加了"即时双向交流"等功能，但这种双向交流只是教师与学习者间少数个体的交流，并没有真正发挥网络课程的优势。

---

① BERSIN J . What works in blended learning ［DB/OL］. ［2015－03－21］. http：//www. learningcircuits. org/2003/ju12003/bersin. htm.

② 何克抗，李文光. 教育技术学 ［M］. 北京：北京师范大学出版社，2009：45－48.

这种网络课程最大的弊端是，经常要花大量时间坐在计算机前阅读"电子课本"网页，减少了学习者之间相互协作、共同作业、主题讨论、协商共同解决问题的机会，更重要的是没有把网络课程的在线学习与参与线下的社会实践、自然体验、生活体验有机连接起来，长期学习这样的网络课程势必影响学生的实践与协作能力以及身心健康。由此，可以看到当前网络课程的开发需要有全新学习理念来引导其设计和发展，在这种情况下，基于网络的校际协作学习课程和学习模式的理论与实践研究就随之产生。

网络协作学习通过基于新课程理念设计的网络活动课程将各个地区的参与学校连接起来，有利于带动落后地区参与活动的学校改变教学理念。这种学习方式将培养观察、实验、研究、探索、表现、交流、协作、创造能力为主的综合学习，与超越时空、超越传统封闭式教育形态的网络学习相结合，探索一个新型的适应于"学会生存、学会学习"的教育新范式，构建一个开放环境中的学习共同体，主要培养学生与人协作的能力、综合实践的能力、充满个性化的各种表现能力、对异域文化的相互理解能力。

（三）传统校际交流协作方式的拓展与加深

其实，校际协作学习并不是最近才出现的新事物，自从 20 世纪以来一直就有。传统的校际协作多在学科与研究方向相近的大学院校及其专业之间进行，一般是领导、教师、研究者基于大家都感兴趣的主题进行交流借鉴、互派教师、协作研究，在我国某些区域内直至现在都还保持着比较有规律的中小学校间教师互相听课评课、协作研讨学科课程改革的教研活动，学生在教师指导下也进行学校间协作的社会活动。问题是由于种种条件的限制，这种校际协作从关系上看是松散的；从协作主题上看有很强的随意性与不确定性；从协作的深度看一般仅停留在学科教学与学校管理的表面；从协作的人员看主要是学校领导以及教师的交流，学生能够参与的人数与机会不是很多。"互联网＋"的兴起、网络协作学习的理论与实践，为校际协作学习的深度与广度拓展提供了有力支持，校际协作学习由此从国内地区间协作拓展到国际异文化间的协作以及大中小学间跨年龄的协作。

（四）课程改革与信息素养的培养目标在"互联网＋"下的多学科综合实践

当前基础教育中存在的问题依旧相当突出：学习课程结构单一，学科体系相对封闭，难以反映现代科技、社会发展的新内容，脱离学生经验和社会实际，学习过程普遍强调死记硬背、题海训练，对学生的课程评价过于强调学业成绩。

因此，我国基础教育的课程改革目标是形成积极主动的学习态度，获得知识与技能的同时学会学习和形成正确价值观；课程内容要加强与学生生活、现代社会、科技发展的联系，关注学生的学习兴趣和经验，精选终身学习必备的基础知识和技能；课程实施过程倡导学生主动参与、乐于探究、勤于动手，培养学生搜集和处理信息的能力、获取新知识的能力、分析和解决问题的能力、交流与合作的能力；将信息科技教育、劳动教育、研究性学习、社区服务与中小学课程融合，以实现文化基础、自主发展与社会参与的核心素养。①

"基于网络的校际协作学习"就是在以上深化课程改革的背景与全面发展学生核心素养的培养目标下提出来的信息化教学设计模式，它强调引导学生在数字化学习与创新中强化信息素养的综合培养，注重在信息技术、生活实际与各科课程的相互整合中学习科学研究的方法，② 发展检索并综合运用各种媒体资料的能力，渗透人文精神、协作精神和创新能力的培养。其中，特别强调培养学生运用信息技术解决实际问题的策略与能力、在信息活动中负责任的态度。

这种学习方式既是基于本地探究的，又是基于网络协作的。基于网络的校际协作学习中，学生可以体验到以下几点：

（1）信息量大。针对同一主题，几十所甚至几百所学校共同开展调查，在获取的信息量上，与以一所学校为单位所收集到的信息相比悬殊，学生、教师可以共享大量数据和信息的成果。

（2）主题的共同性、地区的差异性，使调查结果的差异性明显化。结果的多样性拓宽了学生的视野，提高了学生兴趣，并将诱发进一步学习的课题。

---

① 教育部. 教育部关于全面深化课程改革，落实立德树人根本任务的意见［EB/OL］.（2014 - 04 - 08）［2024 - 05 - 19］. http：//www. moe. gov. cn/srcsite/A26/jcj_ kcjcgh/201404/t20140408_ 167226. html? pphlnglnohdbaiek.

② 中华人民共和国教育部. 义务教育信息科技课程标准［M］. 北京：北京师范大学出版社，2022：1 - 3.

（3）定期发布学习活动成果使网络校级协作学习增加了现实感与目的性。由于知道全国其他学校的学生在和自己开展着同一活动，学生因此可以亲身体验到收集信息的真正价值。

（4）促进对信息技术的掌握及理解。由于支撑这一协作学习的环境是计算机及网络，要想完成作品发布与协作学习都必须掌握一定的信息技术，这样学生很容易就能体验到信息素养在学习中的重要性。

二、网络校际协作学习的教学观与传统教学观的比较

从教学论的视角看，我们考察一种教学模式的教学设计理念，可以从教学发生的前提、学习发生的原因、学习的本质、教与学主体（学生与教师）及其关系、教学内容、教学过程、教学资源、教学环境等几个方面来分析，并根据这几个要素罗列出网络校际协作学习的教学理念及其与传统教学观的比较结果（如表6-8所示）。

表6-8　网络校际协作学习的教学观与传统教学观的比较

教与学要素	传统教学观	网络校际协作学习的教学观
教学发生的前提	只要有老师和学生就可教学	教学是复杂的，教师要有明确内容与目标才可教学，特别需要创意
学习发生的原因	学习是个人的事，需要外界的动力	学习是社会与个人的事，需要有任务与伙伴的环境激发内在的动力
学习的本质	知识的获取	个人参与共同体获得意义建构，在共同体中实践、对话、活动
学生	被动接受知识的容器	知识的主动建构者、发现者和传输者，与学习伙伴协作的独立个体
教师	把学生分类分级并拥有标准答案的权威者与灌输者，知识的源泉	学生完成学习任务的支架设计者、帮助者、研究伙伴，提供知识资源检索与咨询的向导与长辈
师生关系	师生之间属于管理与被管理者，无法建立平等关系	学生之间或师生之间有平等的人际交往，课堂上的合作学习者、主题研究的合作团队
教学内容	个人的持有物，从教师转移到学生	由学生与教师共同建构

（续表）

教与学要素	传统教学观	网络校际协作学习的教学观
教学过程	教师教导学生获得知识、改变认识的过程，提高教育效率的过程	教师引导学生承接与创造文化科学的身心变化过程，对学习进行支持的过程
教学资源	教材是权威的，甚至是唯一的教学资源	解决学习任务的所有相关媒体、人员、资料都是教学资源
教学环境	学校的硬件建设环境	影响学生发展的社会、文化、学校、人际、媒体等各种要素的总和

三、网络校际协作学习的设计策略与模式

基于现代教学论，我们对基于网络的校际协作学习整个实践过程和参与学校进行了深入调查与分析，试图对这一新型学习方式中的几个关键步骤的设计策略进行分析与说明。

（一）主题的设计

1. 主题的设计内容要注重学科综合，突出地域特征

网络校际协作学习实际上是一项综合学习课程的实践，这个课程的开发目的是培养学生的综合学习能力，所以提出的问题必须是基于校园生活或学科学习中的某些问题与现象，并且这些问题具有综合性，涉及的学科知识范围适中，而且这些问题可以带有浓郁的地方特色。在这种情况下，学生不仅可以学到各科知识，同时可以了解各地不同的文化、自然地理、历史、风俗人情、社会习惯，而且通过交流可以扩大学生的知识面，并且激发他们参与的热情。当然问题的提出必须围绕国家开设的学科课程，从课程融合的视角提出不同的问题，而且必须在深入调查研究、搜集资料的基础上提出。例如，可以设计"谁不说咱家乡好——中国地域文化探究"这个主题，并将其分作几个小的部分，如家乡的人物、家乡的方言、镜头里的家乡，每个部分都要求学生对自己的家乡进行深入调查。譬如：家乡的人物，必须对家乡杰出人物的事迹做详细的调查整理，最后以文章与图片的形式发表；而对镜头里的家乡，学生必须拍摄最有代表性的镜头，还要编辑成片。从这个主题里，可以看到对学生历史、地理、作文等综合素

质的培养，包括学生的调查能力、表达能力、写作能力，还有节目摄制技艺等。

2. 主题的设计方式要注重活动实践，突出参与和协作

主题应是学生共同关心的问题，难度适中，对他们有吸引力的主题才会激发学生投入与持久参与直至完成，这是每一个基于主题的网络校际协作学习能够顺利进行并取得良好效果的前提与关键所在。确定了主题，还要提供大量相关资源。

设计的主题应该注重活动实践，并且让学生有条件和能力共同参与。主题活动过程中，不仅要在网上进行交流，而且更重要的是能够围绕该主题在网下开展活动实践。各参与学校根据主题，组织研究小组，并根据主题的要求开展调查采访、资源探究、数据整理等线下活动，定期将自己的研究成果上传到支持平台的指定位置，同时可以互相参考别人的研究进展，参与该主题小组组织的实时讨论与相互评价等线上活动。之所以要将科学活动与综合实践的结果进行网络交流，是因为参与学生之间存在所在地区与文化的差异，个人观点与态度的差异，活动方法与手段的差异，通过交流可以获得知识的共享与拓展。整个活动过程在分工、协作、共享中完成，每个主题小组的成员不仅能够从其他成员中获得知识，更主要的是还应当对该主题有所贡献。

（二）构建"综合实践—远程协作—主题建构"的校际协作模式

1. 网站学习平台的建设与介绍

网络校际协作学习一个最主要的特点是通过网络进行远程协作，所以建设一个功能齐备的网站学习平台是基础。平台主要提供以下几大学习功能。

（1）项目介绍：是对当前各学校正在实施的网络校际协作学习研究主题的内涵进行详细阐释。

（2）综合学习论坛：是组员自由发表意见、确定研究主题、分组研究、发布作品与成果、迭代优化作品的场所，逐渐会成为校际协作学习的互助空间。

（3）协作学校：介绍参加相关主题活动的各个协作学校及其团队成员。

（4）新闻发布：消息发布和下载相关文件信息。

（5）学生资源中心：与学习主题相关的资源，在学生探究过程中提供支持服务。

网站平台的主页上有学习主题的介绍，这些主题下又可以分为若干个小课题，这些小课题由主持学校组织。在学习的主题页面中，每个学习主题都可提供以下四个功能：第一，论坛交流功能。这是参与主题的组员发表意见和回复意见的地方，我们在过去的校际协作学习论坛中看到很多主题参与学校的指导教师交流经验的帖子。第二，资源支持功能。课题组需要为各参与学校在线提供与主题相关的课程资源、相关资源的网络地址，及时更新课题研究信息，发布学习支持与帮助信息。第三，作品发布功能。各主题参与学校提交的作品，大都为主题活动进程中的学生实践成果。第四，协作功能。既然是校际协作学习，那么围绕共同主题的分工协作、交流共享、相互评价才是关键。

2. 网站学习平台要注重提供"综合实践—远程协作—主题建构"的功能模块

无论是什么研究主题，基于网络学习平台的综合实践活动及其基本功能与流程是大致相同的（如图6-2所示）。

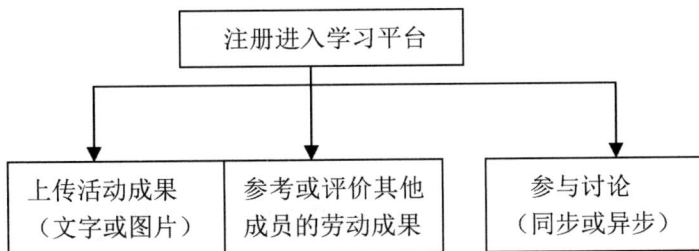

图6-2　校际协作网络平台的基本功能

对一个网络平台来说，它的功能设计是至关重要的。一个功能完备的远程协作学习平台不仅要为学习者提供学习成果的展示空间和多种多样的沟通手段，最重要的是它必须能够支持、辅导、记录、再现、评价远程协作学习的整个过程，为学生的主题研究提供个性化学习和自主建构的支持，从而依托这个网络学习平台，构建"综合实践—远程协作—主题建构"的网络协作学习模式，这是网络校际协作学习平台设计应定位的基本原则。我们认为，如果要建构这样的学习模式，校际协作学习网络平台在设计中要着重考虑图6-3、图6-4、图6-5所示的三个功能模块，在这三个功能模块的基础上，我们列出在实践中总结的网络校际协作学习模式与流程（见图6-6）。

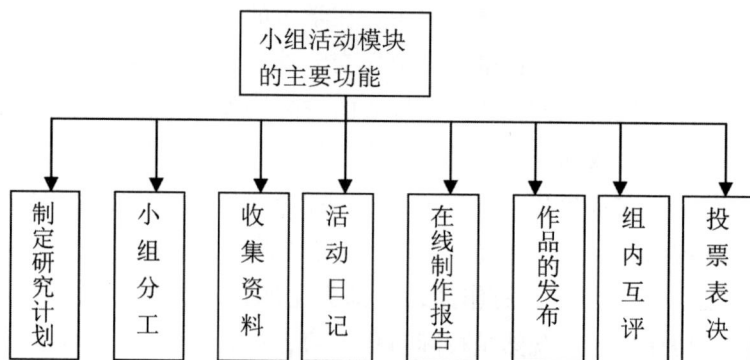

图 6-3　小组活动模块及其主要功能

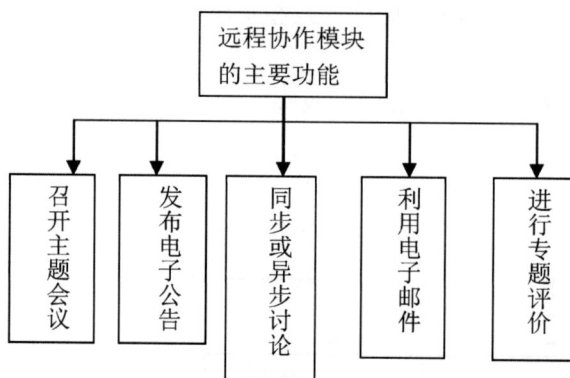

图 6-4　远程协作模块及其主要功能

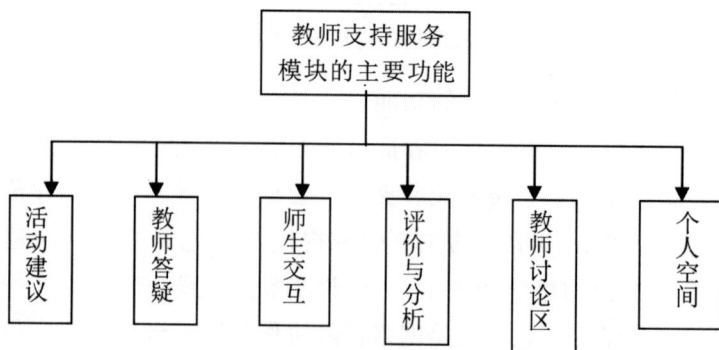

图 6-5　教师支持服务模块及其主要功能

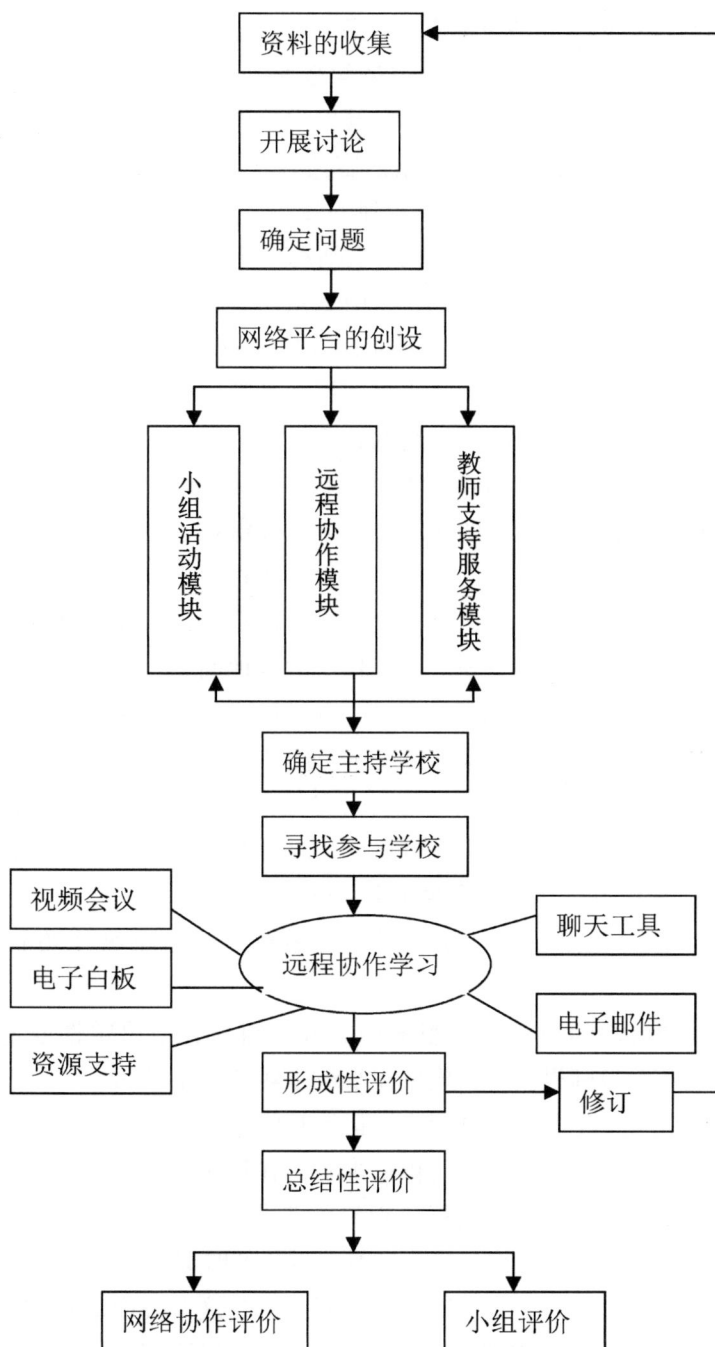

图 6 – 6 基于网络的校际协作学习模式与流程

3. 主题活动中对作品与成果的收集、处理、上传、交流

在网站平台建设完成之后，主持学校和课题组负责管理主题研究过程、安排活动进程、发布消息、审批其他学校的申请与参与，课题组组织参与学校开发校际协作学习的网站内容与课程资源。在课题实施过程中，每个实验学校的小组成员在指导老师的带领下对协作研究的主题进行调查、采访、实验、探究、讨论。在每次活动结束之后，学生要对活动进行总结，将调查数据进行统计，将活动中拍摄与制作的图片进行整理，并记录活动感想与协作讨论结果，同时通过微信、QQ或者电子邮件与其他协作学校的学生进行交流。对老师而言，每个月都应该汇报一下活动开展的情况，并利用电子邮件发给项目组的管理人员。同时，学生或老师可以用文章、图片、数据表格等形式把活动的结果公布在网络平台上。

网络校际协作学习模式的实施过程中，关键在于协作，不仅是教师的协作，最重要的是主题活动的主体即学生的协作；不仅在同校的活动小组中进行协作，更重要的是要在学校之间进行远程协作。在不断的同步和异步的交流与讨论中，可以发现活动进程中的其他问题，以便在下次的行动研究中改善。主题活动结束后，将活动进程中相关的成果进行分析、筛选、整理和后期加工制作，最后以文字、图片、声音、视频等多种不同的表现形式上传。协作学校通过网络相互交流，欣赏彼此的上传作品，发现彼此存在的缺陷，提出意见，进行迭代修改，而好的方面可以相互借鉴。

4. 对网络校际协作学习中学生主题活动的评价

对学生在主题活动中的学习评价，主要是对以下两个方面评价的综合：

第一，指导教师对活动小组的作品或小组报告给出定性或定量的评价，同时也需要教师根据每个成员在小组主题活动中的贡献分别对其作出个人评价。在整个主题活动进程中，指导教师需要对每个学生的活动情况进行记录，为以后进行综合评价做好准备；在每次活动结束之后，教师必须对活动过程中存在的问题进行分析与总结，同时，同组教师可以通过在线会议或电子邮件的形式对每次活动情况进行及时交流。

第二，学习者登录平台的次数及时间。考察这个方面的目的主要是培养学习成员在主题活动中遇到困难时，充分利用网络学习平台搜查资源、远程请求帮助的意识与能力，与同伴协作共享活动经验、网络上传活动成

果、网络互评活动作品的意识与能力。

四、网络校际协作正在从学生的学习模式拓展到教师的研修共同体构建

当然，基于网络的校际协作方式既可以针对学生学习，也可针对异地之间的教师交流教学经验、共享教学资源，还可以跨越区域将城市学校的优秀教师与偏远地区教师结对而实现精准帮扶，更可以建立校际备课、磨课、课程开发的在线集体教研组，以此实现教师共同体的建设与成长。

湖南省已实施了 8 届的中小学教师在线集体备课大赛就是典型的成功案例。2023 年大赛主题为：提升教师数字素养，促进教学方式变革。① 此次备课大赛主要有三大特点：一是参赛面广，全省中小学（幼儿园）在岗专任教师均可参赛，参赛科目包括幼儿园 5 个领域、小学 15 科、初中 18 科、高中 18 科；二是团队参赛，鼓励多个学校的相同学科教师组团，特别是城市优质学校年长骨干教师扶持乡村学校学科教师组团，每个参赛团队成员不少于 3 人，不超过 5 人，旨在充分发挥集体智慧，线上用心研课、磨课，备出最高质量的课；三是通过湖南省中小学教师发展网在线上办赛，教师报名、组团、集体备课磨课都在线上，教学设计作品与课堂实录视频的发布、评课、研课、修改迭代与优化过程，以及最后提交作品、评选公示、结果发布也都在线上完成，既通过网络校际协作实现学科教师的研修与专业成长，又保证了比赛过程的全过程公开与公正。经过报名参赛、提交作品、县区推选、市州遴选、省级评审等流程，评出各等奖项。

---

① https：//sts. hnteacher. net/2023 年湖南省中小学教师（幼儿园）在线集体备课大赛官网。

第七章　高校在线教学的问题
审视与优化路径

　　2020 年初突发"新冠"疫情，在接下来的三年里，各地高校在或长或短的时间段中不得不开展大规模的在线教学，很多地区的高校有几个月甚至整整一个学期无法面对面授课，只能利用直播平台、社交软件与在线资源进行长时间网络教育，这就给了我们一个窗口与机会：在比较长的时间段中整全地审视过去几年我国高校在线教学过程中显现的突出问题与挑战，分析高校当前在线教学问题背后的深层原因，目的是从这些年的实战经验出发，提出今后高校在线教学的优化路径与具体应对策略。

第一节　我国高校当前在线教学的问题审视

　　当前我国高校的在线教学中，教师没有明确意识到线上教学需要转换教师角色与任务，只是将传统课堂搬迁到网络，时空分离下的屏幕接触不断扩大在线教育主体的心理距离，教师对在线教学的认知、行为与情感投入不够，强烈影响了学生的学习投入感与在线教学成效。远程教育的关键是设计优秀课程并提供学习支持服务以实现三种交互，因此，当前高校的直播课、录播课、仿真技能课程的有效实施都需利用对应的社交平台与工具平台设计课前、课中、课后的支持服务；依据大学不同的课程类型进行区别化教学设计，更要根据课程目标、内容与学生情感需要设计多种混合式教学，以促进高校教学创新与学习变革。同时，利用平台记录的大数据，动态性地描绘在线教与学过程，从交互距离与学生自治两个维度让师生获得动态、整全性的及时诊断与警示。

一、将课堂简单搬迁到线上，缺乏信息技术素养与网络教师角色的转换与应变准备

据全国高等学校质量保障机构联盟（CIQA）厦门大学教师发展中心的《疫情期间高校学生线上教学调查报告》（以下简称《调查报告》）显示：八成教师在疫情突发之前未开展过线上教学；即使之前有在线教学经历的少部分教师，其对使用在线平台也只停留在基础认识与经验上，如上课、下课，签到等[1]。

由于当时疫情暴发迅速，无法完成角色转变的教师将在线教学简单等同于直播教学，将传统面对面的教学模式直接通过互联网的方式向学生展现，课堂转变成直播，教师转变为主播。远程教育学家霍姆伯格认为，远程教育中的教师有两个责任：必须预先精心设计、开发由多种媒体组成的课程内容，并策划组织支持学生远程学习的各项服务，才可有效实施远程教学。反之，如果教师不知如何选择与熟练使用在线平台中的学习支助服务功能，也无法灵活选用或者设计开发在线课程，只是将传统课堂教学网络搬迁与数字化，在线教育效果可想而知。直播上课的大部分时间是教师向学生单向输出的过程，教师通过 PPT、视频的方式向学生讲解知识，有效学习是否发生难以知晓。此外，在线教育要求教师必须具有较高的信息素养、较强的整合能力和反思性实践能力，但高校教师信息技术水平和应变能力却呈现出"心有余而力不足"的态势，主要表现在：很多一线教师在大规模长时间在线教学中很少利用网络现有的优秀课程资源；运用各种常规软件制作教学课件、录制教学微视频、编制教学文档的操作和应用还不灵活，甚至不太愿意用；运用 OFFICE、PS、格式化工厂、绘声绘影等软件对文本、图片、声音、动画等已有内容进行简要改造加工的能力也明显有问题；手机、电脑同屏的技术还没有掌握。对比全国中小学教师正应用信息技术应用能力提升工程 2.0 授课的现状，高校中多数教师仍旧按照平常习惯沿用课堂讲授的方式，对教师使用信息技术提升教学技能的培训力度明显不够，对教师信息化课程的选择、设计、改造、开发与应用的能

---

① 谢作栩，薛成龙，等 . 疫情期间高校教师线上教学调查报告［EB/OL］. (2020 – 04 – 05)［2020 – 04 – 10］. https: // mp. weixin. qq. com/s/eplOC9NpJKpXqqZCO3SD2A.

力更缺乏关注，导致部分高校教师技术应变能力和信息化课程与教学设计的能力严重不足，严重影响在线教学正常开展。

二、时空分离下的屏幕接触与三种交互的缺失，不断扩大在线教育主体的心理距离与师生疏离感

师生有时看不到对方的面貌表情，有时听不到对方的声音，在线教学缺少真实情境与体验的人际交往，彼此没有物理身体面对面交流相处的基础，情感沟通严重缺失，远隔时空的师生通过冰冷的屏幕接触，导致明显的心理距离；基于技术的人际交互在表达、归属、反馈等方面明显缺陷，使需要情感交流的人文课程教学效果不佳。教学是一种人与人深度交往的社会活动，而线上教学时，师生、生生之间的交流都处在虚拟网络空间中，在心理上形成了一种与现实世界之间的落差。有研究表明：大多数远程学习者容易在终端的学习中感到孤独和苦闷，他们不仅在学业问题上，而且在社会交往、职业发展等问题上也需要老师、同学和朋友的帮助；在现代远程教育中，大部分学习者渴望教师有高质量的在线辅导，并认为与教师的适时交流能提高自己的学习信心、兴趣和情绪。[①]

穆尔认为远程教育中主要有三种相互作用，即学生和教与学内容的交互、师生之间的交互以及生生之间的交互。远程教育中必须同时有效实现这三种交互作用，才有利于师生在积极学习氛围中形成具有共同学习愿景的远程学习圈，由此，才能有效缓解在线教学中散落在远程终端的学生对内容与教师的疏离感。[②] 然而，现阶段的在线教育中，教师通常只是使用电子屏幕展示 PPT 的传统讲授，这种教学方式使学习者与展示内容之间的交互非常少；另一方面，在调查现有平台功能是否满足在线教学需求的活动中，超过 50% 的教师认为师生互动的及时度与深度明显不够，容易导致在线教学中的教育主体产生咫尺天涯的心理距离。例如：在"腾讯会议"平台上直播课时，全屏状态下老师很难注意到同学在聊天区域的反馈，学

---

① 唐伟志. 远程教育中的情感缺失应对策略探析——基于联通主义学习理论为视角 [J]. 现代远距离教育，2014（2）：34 - 37.

② 徐亚倩，陈丽. 生生交互为主的在线学习复杂性规律探究 [J]. 中国远程教育，2021（10）：12 - 18，38.

生想要开启麦克风与老师进行交流，也必须经过老师同意；利用"中国大学 MOOC"平台开展录播课时，尽管平台提供了师生互动的渠道，但是录播课堂使师生、生生间的交互根本无法实时，且只能通过文字在讨论区交流，这些情况导致交流互动有明显的局限性。在学习情况反馈方面，"腾讯课堂"等为老师提供了在线直播的授课功能，但缺少作业布置和课后测验等功能，老师无法借助平台及时了解学生的知识掌握情况，而且需要借助其他方式向学生布置作业；"中国大学 MOOC"等录播平台提供了课后作业以及测验等板块，但缺少学生实施自我评价、同伴互评、教师评价的功能与环节，既忽视学生在课程学习过程中对学习行为、技能与态度的记录，又难以对独立在线自主学习的学生引起自我反思与及时调整。这种以"一对多"的形式将简单技术化与模板化的课程内容灌输给学习者的教学过程，穆尔提到的三种交互都难以有效发生，结果是：在线教育主体之间的关系不断向疏离、冷漠和僵硬漂移，师生心理距离不断拉大，在线教学的幸福感体验难以获得，在线教学效果与目标的实现遇到强大障碍。

三、教师的在线投入不够影响远程学生的学习投入与在线教学成效

在线教育中，教师的教学投入与学生的学习投入这两个维度都是在线教学绩效的核心影响因素。一方面，教师对知识讲解、教学设计、师生交互、师生关系四类教学工作的投入会对学生学习投入、学习成绩和学习满意度产生不同程度的影响。另一方面，在线学习阶段，学生对教师教学投入的感知与其学习动机、自主学习能力和自我效能感都具有相关性，而这四个要素合在一起正是影响在线教学成效的主要学生因素。[①]

目前，教师的线上投入主要集中在课程内容的 PPT 数字化、直播课或录播课中的知识讲解、作业评阅等方面，[②] 然而，"教学投入"并不仅仅是时间、频率等因素的简单叠加，而是基于时间和精力催生出的教师情感、

---

① 李爽，钟瑶．在线教师教学投入对学生学习绩效的影响——基于教师和学生的视角［J］．开放教育研究，2020，26（3）：99 - 110.

② 柳友荣．教师"教学投入不足"：概念内涵、现实问题与实践向度［J］．江苏高教，2020（11）：66 - 74.

专业化程度以及更有效的教学。比起高校教师线上教学时间投入不足的问题，线上教学投入的结构与方向性问题更加突出，教师很少会在深钻课程内容的基础上进行远程教学设计、学习支持服务设计、远程讨论主题及其项目设计，更少在线上课堂中与远程学生积极交互并在课后继续通过网络维持稳定的师生沟通关系。线上授课时，教师投入将影响师生、生生交互的频率和效率，也会影响其对学习支持服务系统的利用，一个在时间、认知、情感、社会交往四个方面的教学投入不够，甚至"心不在焉"的教师，其课堂很可能是无趣而低效的。教师的时间投入可以看成简单的数量问题，认知与情感投入则可说明投入的深度与质量，两者相辅相成。具体来说，评价线上教师精力投入的主要工作在于线上教学的设计创意与实施过程，如教师是否根据学习者特征进行有区分度的线上教学而非教条式内容灌输，是否具有根据教学目标与内容重组更新教材结构的创新式教学等。此外，教师情感投入与社会交往投入可以用一系列行为或语言来表达，如是否愿意越过冰冷的屏幕主动关爱学生、亲近学生并帮助学生解决学习问题，是否对线上教学有深刻的认知等。

四、线上教学时空的局限使大学实践技能课与实验操作课很难正常实施

《调查报告》数据显示，超过 70% 学生认为线上教学形式并非适合所有的大学教学内容。大学的实践课程注重基于原理性知识的实验探索学习方式，并培养学生多样化的实践技能，如探究、调查、访问、考察、操作、服务、劳动实践和技术实践等，然而，居家线上教学的局限使知识传授以外的学习活动都受到诸多限制。此外，实验课（如物理实验、生物实验等）的开设对硬件有比较高的要求，远程终端学生难以获得相关实验实践设备，大部分实验课都不能正常开展。疫情防控期间很多高校的物理课、生物课、化学课都取消了实验项目或者更改至第二个学期开设，部分有条件的学校，如武汉大学某学院就邮寄了物理实验器材给学生，不过这种做法只能局限于有资金实力的学校，而且局限于小型实验设备。也有学校使用虚拟仿真平台进行实验课的教学，如北京邮电大学开发的"Linux操作系统及计算机网络虚拟实验系统"、中南大学开发的"虚拟化计算机

网络实验平台"、清华大学开发的"NETFLOW 仿真软件"等，有利于计算机网络实验及模拟数字实验等活动的开展。但无论如何，线上教学时动手实践技能的训练有明显缺失，许多课程的目标之一就是运用所学习的知识在一定设备环境下，动手完成一些实践与实验作品，但是远程教育比较难以实现这样的教学。

第二节　我国高校当前发展在线教学的路径与措施

　　长久以来，在线教学与传统面对面教学被视为相对独立与完全区分的两个不同教育系统，而非互相补充、互相成全与互相交融的两种教育方式，应高质量发展高校在线教学，从更高的视角探索在线教学与传统课堂教学及其课程资源的深度融合，纠正单向度发展的高校课程与教学观。远程教育过程与属性的生态系统理论聚焦的是：在一个复杂教育系统中，各子系统及其要素如何通过相互联系和作用促进整体教学效果的发展与提升，却从来不把传统课堂当作自己无法相容的对立面。这为高校今后发展在线教学提供了理论视角与应对路径，即：高校在线教学的发展应从当前高校人才培养与教学改革目标下各个相互制约的子系统出发，从整体上把握教师、学生、课程、平台与教学模式的相互作用，协调并创新各个要素之间的关系，① 构成在线教学与面对面教学两个子系统互相竞争、互相借鉴、互相补充乃至互相融合的高校课程与教学生态系统。

　　一、根据课程目标、内容与学生情感需要设计多种混合式教学，竭力规避长时间单一教学模式

　　学校教育空间既是培养人的重要场所，也是学生成长与发展的重要场域，长时间单一的线上教学情景必然导致学生缺乏真实人际交流，不利于学生学习动机、效能与情感持续而深度的发展，基于此，提出以下几种混合式学习模式，以便促成线上教学单一化向"混合化"的转型，促进学习

---

　　① 丁兴富. 远程教育学［M］. 北京：北京师范大学出版社，2009：382 – 386.

变革与教学创新。①

（一）设计"适量同学线下在场＋大部分同学线上参与"的混合式教学

在客观条件允许下，可以采取线上虚拟教学和线下现实场景教学相结合的混合式教学模式，即近距离的学生在学校参与"教师课堂"，跨省而远距离的学生则参与线上"虚拟课堂"。美国很多高校在疫情后训练教师实施这种教学模式，这种混合教学模式对于线下的同学而言，能够直接置身于师生同在的教室学习，增强临场感和沉浸感，特别是对一些实验、实践的课程能够有效地参与其中；对于线上的同学来说，可与线下同学组成学习小组共同学习，其参与度和交互感明显比一位教师针对所有线上同学的在线教学强得多。

这种混合式教学在高校中还可以拓展为线上线下交换授课制，具体做法是：将原来在一个教室里上课的班级同学分成两至三组，一组同学到教室参与课堂教学，保持安全距离就座，同时对课堂教学进行直播或录播；另一组同学留在宿舍或其他安全地方，观看课堂直播或录播；下一次上课时，与其他组别的同学对调，以后依次交换。这样做的好处除了能保证安全的"社交距离"、减少流行病感染机会外，还能保障正常的教学进度，缓解教室安排的压力，避免教师与学生长时间单一线上教学的各种弊端。

（二）开展"理论基础知识线上教学＋实践操作内容线下实施"的混合式教学

针对高校课程不同的教学内容，我们提出线上理论教学＋线下实践教学的教学模式。基础理论知识的教学更适宜采用讲授法，因此就可以通过线上授课来完成，它对于课堂、设备、教学环境等要求不是很高，同时，线上大量的优质资源能够充实理论学习内容。比如讲解计算机网络时，对于网络的基础概念、网络的特点，教师可以制作 PPT 并借助"腾讯会议"或"腾讯课堂"等平台进行直播授课与同步学习。当然，教师也可以在"中国大学 MOOC"平台上创建课程，具体步骤是：逐个讲解录制各个知识点，然后上传至慕课平台，设计相应的作业、任务与教考纲要，且补充

---

① 占小红，符吉霞，沙莎. 教学结构视角下应急型线上教学的现实困境与发展路向——对上海市 108 节教学视频的实证考察［J］. 湖南师范大学教育科学学报，2022，21（2）：111 – 122.

相应的拓展学习资源；让学生直接学习慕课平台上其他教师的精品课程，并结合这些课程内容补充讲解和定期答疑的活动。对于工程与实验课程当中的一些实践性教学内容，由于远程教学的种种限制，更适宜集中到期末或者下个学期开学进行授课。

（三）可开展"线上集体大班教学＋线下小组完成项目"的混合式教学

针对覆盖面广、内容基础的公共课与通识课，如大学英语、大学语文、编程语言、中国近代史等，可采用大班教学＋线下小组讨论的混合教学模式。"学堂在线""中国大学 MOOC"等学习网站上提供了大量的学习资源，教师可以根据自身需求，联合其他教师一起打造一门线上的金课，然后让所有的学生都在线观看视频资源，完成相应作业。同时，班级教师还应新建一个学习群，针对每个班级学生的状况，有针对性地进行教学内容的补充讲解；对于一些复杂而需要多元视角的任务，教师可以定期举办小型线下讨论会，学生按照互补性原则搭配成学习小组，协商分工完成项目，最后提交讨论报告或者任务成果。

二、基于课程目标与平台组合的高校在线教学具体实施方案

瑞典学者霍姆伯格提出远程教学的两大核心功能：第一是为远程学生设计、开发多种媒体的课程资源；第二是在教与学的过程中通过各类信息技术工具，为师生与生生之间设计具有一定机制的多维度交互方式，为学生提供学习支持服务。基于这两大功能目标，高校当前主要可以为学生提供三种在线课程实施形式及其学习支持服务：直播课、录播课（即慕课）、基于虚拟仿真的实践技能课程。这三种在线课程的有效实施都需要对应的社交平台与工具平台进行课前、课中、课后服务，例如：微信、QQ 等社交类平台可以为在线师生提供实时交流，缩短师生间的交互距离；一些工具平台可以帮助教师制作在线课程、辅助学生完成学习、基于知识与原理创作作品并发布、支持小组协作学习及其学习结果的评价。因此，应根据实际需要灵活搭配平台与工具，充分发挥某些软件特有的功能，如海量资源、智能题库、自动批改、一键转发等。

不同类别的网络工具都有其优势与局限，当教学设计与网络工具的功

能相匹配时，才能充分发挥在线教学的优势，提高教学质量。① 基于此，提出基于课程目标与平台组合的高校在线教学的三种具体方案，如图 7 - 1 所示。

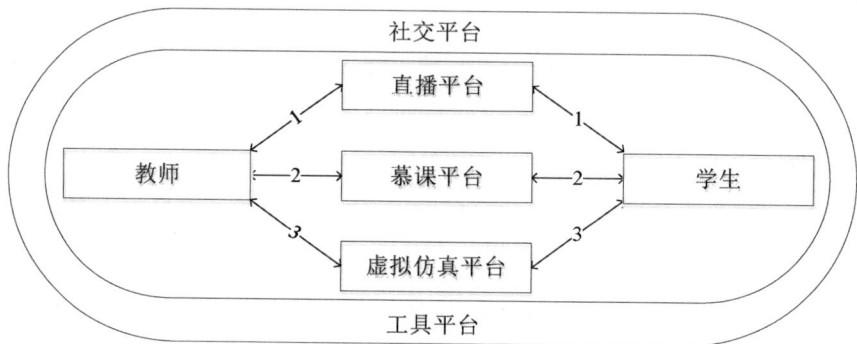

图 7 - 1 基于课程目标与平台组合的高校在线教学三种具体方案

（一）基于知识讲授与直播平台的在线直播教学

这里的直播平台既包括"腾讯会议""腾讯课堂""ZOOM"等专注线上会议的直播平台，又包括"钉钉"等综合管理类平台。直播教学是指教师在约定与受限的排课时间，通过视频直播平台进入虚拟教学空间，进行实时直播授课，学生则在线实时听课。② 它能够在短时间内实现大规模的知识传递，直播教学的教师负责自主设计、开发或者选择课程材料，并通过直播平台师生共享多种媒体的课程内容，同时通过平台上的"举手""发言""连麦"等各类双向通信机制实现师生交互。③ 这一过程对教师的教学掌控能力提出了新要求，因此直播教学时需注意以下几点：第一，直播教学适合实现知识性教学目标。利用在线直播教学，教师能快速有效地向学生讲授清楚原理概念等系统性知识体系，这些属于认知领域的教学目标强调学生对于具体事物和知识点的回忆、理解和应用等。第二，师生互动才使直播教学具有活力。学生进行线上学习时处在一个较为孤立的物理

---

① 陈实，梁家伟，于勇，等. 疫情时期在线教学平台、工具及其应用实效研究 [J]. 中国电化教育，2020（5）：44 - 52.

② 沈宏兴，郝大魁，江婧婧."停课不停学"时期在线教学实践与疫后在线教学改革的思考——以上海交通大学为例 [J]. 现代教育技术，2020，30（5）：11 - 18.

③ 宋灵青，许林. 疫情时期学生居家学习方式、学习内容与学习模式构建 [J]. 电化教育研究，2020，41（5）：18 - 26.

空间，这要求教师的 PPT 内容重点突出。提问与引导思考交流很重要，教师应根据内容设计好问题，连麦发言与远程互动的语速不能过快。第三，教学设计是关键。通过单向传输方式进行知识性教学容易产生注意力失焦，这就对教师的教学设计、教学支持与情感服务等提出了更高的要求。教师需要在直播教学的全过程中使用社交平台和工具平台组织小组协作、主题讨论等。

（二）基于录播资源或慕课的学生自主学习

教师将事先制作好的以视频为主体的网络课程上传，或者直接选用慕课平台上的精品课程为教学内容，学生在被限定的时间内自主学习这些视频文字等多模态资源，同时，教师将作业与任务、讨论主题及同类主题资料附在在线课程的模块中，还伴有集中答疑、小组讨论等学习活动。"中国大学 MOOC""学堂在线"等慕课类平台则能提供教学资源，同时这些平台还允许教师建立专属的 SPOC 课程，使在线教学可以更加灵活、更有针对性。这种基于平台资源的高校教学模式使教师不得不将教学重心放在在线课程的精选、重新组织改造与创新设计上。目前，国家、各省教育公共资源平台基本上都提供这种在线异步教学服务，为学生的自主学习提供了多元选择。这种方案的重点体现在学习资源的设计开发或者精心选取。落实到教师对网络课程的设计制作上，要求课程主题的多种媒体素材丰富、课程目标及其结构清晰、页面内容布局合理、拍摄制作的风格统一。在线课程这样的设计要求，一方面是学习者对页面艺术性的心理临场感需要；另一方面，良好主题结构的模块内容可以降低学生的认知负荷，增强在线学习动机与效率。在声音设计上，绝大多数学生偏好教师原声与教学情景的效果声，这可使学生产生亲近感、可信赖感。[①] 除了课程设计与教师引导，学生的自制力和执行力也十分重要，在线学习者需根据自身条件和需要，自定步调实现学习目标，这一过程迫切需要学生掌握多种在线学习技能和方法，具备自主制定学习目标、自我管理、自我监控、自我评价等能力。[②] 实施这种教学策略时还需注意以下几点：第一，这种模式适合

① 陈实，梁家伟，于勇，等. 疫情时期在线教学平台、工具及其应用实效研究［J］. 中国电化教育，2020（5）：44-52.
② 宋灵青，许林. 疫情时期学生居家学习方式、学习内容与学习模式构建［J］. 电化教育研究，2020，41（5）：18-26.

认知与原理领域的知识点教学，一个慕课视频讲解一两个知识点，然后以课后习题与课后文档等资源，对知识点进行巩固。第二，需要重视学习任务、学习活动的设计。这些异步平台有很多资源和交互手段，教师可充分利用，如在讨论区定期发布问题、召集小组讨论、附加学习资源的下载与观看、进行作业的同伴互评等。第三，适合公共类与通识型课程。大学公共课程的受众广、人群基数大，可以请一个学校（或者某一个地理区域）的优秀教师团队打造精品慕课，再由各个教学班的教师负责督促学习进程，并进行学习答疑。

（三）基于仿真平台的实验技能教学

大学理工科有很多实验操作与实践技能是第一种方案的"直播教学"与第二种方案"基于录播资源的在线自主学习"难以完成的，这就需要利用虚拟仿真技术把具体的实验场景和实验操作集成于一个平台，跨越时空与器材的限制，特别是在疫情等特殊状况下，虚拟仿真平台可使部分实验教学照常进行。当然，目前的虚拟仿真平台还不完善也不全面。这次疫情防控期间，大部分实验课程都取消了教学，这无疑是对教学计划的强大冲击。如果学生居家时能够进行虚拟实验会大大提高他们对在线教育的临场体验感。在进行虚拟仿真平台教学时，需注意以下几点：（1）仿真实践技能教学也需要遵循实验教学的步骤。首先组织学生通过网络远程观摩实验，然后利用仿真实验系统来分解、演示实验步骤、模拟安装与操作仪器等，最后把自主权交给学生，让其自由探索并适当组织虚拟课堂，并试验操作演示和答疑。① 如 MULTISIM 软件可以模拟电子技术基础实验，教师必须首先在课上阐明实验目标和实验步骤，再加以演示，最后由学生来进行实验操作，这样能在最大限度内克服空间、器材的局限；护理专业同学可以进行分娩护理的仿真学习，这能为学习者提供很多初期训练，而且节约成本。（2）重视学生的参与。利用虚拟仿真平台进行教学的目的是教会学生操作某一项技能，同时又能对操作过程有直观的感受和理解。因此，教学过程中，也应灵活运用工具平台的记录功能，如通过学生的平台登录时长、技能练习时间、练习效果等量化数据，从学习投入、学习参与、练

---

① 张众. 大学在线教学的生存论哲学反思与矫正——基于混合式教学模式的应用［J］. 江苏高教，2020（9）：62－66.

习质量等方面评估学生的在线实践学习情况，个性化地及时干预主体的学习情况，从而克服线上教学时教师无法及时了解学习效果的局限。

无论是同步的直播课、异步的慕课，还是仿真实践课，三种高校在线教学策略的实施过程中，教师都需要有意识地建造基于课程内容的线上学习共同体。相比线下课堂，学生在线学习时处在一个相对孤立的物理环境，这对于培养学生的沟通、交流能力不利，所以，通过平台上的讨论区、作业区留言功能，可以构建基于内容的师生交互和生生交互机制；教师也要及时给学生提供帮助和反馈，让大学生在虚拟学习空间中通过协作、竞争、讨论等多种形式的交互提升学习成效。与此同时，在线学习共同体的同伴支持，也能有效消解大学生独自在网络终端学习过程中涌现的孤独感、无聊感等消极心理情绪。① 其中，在采用策略二的录播课程或慕课自主学习时，与策略一的直播教学相比，师生之间与生生之间的心理距离更远，更容易产生在线自我疏离感与师生疏离，进而导致逃避在线教育等严重心理困境。所以，策略二的异步在线教学更要注重线上学习共同体的构建，可以充分利用慕课平台与社交平台强大的交互功能，通过分组交流、一定频率的互动、互相监督等方式完成各项在线学习任务，在获取与建构知识的过程中，共享学习资源，相互间的情感、认知、态度逐渐走向融合，营造虚拟班级的临场感。

三、依据大学的不同课程类型与课程目标进行区别化的在线教学设计

根据布鲁姆教学目标的层次分类，不同教学目标的在线教学方式应当有所调整。首先，对于知道与领会层次的知识性教学，比较适合于在线讲授或者事先将讲课内容录制成在线课程。此类知识点的教学大多比较枯燥，建议每20分钟左右一个片段，提前设计预习任务及其作业，课中设计问题并适当留时间，课后给学生设计任务及支持服务的资源路径，完成作业并且核对后再进入下一个教学片段。当认知目标层次上升为分析、综合、评价时，要求学生不断将新知识整合到原有知识结构当中，并完成强

---

① 王萱，杨浩，崔永鹏，左灿．"战疫"期间大学生的在线学习认同度分析［J］．现代教育技术，2020，30（7）：105-112．

化与创新性思考，这就要求教师在进行知识点授课时注重启发，帮助学生进行知识的迁移，形成系统化学习，可以采用项目教学、任务驱动法、情景教学等，引导学生理论联系实际进行思考、分组查找资源、协同完成作品，并给予课后练习。与此同时，教师应注重多种评价方式的运用，如小组互评、网络作品评价与线下测评等。针对应用技能与动作实践的教学，教师需要对动作技能进行清晰的演示，并配以解说，而针对更高层次的实践性能力培养目标时，教师需要动之以情，晓之以理，让学生充分参与其中。此外，可以选择有情感教育意义的材料，让情感感染力蕴含在各个学科教学中。

最后，大学的课程有不同类型，其教学目标与对象规模也不一样。所以，高校在线教学应针对各类型课程的特点，从不同视角进行教学设计与规划。例如，基础性公共课作为高校当前通识教育人才培养的重要组成部分，不同于可根据兴趣自主选择的网络公开课，在线教学对其是一个很好的发展与改革契机。因为，高校公共课通常面临着学生人数多、授课老师少的问题，可以多学校协同发展精品慕课，利用社交平台解答学生疑问；教师也可以组建以公共课系列慕课为重点的学习群，提前收集问题或者精心设计问题发布，定期举办线上分享会，布置的任务以小组合作的形式完成，条件好的还可以进行相应的社会实践，成果以实践报告和论文的形式呈现。

四、全面、及时地评价学生的在线学习效果

在线过程中，学习者的学习情况及其评价是在线教学质量最重要的观察点。然而，《调查报告》表明，39.6%的学生认为线上学习缺乏监督，同时学习过程中的监控不足会使学习质量很难得到保证，最重要的表现就是"挂机"现象。① 因此除了提高在线课程与教学的设计质量，还应该注重对学习者及其在线学习过程的监督与评价。

对在线教学中学习者进行评价需要落实以下三个原则：（1）整全性评价。不仅仅看他的期中、期末卷面成绩，更需要关注他的在线课堂行为、

---

① 谢作栩，薛成龙，等. 疫情期间高校教师线上教学调查报告［EB/OL］.（2020－04－05）［2020－04－10］. https：//mp. weixin. qq. com/s/eplOC9NpJKpXqqZCO3SD2A.

讨论参与度、作业完成等几个方面。（2）关注在线学习的动态性与过程性。在线学习明显是一个动态过程，其中，学习者的兴趣、时间投入、精神投入等都会不断变化，学习者对不同内容的兴趣程度不同，也会表现明显不同的参与性与投入感，所以，应该动态且过程性地评价监督学习者，以示促进与激励。（3）利用大数据画像与诊断在线学习者的学习过程。在线教学平台记录了学生学习的过程性数据、交互数据、学习结果数据等，将这些大数据可视化表征，并对学生学习资源利用率、参与课程讨论等学习行为与学习过程画像，细化与量化分析，这些客观数据的可视化评价既可以帮助教师诊断学习者的情况，也可以利用学习画像"警示"自己，引导学生对自己在线教学、自主学习中的参与度、积极性、协作性、任务完成情况、存在的问题等作出自我评价与个性化调整，促进在线学习的良性生长。

　　总体来看，可以从学习者的课前准备、在线教学过程中的投入参与度以及期末的学习效果三大部分进行评价。学习者在学习一门课程前的准备程度包括知识准备和学习动机准备。学习者的课前准备可以通过测验学习者的知识水平状态与学习动机状态的问卷来获取。在线学习过程中的投入度与参与度是评价一个学习者学习质量的重要部分，通过记录学习者在课程学习中的投入行为、投入时间、各种参与交互，可以看到学习者对待该课程的认真程度以及为学习该课程所花费的精力与时间的总和。同时，学习也是一个社会化的过程，学习者在各种在线活动中表现出的积极行为，包括在课堂上与教师、同学进行的互动、成果的主动分享、自觉帮助其他人解决难题等交互参与行为，都能体现其认真程度。具体来说，学习过程中的投入可以通过学习者的视频学习次数与时长、平台登录次数与时长、直播课的专注时长、课后作业的质量、学习任务完成度、随机弹窗题目的准确率、课程资源的浏览频率、分享学习资源的次数、讨论区的观点发表质量和次数、小组讨论情况等来采集。此外，还可以向学习者发放问卷，了解他们的心理动态。最后，期末的学习效果需要综合学生的课前准备、在线教学过程中的投入参与情况、期末考试、小组合作完成任务及成果展示等几个方面，这样的评价才更加客观完整地考查了学习者在一个学段之后获得的在线教育效果。

第八章　在线学习效果的影响因素

Creswell 提出文献综述是为了梳理目前某一个主题的发展状态，同时洞察尚未完全解决的问题。① 常用的文献综述研究法有系统性文献综述（systematic review）和批判性文献综述（critical review）两种，为了吸收两者的优势，拓展某个主题的文献研究及其结果分析的深度，我们将这两种方法结合起来，对在线学习效果的影响因素进行基于系统文献的批评性综述研究。基本步骤包括：针对研究主题制定检索策略，文献检索与筛选，文献整理与分析，文献深入阅读，对文献的关键词与主题进行文本挖掘与编码，批判性评价，全面整合并形成全面、深入的文献综述报告。

为此，我们首先选取 2002—2021 年在线学习效果影响因素研究的优秀文献为研究样本，对发文总量及其年度变化规律、文献期刊来源进行量化分析；其次，总结当前文献研究在线学习效果影响因素的基本理论视角；然后，利用分析软件 Nvivo11 对文献的关键词和主题进行文本挖掘与编码，构建三级编码分析框架；最后，对"在线学习效果的影响因素"既进行现有研究的评价和分析，也试图发现已有研究的不足和待改进之处，为未来在线学习效果研究提供新的思路。

第一节　我国近年来在线学习效果影响因素的文献综述

选取 2002—2021 年国内顶尖教育类刊物中 56 篇有关在线学习效果影响因素研究的优秀文献为研究样本，首先采用内容分析法，对发文总量及

---

① CRESWELL J W. Research design：qualitative and quantitative approaches ［M］. Thousand Oaks：Sage Publication，1994：89 – 93.

其年度变化规律、文献期刊来源进行量化分析；其次，发现这些文献中研究在线学习效果影响因素的理论主要是社会心理学与学习心理学及其交叉视角。

一、问题起源、研究步骤与方法

在线学习正展现出独特的优越性，同时也出现了很多迫切需要解决的问题：在线课程内容完成率低，在线活动交流参与度少，在线学习过程特别是同伴交流容易被众多因素干扰，甚至可能进入凌乱无序的状态，所以，大量在线学习者的学习效果和学习体验并不理想。因此越来越多的教师、教育研究者密切关注在线学习效果的影响因素研究。我们以"在线学习效果"或"在线学习成效"或"网络学习效果"或"网络学习成效"为主题关键词，以 2002—2021 年为年限，勾选北大核心和 CSSCI 进行检索，通过知网第一轮搜索后共得 384 篇文献，在这个搜索结果的基础上以"影响因素"为关键词进行第二轮模糊搜索，剔除了与在线学习影响因素不相关的文献，把最后剩下的 56 篇论文作为我们的研究样本（搜索时间为 2021 年 12 月 5 日 15 点，其中，CSSCI 期刊论文 50 篇，北大核心期刊论文 6 篇）。

为了确保研究的可靠性和真实性，首先，研究小组成员深入且多遍阅读这 56 篇优秀论文的内容，采用文献计量法与 SPSS 对样本文献数量的年度走向与期刊来源进行统计与分析；其次，采用内容分析法与质性分析软件 Nvivo11，对文献的文本内容和主题词进行挖掘与编码，既便于发现近年来我国在线学习效果影响因素研究的理论视角与整体特征，也由此建立基于文献主题内容的三级编码分析框架，再根据这个编码框架对文献中的自由节点进行统计与量化；最后，根据量化后的自由节点对在线学习效果的各个影响因素进行分析与评价，以挖掘和剖析文献蕴含的更深层次意义，把握 2002—2021 年我国在线学习效果影响因素研究的现状与特征：决定在线学习效果有哪些影响因素？在线学习效果影响因素中，哪些影响因素是重要因素，哪些是次要因素？这些因素对在线学习产生影响的原因有哪些？同时，也试图发现"在线学习效果相关因素研究"中当前国内研究的不足并预测未来的方向。

二、在线学习效果影响因素文献数量及其年度走向与期刊来源分析

（一）文献数量及其年度走向分析

在我国顶尖期刊上发表在线学习效果影响因素的论文数量分布状况如图 8-1 所示，它能直观地反映从 2002—2021 年研究关注度的走向，具体情况如下：（1）2002—2007 年几篇零星的论文后，2008—2011 年发文量为 0，4 年期间几乎没有相关研究。学者们发现与探索一个新的研究领域，需要时间沉淀，探索研究视角与研究方法等。（2）2011 年后，优秀论文数量整体呈上升趋势，特别是 2012—2018 年呈急速上升趋势，应该是由于在线学习在我国经过一段时间的实践摸索后，迅速扩大应用面与受众对象，在线学习绩效及其影响因素成为网络教育实践者与研究者各方都关注的热点问题。虽然 2018—2019 年，这一领域在我国顶尖期刊的论文数量略有下降，但是，由于疫情防控期间全国教学先后都转到线上，在线教与学问题与效果引发了全球教育界前所未有的讨论，有些优秀刊物为此设置"疫情间在线教学"专栏，所以线条在 2020 年又掉头上升，而且研究成果数量明显增长。从整体上讲，2002—2021 年我国教育学者对在线学习效果及其因素的研究一直保持高度关注。

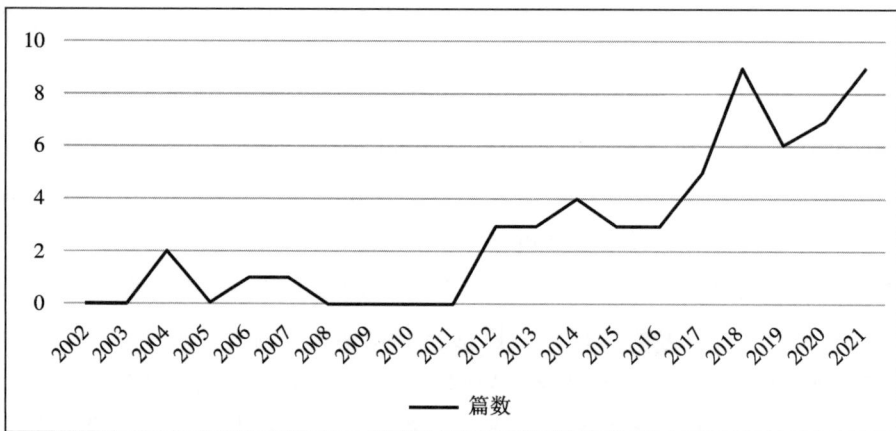

图 8-1 2002—2021 年研究在线学习效果影响因素的文献数量年度分布

（二）文献期刊来源分析

通过对文献的期刊来源进行分析，我们可以知道教育界不同二级学科

专业与不同类型的学校教育在这 20 年对在线学习效果影响因素的关注度、研究力度与文献质量的可信度等。

我们发现在线学习效果影响因素的文献来源较多，其中《电化教育研究》《开放教育研究》最多，其次是《现代教育技术》《中国远程教育》《中国电化教育》《远程教育杂志》《现代远距离教育》，这几本都是教育技术学领域中的权威刊物，最能代表我国教育技术学领域的当前热点与学术权威、研究风向标。发表在这几个刊物上的文章近年增多，证明当前在线学习方式越来越普及，"在线学习效果"问题越来越突出，其影响因素成为当前关注热点；我国教育技术学领域最优秀的刊物与学者开始关注在线学习效果的因素有哪些，如何提高学生的在线学习绩效，而且已经有了较成熟的成果。《北京工业大学学报》《西北师大学报》《外语研究》《高教探索》等也是来源期刊，说明各个学科教学（如外语）、各个年龄段都在广泛探索在线学习方式，课程论、教学论、学科教学的学者也开始关注在线学习效果的影响因素。

三、在线学习效果影响因素文献中的理论视角分析

通过梳理这 56 篇权威文献后发现，当前学者们研究在线学习效果影响因素的理论基础众多，使用频率最多的有 CoI 理论（社区探究理论）、群体动力理论、建构主义学习理论、知识情景化理论、TAM（技术接受模型）、UTAUT（整合性技术接受模型）六种，除此之外，期望价值理论、学习条件理论、任务－技术匹配理论、教学系统要素理论、元认知理论也零散出现，这些理论为当前分析在线学习效果提供了不同视角，呈现下述特征。

（一）虽然理论繁多，但大都可归属于社会心理学与学习心理学两类及其交叉学科

社会心理学研究主体的自我社会思维、自我社会信念、周围情境与群体大众力量，尤其关注主体与他人是如何互相关联与互相影响的，例如学习者主体的自我感觉、自我效能感、态度、信念对其在线学习过程的影响，群体压力、一致性、凝聚力、文化氛围、人际关系在虚拟学习空间与伙伴交互中的影响；学习心理学关注在线学习主体的认知意志、行为、情感与态度、行为动机、学习风格以及学习情境。看得出来，上述两者本来就有很多主题是交叉的，很难完全分开，所以，交叉视角对在线学习效果

影响因素的研究会逐渐成为主流。

1. 从社会心理学看，研究者发现群体、效用与期待对在线学习行为与效果的影响显著

我们的文献中，梅红、王静静等人运用群体动力理论从内外部环境交互的角度探索社会群体中学习者个体的行为特征，发现线上互动显著影响学习绩效；① 胡勇、赵凤梅等人将"技术接受模型"应用到在线学习中，使用主观态度、内在信念、行为意向、外部变量等要素阐述人们对信息技术的接受度，研究显示"感知有用性"是显著影响在线学习成效的关键因素，并且与学习满意度呈正相关。② 常玮、马玲运用整合性技术接受模型、期望价值理论等探索了在线教学效果的影响因素，发现"效用价值"显著影响网络学习效果。③ 综上所述，从社会学的视角大部分学者重视群体情境中的交互对学习者网络学习行为的影响，主体对网络学习的价值判断强烈影响其学习动机，从而影响在线学习效果。

2. 从学习心理学看，侧重主体的学习风格特征对网络学习的影响

沈忠华、邬大光以个体建构主义学习理论为基础，通过结构方程模型发现学习者自我知识建构、信息处理与在线学习成效呈正相关关系。④ 沈欣忆、胡雯璟的研究显示学生在网络讨论中结合自身的经历和背景能够增强所讨论内容的联系紧密度，提高在线学习参与度和学习效果。⑤ 蒋纪平把元认知理论和齐莫曼与庞维国的自主学习框架结合，发现学习者能力、努力度对学习成绩显著。⑥ 综上所述，在学习心理学视角下研究者更偏重学习者个体的学习风格特征对学习效果的影响，明显忽略网络教师的教学

① 梅红，王静静，张俊斌，等. MOOC 学习感知对学习绩效的影响研究 [J]. 北京工业大学学报（社会科学版），2019，19（5）：102－112.

② 胡勇，赵凤梅. 在线学习成效的理论分析模型及测量 [J]. 电化教育研究，2015，36（10）：37－45.

③ 常玮，马玲. 网络教学效果影响因素实证研究——基于社会认知理论及整合性技术接受模型 [J]. 远程教育杂志，2012，30（1）：85－91.

④ 沈忠华，邬大光. 大学生在线学习成效及满意度的影响因素探究——基于结构方程模型的实证分析 [J]. 教育发展研究，2020，40（11）：25－36，59.

⑤ 沈欣忆，胡雯璟，Daniel Hickey. 提升在线学习参与度和学习效果的策略探究及有效性分析 [J]. 中国电化教育，2015（2）：21－28.

⑥ 蒋纪平. 网络环境下远程学习者自主学习能力与学习成绩关系的实证研究 [J]. 成人教育，2018，38（2）：29－34.

因素与课程设计因素的影响。

（二）针对在线学习的两种不同类型，研究理论的区别化与针对性也非常明显

目前关于在线学习的分类较为统一，一般都依据学习者之间在学习活动中关联性的强弱，将在线学习分为个别化学习和协作学习。[①] 我国学者在研究在线学习成效时，对这两类在线学习也常采用不同的理论基础。如个体建构主义就强调自主发现、自主建构、自主探究，学习条件理论主张通过内部和外部条件促进学习的发生，元认知理论强调主体对认知活动的自我监控、自我意识和自我调节来提高在线学习的效果。学者们认为这些理论均适合网络环境下的个体独立学习。同时，很多文献特别注重远程学习者社会性交互与知识社会建构对在线学习效果的显著影响。CoI 理论和知识情景化理论也指向网络环境下的协作学习，明显不适合个体独立学习的情形，因为网络教育社区的宗旨就是使学生在网络课程的共同体情境下完成任务，同时获得有成长意义的社会化体验。研究者发现 CoI 理论和知识情景化理论为网络协作学习与混合式学习提供了非常合适的理论视角。

（三）由于在线学习效果溯源深具复杂性，学者们探索将各种研究理论取长补短、综合使用

1. 知识情景化理论是对建构主义理论的补充

与传统课堂相比，在线学习不受时空限制、自主性强、自主学习与交流讨论都极为方便，比较切合建构主义学习理论强调"自主探究中完成个体意义建构"的应用情境，所以，前几年的学者大都喜欢从这一学习论视角来溯源在线学习的满意度与绩效。但是，由于网络自主学习容易出现注意力受各种信息干扰而目的不明的情况，这就需要及时学习反馈，并对学习者有合适的支持设计与支架设计。在线助学的教师无法独自面对这么多远程个体的学习辅导。为了解决这个问题，就有学者在已有的研究基础上，根据知识情境化理论的启发，设计同伴作品互评的方式等，提出了一系列提高学习者在线参与度和学习效果的策略。知识情境化理论提出学习应该与实际生活环境相融合，也需要设计适合学习者特征需要的课程情境。即：学习者在构建知识时，需要把知识和社会背景、自身经历、生活

---

① 钟志贤，杨蕾 . 论在线学习［J］. 现代远距离教育，2002（1）：30 - 34.

实际、专业实践结合，进行有意义的内化，而不只是被动接受与背诵，让学生在特定情境与任务中深度学习；同时也可以通过同伴评价的方式，减轻网络助学者的压力，促进个体在屏幕前的交流与视域融合。这正是知识情景化理论对建构主义学习理论运用于在线学习效果的补充。

2. 整合性技术接受使用理论继承和拓展了技术接受模型

虽然有很多研究者借用 TAM（技术接受模型）来预测网络教育中学习者对技术平台及其支持服务与网络课程的接受度，但 TAM 解释在线学习效果的影响因素也存在理论局限，例如特别强调感知易用性、感知有用性等外部动机来提升人们的行为意向，忽略内在动机与行为意向的强大相关性。随着教育大数据和人工智能技术在网络课程内容与支持服务系统各层面的深入应用，单纯使用感知易用性、感知有用性外部动机模型来阐释人们对新技术的接受度已远远不够。为弥补其不足，Venkatesh 等人基于技术接受模型、动机模型、组合技术接受模型等，对各个要素模型进行整合形成了整合性技术接受使用模型（UTAUT）。如胡勇、赵凤梅借鉴感知有用性理论对在线学习满意度进行了探究，为了弥补技术接受模型的不足，同时也强调需要从教师、学习者、课程、设计、环境、技术等多维度来构建网络学习成效的分析模型，并通过问卷对假设进行验证分析；常玮、马玲综合社会认知理论、整合性技术接受模型，探索学生投入网络教学的影响因素，认为社会影响和实质认知对个体在线学习效果有明显影响，这正是对技术接受模型的应用继承与延伸。

第二节　在线学习效果影响因素的文献编码框架及其结果分析

利用分析软件 Nvivo11 对文献的关键词与主题进行文本挖掘与编码，显示当前在线学习效果影响因素一共 36 个，主要从学习者、教师、交互、课程、技术五大维度进行归因分析，其中对前三个维度比较重视，而较少关注课程和技术支持。在学习者维度中，自我效能感、信息素养、性别、自主学习能力、学习风格是影响在线学习效果的关键因素；在教师维度中，教师投入和教师反馈是重要因素；在交互维度中，师生互动、生生互动、参与度是主要因素。在所有三级编码结果中，学习者的能力与水平是影响在线学习效果的最重要因素，而技术支持与服务是最次要因素。

一、在线学习效果影响因素的编码框架形成过程

本研究过程中，三级编码分析框架的形成与节点的统计是关键，其过程如下。

第一步，在 Nvivo11 软件中建立新项目，把 56 篇格式为 PDF 的论文导入"内部材料"中进行统一管理。第二步，在"明细视图"中阅读论文，本着保持原始文本意义的原则，着重捕捉与在线学习效果影响因素相关的句子、关键词，边阅读边编码，生成"自由节点"的名称与数量，形成"第一级开放编码"。例如，在文献中出现这样的句子，"数据上表明，远程学习者调整预期目标，会对学习成绩构成显著影响"①，这说明在线学习者通过自我调控的方式，影响到学习成绩。所以在 Nvivo11 中捕捉这句话的核心关键词"学习者自我调整预期目标"及其主要内涵进行编码，成为一个自由节点的名称，即"自我调控能力"。接下来的过程如同上面的方法一样，直到阅读完整篇文章。假设这个句子或者这段话的主题意思符合已创建的自由节点，那么就将它编码到已创建的节点上，反之则创建新的自由节点。所有自由节点创建完毕后，整理、合并，定格为 36 个自由节点，这就形成了一级开放编码的体系，在这个编码过程中软件会自动统计该自由节点的资料来源数和编码参考点。该自由节点的资料来源数即为该节点来源文献的数量总和，参考点数即为该自由节点在编辑文本时的标记数。第三步，进一步审视各个自由节点的关系，将概念和性质相近的节点名称归为同一类，拖到同一文件夹下，这就生成"树状节点"的名称。我们总共生成了 11 个树状节点，这就是"第二级主轴编码"。在此过程中每个树状节点下属的所有编码参考点数和资料来源数的总和就是该树状节点的参考点数。第四，对二级树状节点名称进行归纳，将同一类的树状节点拖到同一文件夹中，生成了 5 个第三级编码名称。最终形成了三级编码框架，我们按重要影响因素与次要影响因素分成两个表格，如表 8 - 1、表 8 - 2 所示。

---

① 蒋纪平. 网络环境下远程学习者自主学习能力与学习成绩关系的实证研究 [J]. 成人教育，2018，38（2）：29 - 34.

表 8 - 1　重要影响因素的三级编码结果

第一级开放编码（自由节点）			第二级主轴编码（树状节点）	第三级编码
节点名称	资料来源数	编码参考点数		
性别	6	8	个人特征	学习者的能力与水平（学习者维度）
学习经验	3	4		
学习风格	3	7		
自主学习能力	4	8		
自我调控能力	4	6		
学习策略	2	3		
信息素养	3	13		
学习兴趣	2	4	兴趣与动机	
学习动机	5	6		
自我效能感	6	15	接受度	
感知有用性	2	2		
感知易用性	2	2		
学习满意度	2	3		
效用价值	1	1		
持续使用意愿	1	1		
教师知识储备	3	4	教师素养	教师素养与教师行为（教师维度）
教学设计水平	3	5		
教师在线学习态度	2	5		
在线教学模式	3	4		
教师投入	9	13	教师行为	
教师反馈	8	11		
师生互动	5	12	学习交互	学习交互与社会行为（交互维度）
生生互动	6	11		
学生与内容交互	2	4		
参与度	6	9	社会行为	
分享	3	4		
信任与认知	1	2		

表8-2 次要影响因素的三级编码结果

第一级开放编码（自由节点）			第二级主轴编码（树状节点）	第三级编码
节点名称	资料来源数	编码参考点数		
目标的多层次性	1	1	课程设计	课程设计与实施（课程维度）
内容的呈现方式	2	2	课程设计	课程设计与实施（课程维度）
评价设计	1	1	课程设计	课程设计与实施（课程维度）
课程临场感	3	5	课程实施	课程设计与实施（课程维度）
课程履历与规约	1	3	课程实施	课程设计与实施（课程维度）
技术可信赖性	1	1	技术支持	技术支持与服务（技术维度）
可控与易操作性	1	1	技术支持	技术支持与服务（技术维度）
网络速度及稳定性	1	1	技术支持	技术支持与服务（技术维度）
技术对学习的服务	3	6	技术服务	技术支持与服务（技术维度）

二、三级编码框架的分析

（一）从第三级编码结果看当前文献对在线学习效果的归因研究

从第三级编码结果看，当前文献从学习者、教师、交互、课程、技术五大维度对在线学习效果进行归因研究。

文献溯源到的影响因素众多，大到课程、平台环境，小到学习者的学习风格，都与网络学习效果有一定的相关性，但这些因素的影响程度强弱不一，非常复杂。从两个框架表中的第三级编码看，影响因素可以总结为五个维度（表8-1、表8-2中第5列所示）：学习者、教师、交互、课程、技术。其中学习者维度包括个人特征（性别、学习经验、学习风格、自主学习能力等）、兴趣与动机（学习兴趣、学习动机）、接受度（自我效能感、感知有用性、感知易用性、持续使用意愿等），如表8-1中第1列所示；教师维度包含教师素养（教师知识储备、教学设计水平、教师在线学习态度、在线教学模式）、教师行为（教师投入、教师反馈）；交互维度包括学习交互（师生互动、生生互动、学生与内容交互）以及社会行为（参与度、分享、信任与认知）；课程维度包含课程设计（目标的多层次性、内容的呈现方式、评价设计）、课程实施（课程临场感、课程履历与规约）两部分；技术维度涵盖技术支持（技术可信赖性、可控与易操作性、网络速度及稳定性）和技术服务，主要是技术的可靠性、平台功能与友好度。课程维度具有教师难以把握的一些要素，例如课程目标的多层次性、内容呈现方式、评价设计、课程临场感、课程履历与规约等，都是需要精心策划的，受多种因素的影响。这些要素不仅和教师本身密切相关，还和周围的客观环境息息相关。在线学习与网络教育是一个典型的非线性复杂教育系统，学习效果的溯源研究使我们重新审视其影响因素的复杂性，应该是多方位多层次系统影响的结果，涉及课程论、教学论、社会学、心理学等多个学科视角。这提醒我们在线学习效果的研究急需要多学科与跨学科的视角，急需要复杂系统科学的研究思路。

（二）在学习者维度中在线学习效果的影响因素

在学习者维度中，自我效能感、信息素养、性别、自主学习能力、学习风格是影响在线学习效果的关键因素。

从表 8 – 1 可以看出，自我效能感、信息素养、性别、自主学习能力、学习风格的编码参考点分别为 15、13、8、8、7，参考点数较多，反映了当前研究的热点，是重点影响因素。下面对这几个影响因素进行依次说明。

1. 自我效能感

抽样文献中关于自我效能感与在线学习效果的关系研究有三个特点：第一，表 8 – 1 显示，自我效能感的参考点最多，有 15 个，这表明自我效能感是当前研究的最热点因素，受到重视。自我效能感是个体对自己能否成功完成某项活动的主观判断，是对自身的一种期待。① 从定义出发，自我效能感应该包含学习者的自我认知、自我调节、自我努力感、自我能力感、对自己行为的控制感、对环境的把握感、自我的内在价值感以及学习的任务难度感知。第二，目前学者大多从学习者的信心、能力感、自我控制感、努力感这四方面对自我效能感和在线学习效果之间的关系进行探索与验证，但是，学习者的自我调节、内在价值、对环境以及任务难度的把握感等要素对在线学习效果的影响被基本忽略了。如陈亚轩、陈坚林从学

---

① 陆昌勤，方俐洛，凌文辁.组织行为学中自我效能感研究的历史、现状与思考［J］.心理科学，2002（3）：345–346.

习成果自信感、解决问题能力感、努力感、自我控制能力感四个维度研究自我效能感对网络自主学习成绩的影响。① 第三，关于自我效能感的影响力研究，方法较为单一，大多采用问卷调查法，如蒋纪平、吕媛、郑勤华等通过问卷调查发现自我效能感与在线学习效果显著相关，而且信度与效度不是特别高。急需借鉴应用国内外心理学的研究成果，特别是自我效能感的国外成熟心理量表，发展出符合我国不同年龄学生在线学习自我效能感的心理量表。第四，很遗憾，在当前文献中，在线学习中如何干预与提高学习者自我效能感的实验与应用研究罕见，毕竟，寻找、设计、应用、验证在线学习中提高学习者自我效能感的科学有效、切实可行的方法，才是在线学习效果研究最值得追求的目标。

2. 信息素养

表 8 – 1 中编码参考点其次多的是信息素养，有 13 个。目前国内学者对信息素养影响在线学习效果的观点略有不同。有些学者如胡小勇等人采用结构方程模型法分析，发现学习者的信息素养显著正向影响在线学习绩效，② 是在线学习高效的重要保障；而李毅、闫现洋发现，在网络环境中的信息技术使用技能不一定会提升学习者的在线学习效果，③ 只有适度、恰当、有目的地使用信息技术这种习惯形成时，才能明显有利于网络学习成效；郑勤华也认为信息素养并不是影响网络学习成绩的显著影响因素。④

近年来，不少研究者发现，信息素养对在线学习效果的影响在减弱，原因可能体现有两点：第一，随着信息技术的普及，学习者普遍具有了基本的信息素养，能够满足在线学习的需要；第二，在线学习效果的标志性数据，即学习成绩，其测试常通过纸质考试进行，即使在网上进行，网络

① 陈亚轩，陈坚林. 网络自主学习成绩与自我效能感的相关性研究 [J]. 外语电化教学，2007（4）：32 – 36.

② 胡小勇，徐欢云，陈泽璇. 学习者信息素养、在线学习投入及学习绩效关系的实证研究 [J]. 中国电化教育，2020（3）：77 – 84.

③ 李毅，闫现洋，吴桐. "数字鸿沟"视角下的网络远程教育公平性检视与问题对策——免师硕士生的性别、民族、学习方式对网络学习成效的影响 [J]. 远程教育杂志，2015，33（4）：98 – 105.

④ 郑勤华，曹莉，陈丽，等. 远程学习者学习绩效影响因素研究 [J]. 开放教育研究，2013，19（6）：88 – 89.

操作也极为简单，对学习者的信息素养要求非常低。

3. 性别

性别差异是影响学习成绩差异的显著因素。在探究性别差异与在线学习效果的相关性时，学者大都研究男女在网络教学平台上的使用频率、学习时长、交流讨论等方面的差异对学习成绩的影响。李毅在研究中发现女生使用网络平台的学习效果高于男生，学习成绩也高于男生；傅钢善、王改花采用统计学方法和数据挖掘方法剖析了网络学习者的行为特征，发现女生在学习过程中行为参与度高于男生，且女生平均每次在线学习停留时长、重复学习率、讨论交流、学习笔记等方面显著高于男生，① 而实验结果表明这四个方面与学习效果呈正相关，因此学习者的性别是影响在线学习效果的重要因素。这一点，极有可能是男生在在线环境下的学习中抗干扰能力差一些，更容易被电子游戏与娱乐信息分散注意力。

4. 自主学习能力

自主学习能力是影响在线学习效果的重要因素。通过阅读文献可以发现，学者研究的对象大多是大学生，很可能是因为这个阶段的学习者自律能力较强，一般具有明确的学习目标，通过在线学习可以一定程度上满足自己学业与就业的需要。黄振中、张晓蕾通过实证研究发现，自主学习能力较强的学习者更能通过深入的积极投入与在线互动，获取较好的学习效果；② 姜蔺、韩锡斌、程建钢基于 MOOC 平台和相关文献对学习效果进行分析发现，学习者的学习能力和学习动机是影响课程完成的内在主要因素，其中，MOOC 学习者的学习能力包括自我调节适应学习的能力、自主学习能力等。③

5. 学习风格

学习风格是学习者在学习过程中一贯、持续具有明显个性特征的学习

① 傅钢善，王改花. 基于数据挖掘的网络学习行为与学习效果研究［J］. 电化教育研究，2014，35（9）：53－57.

② 黄振中，张晓蕾. 自主学习能力对在线学习效果的影响机制探究——兼论在线学习交互体验的中介作用［J］. 现代教育技术，2018，28（3）：66－72.

③ 姜蔺，韩锡斌，程建钢. MOOCs 学习者特征及学习效果分析研究［J］. 中国电化教育，2013（11）：54－59，65.

方式。① 不同的学习者学习风格具有差异性，从这些文献的研究结论综合看，学者们对学习风格能否影响在线学习效果存在不确定性。任毅、费明明等人研究表明，当学习者的学习风格能和教师的教学风格与教学策略相匹配，学习者才能在网络课程学习中获得更好的学习效果，因此教师在线教学中需要依据学生的学习特点、自身的教学风格，采取相应的教学策略；张燕南采用问卷法、实验法，证实了不同学习风格与网络学习绩效具有一定的相关性。

（三）在教师维度中在线学习效果的影响因素

在教师维度中，教师投入和教师反馈是影响在线学习效果的重要因素。

从表 8 – 1 中得知，教师投入和教师反馈的编码参考点分别为 13 个和 11 个，远远大于教师维度中其他影响因素的参考点，表明了国内研究者对这两个影响因素的高度关注。

1. 教师投入

在对在线学习的研究中，教师投入常常跟教师网络行为联系一起，学者们把教师的精力投入、教师的指导、在线时长等行为作为教师投入的重要指标，探索它们与学生学习成绩或者教学绩效的关系。吴绍靖、易明把教师登录的总时长、登录次数作为指标，发现当研修教师的登录次数、总时长、讨论次数越多时，学生的测评成绩与学习实践表现会越好；彭海蕾将教师访问次数和在线时间作为教师投入的考量指标，发现教师投入与在线学习效果显著相关。虽然许多优秀论文对此要素高度关注，但当前研究明显存在一些局限性：研究者主要把网络学习平台记录的行为数据作为研究教师投入的主要依据，如教师的登录次数、在线时长等，然而教师在线辅导时间、活动类型、在线时间的情感投入度以及在线时间的陪伴质量是无法通过后台全部获得的。教师在线并不能完全说明教师投入了。在研究教师投入对在线学习效果的影响时，教师投入需要从投入时间特征、空间特征与情感特征三个维度来综合衡量，并通过问卷、访谈等多种不同研究方法复合后台数据。

---

① 谭顶良. 学习风格的要素及其测定 [J]. 教育理论与实践，1993（1）：55 – 62.

2. 教师反馈

及时有效的反馈有利于满足学习者的个性化需求和教师的专业发展。网络学习过程中师生时空分离，学生遇到心理、学习等各种疑惑向老师发出求助信息后，如果能获得及时回复并有效解决，有利于维持他们在线学习的兴趣和动机，提高学生网络学习的满意度，保持他们在网络学习平台的委身度与对学习团体的凝聚力，这样的在线学习才有可能高质量地展开。同样，教师反馈也有利于教师的专业发展，特别是当教学遭遇困境时，教师通过学习和反思实现专业成长。[①] 当然，网络教育中教师反馈的内涵非常丰富，至少应该包括教师反馈及时性、反馈内容的质量、反馈的针对性与有效性、反馈的频率和机制、解决学生疑惑的程度与深度五个维度。综合考虑这些维度，学者们一致认为教师的反馈在一定程度上会影响网络学习者的学习态度，影响参与的积极性。网络教育迫切需要设计完善的学习支持服务以对困境中的学习者提供及时指导，解答学生的疑惑，提升学生在线学习的投入度与学习效率。

（四）在交互维度中在线学习效果的影响因素

在交互维度中，师生互动、生生互动、参与度是影响在线学习效果的主要因素。

表 8 - 1 的交互维度中，师生互动、生生互动、参与度的编码参考点分别为 12、11、9，远远超过其他因素，说明学者对这三个要素高度关注，是研究在线学习效果影响因素的热点。

1. 师生互动、生生互动

学习者与教师、学习者之间网络时空隔离，物理身体的符号化与网络虚拟性常让在线学习者感到孤独，甚至强烈的疏离感。单向说教、画面僵化的网络课程更加容易形成在线学习倦怠与注意力失焦。所以，交互成为影响学习者在线学习满意度、学习效果的重要因素。在对文献的仔细查阅中发现，师生、生生、学生与内容三个层面的交互中，学者主要聚焦在师

---

① 孙晓红，李琼. 何以"留得住、教得好"：优秀特岗教师的韧性发展研究 [J]. 湖南师范大学教育科学学报，2021，20（3）：98 - 107.

生互动与生生互动两个层面。在 56 篇研究样本中，只有 2 篇涉及学生与网络课程内容的交互对在线学习效果的影响，而且没有一篇文献涉及师生、生生的互动机制、频率、时间、内容，同时，研究对象几乎全是大学生，是在高等教育研究层面，很少进入成人教育、终身教育与中小学教育层面。所以互动与在线学习效果的相关性研究还有非常大的深入与拓展空间。具体而言，陈涛对 334 所高校的在线教学进行调查发现，师生互动、生生互动是影响在线学习效果的重要因素；[①] 赵必华在 35 所本科院校的基础上发现师生互动越频繁，在线学习效果越好；[②] 另外有些学术论文持不同的观点，认为频率过高的交互会阻碍网络学习者的独立性与自主学习能力成长，提倡通过适度的交互促进在线学习效果。其实，师生交互是否重要，几十年来一直是国际著名远程教育学学者的争论点，逐渐形成魏迈德"远程学生自治理论"和霍姆伯格"远程交互理论"两个学派的辩论。现在看来，缺乏有效的交互与过度的人际干扰都不利，如何把握师生与生生交互的度才是今后在线学习效果研究的关键。

2. 参与度

参与包括学生参与和教师参与两个方面。在研究方法层面，当前文献主要采用问卷调查法、内容分析法，然而这种研究方法是属于描述性的，明显缺乏学习者在线学习参与度的预测、干预、提升的应用研究。特别需要利用教育大数据来量化和保存在线学习者与教师参与活动的记录，并通过学习分析技术来统计、分析这些数据，由此设计个性化的干预内容与策略。已有研究显示，教师的参与程度与频率会影响学生的学习效果。田阳等基于结构方程，也经过调研验证，发现较高的社交参与度、分享、信任与认知能直接影响在线学习效果。[③]

---

① 陈涛，巩阅瑄，蒲岳. 探寻社会化意义：大学生在线教学交互及其对学习效果的影响——基于 334 所高校在线教学的调查 [J]. 高等教育研究，2020，41（6）：72–81.

② 赵必华. 大学生学习成效影响因素的调查研究——基于 35 所本科院校的数据 [J]. 高教探索，2017（11）：36–44.

③ 田阳，冯锐，韩庆年. 在线学习社交行为对学习效果影响的实证研究 [J]. 电化教育研究，2017，38（3）：48–54.

(五) 从第二级编码结果看在线学习效果的影响因素

从第二级编码结果看，当前注重学生个人特征、教师行为、学习交互三大因素对在线学习效果的影响，而相对疏忽了课程设计和技术支持。

编码的参考点数折射出这个主题概念作为在线学习效果因素的关注热度及其强弱，"第二级主轴编码"下每个树状节点的参考点数是其下属的所有编码参考点数和资料来源数的总和。由表8-1中数据计算可知学习者个人特征的编码参考点数共有74个，兴趣与动机、接受度、教师素养、教师行为、学习交互、社会行为、课程设计、课程实施、技术支持、技术服务分别为17、38、29、41、40、25、8、12、6、9。其中学习者个人特征、教师行为、学习交互的编码参考点数位居前三位，是全部11个树状节点（即二级主轴编码）中关注度最高的3个，这表明当前学者热衷于探究学习者个人特征、教师行为、学习交互对在线效果的影响，是当前因素研究的热点。而课程设计和技术支持的参考点数只有8个和6个，远远少于其他树状节点的编码参考点数，由此可见这两项是当前影响因素研究最薄弱的环节，或者对在线学习效果的影响力不明显而被忽略。

(六) 在三级编码总框架中影响在线学习效果的因素

在三级编码总框架中，学习者的能力与水平是影响在线学习效果的最重要因素，而技术支持与服务是最次要因素。

第三级编码节点的参考点数依赖于其下属的第二级编码参考点数和第二级资料来源数之和。观察与统计表8-1与8-2中的数据，很容易发现：在三级编码总框架中，学习者的能力与水平（学习者维度）的编码参考点数为83，资料来源数为46；教师素养与教学行为的编码参考点数为42，资料来源数为28；学习交互与社会行为的编码参考点数为42，资料来源数为23；课程设计与实施的编码参考点数为12，资料来源数为8；技术支持与服务的编码参考点数为9，资料来源数为6。在这5个第三级编码中，学习者的能力与水平有最多的参考点数和资料来源数，所以这个维度是当前文献中影响在线学习效果的最重要因素。其次是教师素养与教师行为、学习交互与社会行为、课程设计与实施，最后是技术支持与服务。

技术支持与服务文献被认为是最次要的影响因素，原因可能有以下两个方面：伴随着互联网与智慧技术的迅猛发展与深入，国家互联网＋教育的得力推进与政策支持，在线学习所必备的网络技术支撑与平台功能正加速走向完善与友好，能充分满足网络教育的需要，因此技术因素已经不再是影响在线学习效果的主要因素；另一方面，如果从内外因角度分析，学习者主体作为在线学习的内因，是学习效果最根本的原因，而技术作为辅助学习者学习的外部因素，应是一种次要因素，这刚好与所得结论相符合。

三、总结与展望

（一）当前文献的在线学习影响因素涉及面广泛，但很多因素的研究不够完整与深入

对在线学习效果影响因素的文献梳理发现，当前影响因素众多，共涉及 36 个方面，但其中很多因素（如自我效能感、互动）的内涵界定不完整，研究有待拓展与深入。如：大部分从信心、能力方面研究自我效能感与在线学习效果的相关性，而忽视自我效能感中自我调节、内在价值、对环境适应度以及任务难度对在线学习成效的影响；注重研究师生互动、生生互动对网络学习效果的影响，基本忽略学生与内容的交互对在线学习效果的影响，而且完全忽略了互动频率、互动机制、互动时间等要素。

（二）在大数据时代，大量使用问卷调查的研究方法明显单一

56 篇研究样本的统计结果显示（如图 8－2 所示），在研究在线学习效果影响因素时有 43 篇文献使用问卷调查法，其中有 21 篇将问卷调查作为唯一方法，有 22 篇使用问卷调查与其他研究方法（如访谈法、内容分析法、准实验法）结合的方式来进行探究；只有 6 篇使用文献分析的方法，2 篇采用对比实验法，5 篇采用数据挖掘和统计学方法。因此，当前研究在线学习效果时，研究方法过于单一，明显主要为问卷调查法，实验研究比较少；没有学者采用行动研究法，可能是行动研究需要多轮进行、时间较长、研究人员组成结构比较复杂。问卷调查法有一定的不足，在填写问

卷的时候可能存在被调查者输入数据不准确或胡乱填写问卷的现象，以致影响问卷的质量；同时问卷的对象面不够多和广，基本上都是普通高校在校大学生等。诸多原因导致问卷最后数据结果的信度和效度很可能不够高。近年来，国外越来越多的学者利用学习者的网上留言信息、数据库数据、Web 日志文件等进行关键词挖掘与内容分析、定量分析，但我国学者较少利用。人工智能时代，学习者在线活动留下的信息已经完全可以被教育大数据与学习分析技术掌握，在这方面也有待加强。通过多种研究方法相结合进行研究，可以弥补单一方法的不足，这一点的研究意识明显不够。例如，如何才能利用大数据与问卷调查等综合方法，从时间、空间、认知、情感、行为等几个方面全面地挖掘到教师在网络中的投入度？学生维度中的自我效能感、自主学习能力、学习动机、学习风格，教师维度中的教师投入，交互维度中的参与度，都需要借鉴国外应用心理学最新成果，才能设计出适合我国不同年龄段的科学心理量表，促进对在线学习效果的研究。

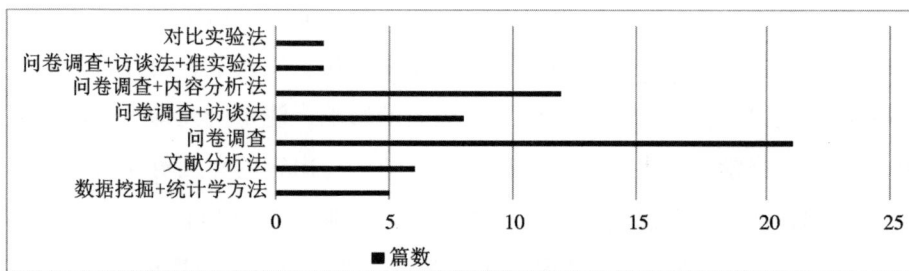

图 8 - 2   当前文献中在线学习效果影响因素的相关研究方法

（三）研究成果中理论研究较多，但干预、策略应用、改善与推广的研究较少

部分学者通过假定某些因素与在线学习效果具有相关性，再采用相应的研究过程验证，以上的结论只是停留在解释和描述层面，缺乏后续的应用与推广层面的研究。解释和描述只是研究的手段和方法，不是目的，最终的目的是干预与提高。由于进行干预、提高的实验研究与行动研究都需要花费大量的时间、精力，即使做了很长时间仍可能效果不佳，因此我国学者对干预和提高的研究不是很重视。随着研究的不断深入，相信在以后教育各领域会越来越重视对在线学习效果的干预与应用研究，给在线学习带来更大的优化与变革。

（四）在线学习的研究对象单一，基本定位为大学生

当前在线学习效果研究对象绝大部分是普通高校的在校大学生，忽略网络教育最广大的人群和领域，如成人教育、继续教育、终身教育，这是在线学习最具代表性的人群与领域，在研究上却没有得到足够体现。同时，当前研究也忽略了中小学群体的在线学习效果研究。在"新冠"疫情防控期间，在线学习成为中小学教育的重要形式，效果却非常不理想，常常会出现学生状态差、参与度不高、学习完成率低等现象。因此，我们必须加强对中小学在线学习效果的研究，提升中小学的在线教学效果。

参考文献

一、学术著作类

[1] CRESWELL J W. Research design：qualitative and quantitative approaches ［M］. Thousand Oaks：Sage Publication，1994.

[2] RHEINGOLD H. The virtual community ［M］. New York：Addison Wesley，1993.

[3] 埃米尔．涂尔干．社会分工论 ［M］. 渠东，译．上海：三联出版社，2000.

[4] 艾伦．见树又见林．［M］. 喻东，近梓，译．北京：中国人民大学出版社出版，2008.

[5] 鲍尔．预知社会——群体行为的内在法则 ［M］. 暴永宁，译．北京：当代中国出版社，2010.

[6] 波斯特．信息方式 ［M］. 北京：商务印书馆，2000.

[7] 波斯特，金惠敏．无物之间：关于后结构主义与电子媒介通讯的访谈—对话 ［M］//饶芃子．思想文综．北京：中国社会科学出版社，2000.

[8] 波特，维斯雷尔．话语和社会心理学 ［M］. 肖文明，吴新利，张擎，译．北京：中国人民大学出版社，2006.

[9] 伯格，卢克曼．现实的社会构建 ［M］. 汪涌，译．北京：北京大学出版社，2009.

[10] 布尔迪尔．文化资本与炼金术 ［M］. 包亚明，译．上海：上海人民出版社，1997.

[11] 布尔迪约．再生产——一种教育系统理论的要点 ［M］. 邢克超，译．北京：商务印书馆，2002.

［12］布朗．群体过程［M］．胡鑫，庆小飞，译．北京：中国轻工业出版社，2007．

［13］陈原．社会语言学［M］．北京：商务印书馆，1999．

［14］单菁菁．社区情感与社区建设［M］．北京：社会科学文献出版社，2005．

［15］邓友超．教育解释学［M］．北京：教育科学出版社，2009．

［16］丁兴富．远程教育研究［M］．北京：首都师范大学出版社，2010．

［17］段伟文．网络空间的伦理反思［M］．南京：江苏人民出版社，2001．

［18］冯茁．教育场域中的对话——基于教师视角的哲学解释学研究［M］．北京：教育科学出版社，2011．

［19］福柯．必须保卫社会［M］．钱翰，译．上海：上海人民出版社，1999．

［20］福柯．疯癫与文明［M］．刘北成，杨远婴，译．北京：三联书店，1999．

［21］甘永成．虚拟学习社区中的知识建构和集体智慧发展［M］．北京：教育科学出版社，2003．

［22］高宣扬．布迪厄的社会理论［M］．上海：同济大学出版社，2004．

［23］戈夫曼．日常生活中的自我呈现［M］．冯钢，译．北京：北京大学出版社，2008．

［24］郭华．教学社会性之研究［M］．北京：教育科学出版社，2002．

［25］郭庆光．传播学教程［M］．北京：中国人民大学出版社，2011．

［26］郭玉锦，王欢．网络社会学［M］．北京：中国人民大学出版社，2005．

［27］哈贝马斯．交往行动理论（第一卷）　［M］．重庆：重庆出版社，1994．

［28］哈贝马斯．交往行为理论：行为合理性与社会合理化［M］．曹卫东，译．上海：上海出版社，2004．

［29］豪格，阿布拉姆斯．社会认同过程［M］．高明华，译．北京：中国人民大学出版社，2011．

［30］何克抗，李文光．教育技术学［M］．北京：北京师范大学出版社，2009.

［31］侯钧生．西方社会学理论教程（3 版）［M］．天津：南开大学出版社，2010.

［32］华莱士．互联网心理学［M］．谢影，苟建新，译．北京：中国轻工业出版社，2001.

［33］黄少华，翟本瑞．网络社会学——学科定位与议题［M］．北京：中国社会出版社，2006.

［34］基更．远距离教育基础［M］．丁新，译．北京：中央广播电视大学出版社，1996.

［35］吉登斯．社会的构成：结构化理论大纲［M］．李康，等译．上海：三联书店，1998.

［36］吉登斯．现代性与自我认同［M］．赵旭东，方文，译．上海：三联书店，1998.

［37］嘉格伦．网络教育——21 世纪的教育革命［M］．万小器，程文浩，译．北京：高等教育出版社，2000.

［38］卡斯特．网络社会的崛起［M］．夏铸九，等译．北京：社会科学文献出版社，2006.

［39］柯林斯．互动仪式链［M］．北京：商务印书馆，2009.

［40］科塞．社会冲突的功能［M］．孙立平，译．北京：华夏出版社，1989.

［41］克里斯特尔．语言与因特网［M］．郭贵春，刘明全，译．上海：上海科技教育出版社，2006.

［42］莱文森．数字麦克卢汉［M］．何道宽，译．北京：社会科学文献出版社，2001.

［43］勒庞．乌合之众［M］．冯克利，译．桂林：广西师范大学出版社，2011.

［44］联合国教科文组织．教育——财富蕴藏其中［M］．联合国教科文组织总部中文科，译．北京：教育科学出版社，1996.

［45］刘云杉．学校生活社会［M］．南京：南京师范大学出版社，1999.

［46］罗吉斯，伯得格．乡村社会变迁［M］．杭州：浙江人民出版社，1988.

［47］洛庞帝．数字化生存［M］胡泳，等译．海口：海南出版社，1997.

［48］洛佩兹，斯科特．社会结构［M］．允春喜，译．长春：吉林出版社，2007.

［49］马洪亮．虚拟学习社区中的互动［M］．北京：中国社会科学出版社，2009.

［50］马维娜．局外生存——相遇在学校场域［M］．北京：北京师范大学出版社，2003.

［51］海姆．从界面到网络空间——虚拟实在的形而上学［M］．金吾伦，刘刚，译．上海：上海科技教育出版社，2000.

［52］梅罗维茨．消失的地域：电子媒介对社会行为的影响［M］．北京：清华大学出版社，2002.

［53］孟威．网络互动：意义的诠释与规则探讨［M］．北京：经济管理出版社，2004.

［54］米德．心灵、自我与社会［M］．赵月瑟，译．上海：上海译文出版社，2008.

［55］穆尔．赛博空间的奥德赛［M］．麦永雄，译．桂林：广西师范大学出版社，2007.

［56］南国农．教育传播学［M］．北京：高等教育出版社，2002.

［57］尼霍尔．像社会学家一样思考［M］．黄剑波，张媛，谭红亮，译．北京：机械工业出版社，2011.

［58］钱冠连．语言全息论［M］．北京：商务印书馆，2002.

［59］沙莲香．社会心理学［M］．北京：中国人民大学出版社，1991.

［60］沈华柱．对话的妙悟——巴赫金语言哲学思想研究［M］．上海：三联书店，2005.

［61］石鸥．教学别论［M］．长沙：湖南教育出版社，1998.

［62］孙非．社会心理学教程［M］．兰州：兰州大学出版社，1988.

［63］泰勒，佩普卢，西尔斯．社会心理学（12 版）［M］．崔丽娟，王彦，等译．上海：上海人民出版社，2010.

［64］田慧生，刘月霞．深度学习：走向核心素养［M］．北京：教育科学出版社，2019.

［65］童富勇．现代教育新论［M］．杭州：浙江教育出版社，2005.

［66］童星．网络与社会交往［M］．贵阳：贵州人民出版社，2002.

［67］王向华．对话教育论纲［M］．北京：教育科学出版社，2009.

［68］韦伯．经济与社会（上卷）［M］．林荣远，译．北京：商务印书馆，1997.

［69］邬焜．信息哲学［M］．北京：商务印书馆，2005.

［70］吴康宁．教育社会学［M］．大连：辽宁师范大学出版社，2003.

［71］吴康宁．课堂教学社会学［M］．南京：南京师范大学出版社，1999.

［72］吴小鸥．教学场论［M］．长沙：湖南师范大学出版社，2007.

［73］西蒙斯．网络时代的知识和学习——走向连通［M］．詹青龙，等译．上海：华东师范大学出版社，2009.

［74］谢维和．教育活动的社会学分析［M］．北京：教育科学出版社，2000.

［75］闫洪芹．公共组织理论：结构、规则与行为［M］．北京：北京大学出版社，2009.

［76］杨吉，张解放．在线革命：网络空间的权利表达与正义实现［M］．北京：清华大学出版社，2013.

［77］叶浩生．西方心理学的历史与体系［M］．北京：人民教育出版社，2003.

［78］叶浩生．西方心理学的历史与体系［M］．北京：人民教育出版社，2003.

［79］余清臣．权利关系与师生交往［M］．北京：北京师范大学出版社，2009.

［80］张伯邑．现代教育技术应用［M］．北京：教育科学出版社，2013.

［81］张传燧．课程与教学论［M］．北京：人民教育出版社，2008.

［82］张华．经验课程论［M］．上海：上海教育出版社，2000.

［83］张立国．网络学习社区交互结构研究［M］．北京：教育科学出版

社，2009.

［84］张天宝.走向交往实践的主体性教育［M］.北京：教育科学出版社，2005.

［85］赵孟营.社会学基础［M］.北京：高等教育出版社，2008.

［86］郑杭生.社会学概论新修（3 版）［M］.北京：中国人民大学出版社，2003.

［87］郑葳.学习共同体——文化生态学习环境的理想架构［M］.北京：教育科学出版社，2007.

［88］中华人民共和国教育部.义务教育信息科技课程标准［M］.北京：北京师范大学出版社，2022.

［89］朱海松.网络的破碎化传播［M］.北京：中国市场出版社，2010.

［90］左藤学.课程与教师［M］.钟启泉，译.北京：教育科学出版社，2003.

二、期刊论文类

［1］BEATTIE V, COLLINS B, MCLNNES B. Deep and surface learning：a simple or simplistic dichotomy？ ［J］. Accounting education，1997，6（1）.

［2］BRESLOW L, PRITCHARD D E, DEBOER J, et al. Studying learning in the worldwide classroom research into edX's first MOOC［J］. Research & practice in assessment，2013（8）.

［3］CHAN D K S, CHENG G H L. A comparison of offline and online friendship qualities at different stages of relationship development［J］. Journal of social and personal relationships，2004，21（3）.

［4］CHEN J, BOGACHENKO T. Online community building in distance education［J］. Educational technology & society，2022，25（2）.

［5］CHOU S W. Understanding relational virtual community members' satisfaction from a social learning perspective［J］. Journal of knowledge management，2020，24（6）.

［6］EDWARD P , et al. Analyzing a faculty online learning community as a mechanism for supporting faculty implementation of a guided-inquiry curriculum〔J〕. International journal of STEM education, 2021, 8 (1).

〔7〕 FILIUS R M, KLEIJN R A M, UIJL S G, et al. Strengthening dialogic peer feedback aiming for deep learning in SPOCs〔J〕. Computers & education, 2018 (125).

〔8〕 LI W, CHEN J, MA H, et al. Research on emotional polarization mechanism of knowledge community from the perspective of social network structure—an empirical study on "Zhihu" question and answer learning community〔J〕. Frontiers in physics, 2023 (11).

〔9〕 MILLER R L, et al. Exploring critical reflection in a virtual learning community in teacher education〔J〕. Reflective practice, 2021, 22 (3).

〔10〕 MOORE M G. Threetypes of interaction〔J〕. American journal of distance education, 1989, 3 (2).

〔11〕 PARKS M R, FLOYD K. Making friends in cyberspace〔J〕. Journal of computer-mediated communication, 1996, 1 (4).

〔12〕 POW J, LAI K H. Enhancing the quality of student teachers' reflective teaching practice through building a virtual learning community〔J〕. Journal of global education and research, 2021, 5 (1).

〔13〕 SAHIN F, YENEL K. Relationship between enabling school structure, teachers' social network intentions and professional learning community〔J〕. Research in pedagogy, 2021, 11 (1).

〔14〕 YILMAZ R. Knowledge sharing behaviors in e-learning community: exploring the role of academic self-efficacy and sense of community〔J〕. Computers in human behavior, 2016, 63.

〔15〕 常玮, 马玲. 网络教学效果影响因素实证研究——基于社会认知理论及整合性技术接受模型〔J〕. 远程教育杂志, 2012, 30 (1).

〔16〕 陈实, 梁家伟, 于勇, 等. 疫情时期在线教学平台、工具及其应用实效研究〔J〕. 中国电化教育, 2020 (5).

〔17〕 陈涛, 巩阅瑄, 蒲岳. 探寻社会化意义：大学生在线教学交互及其对学习效果的影响——基于 334 所高校在线教学的调查〔J〕. 高等

教育研究，2020，41（6）.

[18] 陈亚轩，陈坚林．网络自主学习成绩与自我效能感的相关性研究
[J].外语电化教学，2007（4）.

[19] 丁静．关于师生冲突中教师行为的案例研究[J].教育研究，2004
（5）.

[20] 丁兴富．论远程教育中的学生学习支助服务（下）[J].中国电化教
育，2002（4）.

[21] 樊泽恒．网络学习社区的结构功能分析及建设策略[J].南京航空
航天大学学报（社会科学版），2012，14（3）.

[22] 方文．群体符号边界如何形成——以北京基督新教群体为例[J].
社会学研究，2005（1）.

[23] 傅钢善，王改花．基于数据挖掘的网络学习行为与学习效果研究
[J].电化教育研究，2014，35（9）.

[24] 傅维利．论教育功能的释放与阻滞[J].教育科学，1989（1）.

[25] 顾小清，冯园园，胡思畅．超越碎片化学习：语义图示与深度学习
[J].中国电化教育，2015（3）.

[26] 郭元祥，李炎清．论学生课程履历及其规约[J].课程·教材·教
法，2016，36（2）.

[27] 胡小勇，徐欢云，陈泽璇．学习者信息素养、在线学习投入及学习
绩效关系的实证研究[J].中国电化教育，2020（3）.

[28] 胡勇，赵凤梅．在线学习成效的理论分析模型及测量[J].电化教
育研究，2015，36（10）.

[29] 黄厚铭．网络人际关系的亲疏远近[J].台湾大学社会学刊，2000
（28）.

[30] 黄立威，江碧涛，吕守业，等．基于深度学习的推荐系统研究综述
[J].计算机学报，2018，41（7）.

[31] 黄振中，张晓蕾．自主学习能力对在线学习效果的影响机制探究——
兼论在线学习交互体验的中介作用[J].现代教育技术，2018，28
（3）.

[32] 姜蔺，韩锡斌，程建钢．MOOCs学习者特征及学习效果分析研究

［J］. 中国电化教育，2013（11）.

［33］蒋纪平. 网络环境下远程学习者自主学习能力与学习成绩关系的实证研究［J］. 成人教育，2018，38（2）.

［34］金涛. 网络学习社区中促进知识深层建构的交互模式设计［J］. 远程教育杂志，2015，33（5）.

［35］况姗芸. 网络学习共同体的构建［J］. 开放教育研究，2005（4）.

［36］兰国帅，钟秋菊，郭倩，等. 自我效能、自我调节学习与探究社区模型的关系研究——基于网络学习空间中开展的混合教学实践［J］. 中国电化教育，2020（12）.

［37］李钢，范丽娜，李金姝. "互联网+"中学教师职前专业能力发展研究［J］. 湖南师范大学教育科学学报，2019，18（1）.

［38］李海峰，王炜. 为什么要共享知识?——基于系统文献综述法的虚拟学习社区知识共享影响因素探析［J］. 中国远程教育，2021（11）.

［39］李洪修，田露. 人工智能背景下教学自由的价值意蕴及其限度［J］. 湖南师范大学教育科学学报，2020，19（4）.

［40］李景平，刘军海. 复杂科学的研究对象：非线性复杂系统［J］. 系统辩证学学报，2005（3）.

［41］李俊姣，樊彦瑞. 以数据技术构建虚拟学习社区的在线教学实践研究［J］. 中国管理信息化，2023，26（16）.

［42］李胜波，陈丽. 中国MOOCs课程设计调查研究［J］. 开放教育研究，2016，22（2）.

［43］李爽，钟瑶. 在线教师教学投入对学生学习绩效的影响——基于教师和学生的视角［J］. 开放教育研究，2020，26（3）.

［44］李松林. 论教学研究中的教学行为分析方法［J］. 首都师范大学学报（社会科学版），2005（1）.

［45］李兴保，徐进，刘敏，等. 虚拟学习社区学习评价指标体系的设计［J］. 中国电化教育，2016（11）.

［46］李毅，闫现洋，吴桐. "数字鸿沟"视角下的网络远程教育公平性检视与问题对策——免师硕士生的性别、民族、学习方式对网络学

习成效的影响［J］. 远程教育杂志，2015，33（4）.

［47］刘峤，李杨，段宏. 知识图谱构建技术综述［J］. 计算机研究与发展，2016，53（3）.

［48］刘生全. 论教育场域［J］. 北京大学教育评论，2006（1）.

［49］柳栋. 网上研究性学习中的教师角色［J］. 全球教育展望，2001（11）.

［50］柳友荣. 教师"教学投入不足"：概念内涵、现实问题与实践向度［J］. 江苏高教，2020（11）.

［51］陆昌勤，方俐洛，凌文辁. 组织行为学中自我效能感研究的历史、现状与思考［J］. 心理科学，2002（3）.

［52］吕耀怀，魏然. 虚拟社区的特征及其道德控制［J］. 湖南城市学院学报，2008（5）.

［53］梅红，王静静，张俊斌等. MOOC 学习感知对学习绩效的影响研究［J］. 北京工业大学学报（社会科学版），2019，19（5）.

［54］沈宏兴，郝大魁，江婧婧. "停课不停学"时期在线教学实践与疫后在线教学改革的思考——以上海交通大学为例［J］. 现代教育技术，2020，30（5）.

［55］沈欣忆，胡雯璟，Daniel Hickey. 提升在线学习参与度和学习效果的策略探究及有效性分析［J］. 中国电化教育，2015（2）.

［56］沈忠华，邬大光. 大学生在线学习成效及满意度的影响因素探究——基于结构方程模型的实证分析［J］. 教育发展研究，2020，40（11）.

［57］宋灵青，许林. 疫情时期学生居家学习方式、学习内容与学习模式构建［J］. 电化教育研究，2020，41（5）.

［58］孙佳音，高献忠. 虚拟社区的自组织特征及其规则生成问题［J］. 学术交流，2008（7）.

［59］孙乃龙. 网络行为与规则——网络社区规则探讨［J］. 临沂师范学院学报，2009（4）.

［60］孙晓红，李琼. 何以"留得住、教得好"：优秀特岗教师的韧性发展研究［J］. 湖南师范大学教育科学学报，2021，20（3）.

［61］谭顶良．学习风格的要素及其测定［J］．教育理论与实践，1993
（1）．

［62］唐伟志．远程教育中的情感缺失应对策略探析——基于联通主义学
习理论为视角［J］．现代远距离教育，2014（2）．

［63］唐燕儿，王思民．新生代农民工继续教育需求与虚拟学习社区构建
［J］．现代远程教育研究，2017（3）．

［64］田阳，冯锐，韩庆年．在线学习社交行为对学习效果影响的实证研
究［J］．电化教育研究，2017，38（3）．

［65］王萱，杨浩，崔永鹏，等．"战疫"期间大学生的在线学习认同度
分析［J］．现代教育技术，2020，30（7）．

［66］王竹立．我国教育信息化的困局与出路——兼论网络教育模式的创
新［J］．远程教育杂志，2014，32（2）．

［67］邬焜．网络文化中的价值冲突［J］．深圳大学学报（人文社会科学
版），2001（5）．

［68］吴彤．耗散结构理论的自组织方法论研究［J］．科学技术辩证法，
1998（6）．

［69］吴照龙．应用可视化学习工具，培养学生编程思维［J］．中国信息
技术教育，2019（19）．

［70］武艳君，刘丽晶．论虚拟社区的自组织现象［J］．系统科学报，
2007（1）．

［71］肖鹏，王建华．虚拟学习社区的个别化学习系统设计研究［J］．哈
尔滨师范大学自然科学学报，2007（6）．

［72］徐晨．虚拟社会［J］．上海微型计算机，1999（Z1）．

［73］徐春华，傅钢善．视频标注工具支持的深度学习研究——以慕课学
习环境为例［J］．现代教育技术，2017，27（3）．

［74］徐亚倩，陈丽．生生交互为主的在线学习复杂性规律探究［J］．中
国远程教育，2021（10）．

［75］闫冰，马文婷．从教育场域变化看大学生虚拟学习社区的打造［J］．
教育理论与实践，2022，42（6）

［76］杨阳，陈丽．元宇宙的社会热议与"互联网＋教育"的理性思考

［J］．中国电化教育，2022（8）．

［77］于海洪．面向乡村教师有效培训的网络学习社区出版［J］．中国出版，2019（15）．

［78］占小红，符吉霞，沙莎．教学结构视角下应急型线上教学的现实困境与发展路向——对上海市 108 节教学视频的实证考察［J］．湖南师范大学教育科学学报，2022，21（2）．

［79］张香兰．网络文化对传统师生关系的冲击与挑战［J］．天津市教科院学报．2007（6）．

［80］张众．大学在线教学的生存论哲学反思与矫正——基于混合式教学模式的应用［J］．江苏高教，2020（9）．

［81］赵必华．大学生学习成效影响因素的调查研究——基于 35 所本科院校的数据［J］．高教探索，2017（11）．

［82］赵芬妮，田西柱．网络社会交往的特点与冲突［J］．武警工程学院学报，2002（2）．

［83］郑勤华，曹莉，陈丽，等．远程学习者学习绩效影响因素研究［J］．开放教育研究，2013，19（6）．

［84］钟志贤，杨蕾．论在线学习［J］．现代远距离教育，2002（1）．

［85］周青山．对教师角色的新解读［J］．教育探索，2003（6）．

［86］朱文科．由网络文化的特征看其对中国传统文化的超越［J］．法制与社会，2010（23）．

三、硕博论文类

［1］胡凡刚．教育虚拟社区交往研究［D］．广州：华南师范大学，2006．

［2］黄厚铭．虚拟社区中的身份认同与信任［D］．台北：台湾大学社会学研究所，2001．

［3］李良敏．网络交往功能与异化消解［D］．大连：大连理工大学，2006．

［4］刘彦楠．生态视角下 MOOC 学习社区的互动研究［D］．曲阜：曲阜师范大学．

［5］蒲高兰. 虚拟社区攻击性行为的探索性研究［D］. 重庆：西南大学，2008.

四、电子文献

［1］BERSINJ. Whatworksinblendedlearning［DB/OL］. http：//www. learning circuits. org/2003/ju12003/bersin. htm.

［2］教育部. 教育部关于全面深化课程改革，落实立德树人根本任务的意见［EB/OL］.（2014－04－08）［2024－05－19］. http：//www. moe. gov. cn/srcsite/A26/jcj ＿ kcjcgh/201404/t20140408 ＿ 167226. html? pphlnglnohdbaiek.

［3］欧贞廷. 网络人际关系的建立与维持［J/OL］. 台湾南华大学社会学研究所网络社会学通讯期刊，2003（1）. http：//mail. nhu. edu. tw/～society/e-j/28/28-30. htm.

［4］田元夫. 网络文化的特征［DB/OL］.［2011－06－16］. http：//xtnews. cn/html/2006－10/461. shtml.

［5］谢作栩，薛成龙，等. 疫情期间高校教师线上教学调查报告［EB/OL］.（2020－04－05）［2020－04－10］. https：//mp. weixin. qq. com/s/eplOC9NpJKpXqqZCO3SD2A.

［6］温典寰. 玩家在"天堂"在线游戏聊天室中的人际关系［J/OL］. 网络社会学通讯期刊，2004（41）：27.［2004－10－15］. https：//www. nhu. edu. tw/～society/e-j/41/41-11. htm.

后 记

　　我的学科背景以前是教育技术学，当时基本上只是从技术与应用层面来设计师生的活动行为，对在线教育的审视也只是把它视为个体活动的复合体，没有同时视为一个特殊社会群体的特殊社会活动，所以只能论及如何促进网络学习者知识与技能的掌握，对其个体心理、角色、行为、人际关系的社会性形成，个体到群体的社会化进程及其挑战与问题解决无法探讨。要诚挚地感谢湖南师范大学教育科学学院，这个云集了教学论学者与学习论学者的大家庭给了我更开阔的启迪与思考，为我开启了"教育社会学""社会心理学"的大门，让我受益良多。

　　作为人类两种不同的教育形态、两种不同的教育时空，学校教育与在线教育这两种基本教育系统，其构成要素、社会角色、社会行为、人际关系、社会群体、实施策略、教学模式、教与学效果的不同之处，以及由这些差异与变化带来的教与学困惑非常值得我们探究。本书把这个问题及其破解之道作为一个贯穿全文的研究思路，试图在这方面有一点点进展，但这是一个很大的课题，涉及教育哲学、网络哲学、社会学、心理学、远程教育学、教育技术学、教育文化学等多个交叉领域，所以，这不是才疏学浅的我一个人能够完成的。本书是我近20年来从社会学视角的一点点积累与探索，需要更多的时间来观察、分析与积淀，今后还会继续进行在线教育的研究，只是研究方法与研究视角很可能会发生变化。期待本书给在线教育的老师，网络教育管理者、设计者及其理论研究者另一个不同的视角。

　　同时，我们也看到人工智能、大数据、Web3.0等新一代技术正在与互联网加速融合，这些新技术在不久之后会使网络教育时空中的教与学方式、形态、特征发生更加令人瞩目的变化，给人类的挑战也会越来越大。因此，需要更多的学者来研究在线教育，研究在线教育就是研究人类另一种时空状态的教育生活。

非常感谢我的研究生邓芳丽（现长沙市南雅马栏山文创中学）、任佳佳（现长沙职业技术学院）、朱少叶（现青岛农业大学）、刘丫丫（现洛阳市古城初级中学）、龙玉萍（现江西瑞金市第三中学）、袁媛（现长沙市岳麓区博才白鹤小学）、王雨苹（现武汉市第十四中学）等，在我过去的在线教育研究过程中，在查找与梳理相关文献，选择在线教育网站与典型案例，统计与分析教育网站与虚拟学习社区中的各种数据等方面做了很多的基础性研究工作。

要感谢湖南师范大学出版社的编辑们，他们在本书出版过程中为我做了大量细致而耐心的工作。特别是作为本书责任编辑的宋瑛老师，她编审过程中展现的精湛的专业水准与一丝不苟，使我深为佩服。

深深地感谢我的家人，谢谢你们，与你们一起在夜幕中款步、一起在灯光下共读一本好书、一起坐在窗前分享各自的内心、一起聆听古典交响乐，这些是造物主赐给我最幸福的事情。

如果后记就是诉说自己的收获与成长，就是数算周围的恩典与内心的触动，那么这些年我每天都在写后记。这些年，每天我都从前人的书本与身边的人身上收获着，我的心每天也在为之感恩，这种收获与感动还在延续着……

张 青

2024 年 5 月 10 日于湖南师范大学田家炳书院